LE GUIDE TRAVELER DI
NATIONAL GEOGRAPHIC

MIAMI E LE KEYS

JETTY

LE GUIDE TRAVELER DI
NATIONAL GEOGRAPHIC

MIAMI E LE KEYS

Mark Miller

fotografie di Matt Propert

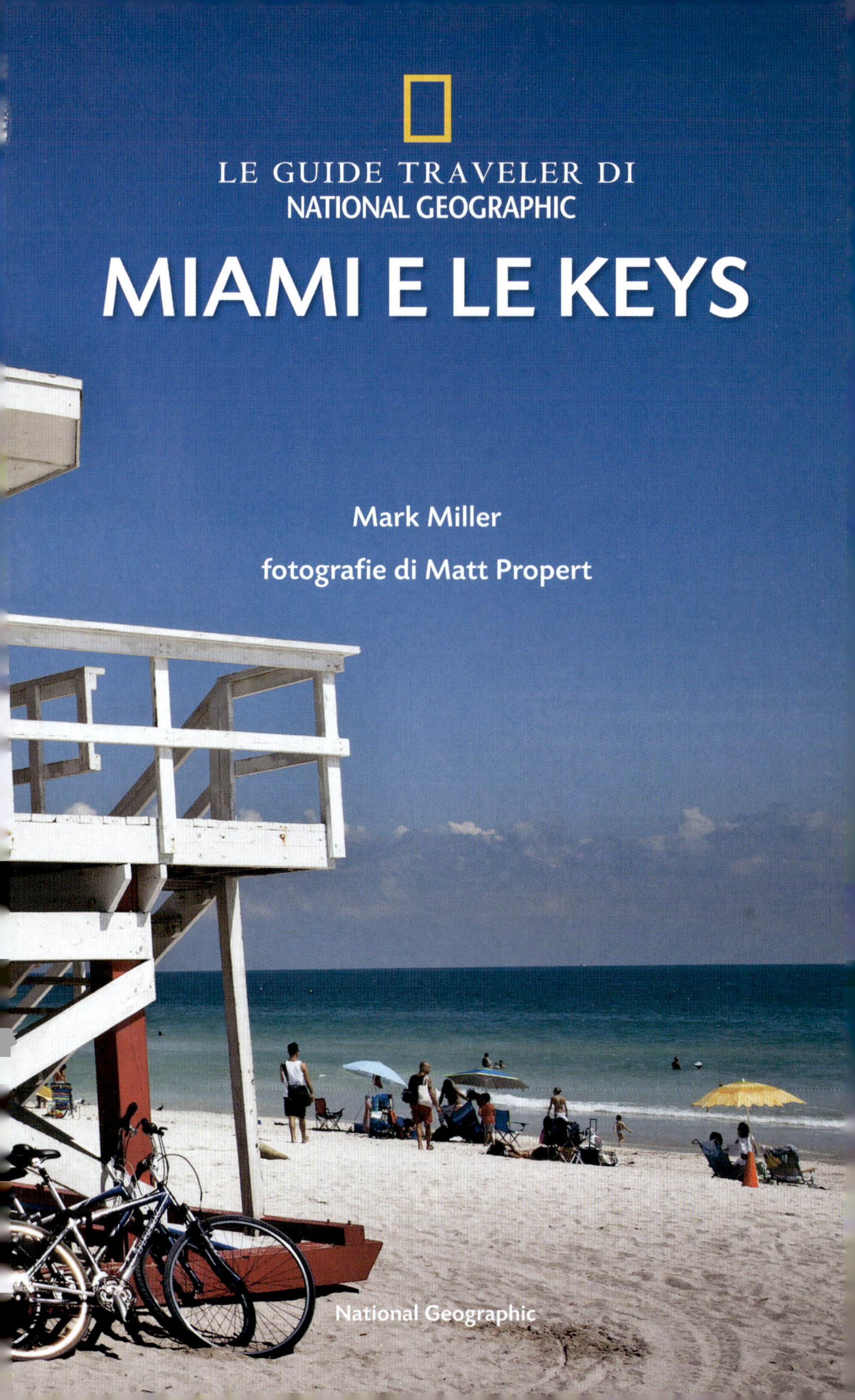

National Geographic

ESPRESSO
NIPPON

SOMMARIO

Pagg. 2-3: Le postazioni dei bagnini in stile art déco sono disposte lungo tutto il tratto di spiaggia di South Beach che dà sull'Atlantico a Miami Beach.
Pag. 4: Caffè alla moda fiancheggiano la Lincoln Road Mall di Miami Beach.

VIAGGIARE CONSAPEVOLI

I viaggiatori attenti partono con uno scopo e ritornano con un beneficio. Se viaggiate in modo responsabile, potrete aiutare a sostenere la salvaguardia della natura, la conservazione del patrimonio storico e la crescita culturale dei luoghi che visitate, arricchendo nel contempo anche la vostra esperienza di viaggio.
Per essere viaggiatori responsabili:

- Prendete atto che la vostra presenza ha un impatto sui luoghi che visitate.
- Dedicate il vostro tempo e il vostro denaro per sostenere la realtà locale (che tra l'altro è anche un modo più interessante di viaggiare).
- Considerate il patrimonio naturale e culturale della vostra destinazione.
- Rispettate le usanze e le tradizioni locali.
- Mostrate apprezzamento alla gente del posto per ciò che trovate interessante e peculiare della località che visitate: la natura e il paesaggio, la musica e il cibo, i villaggi e gli edifici storici.
- Sostenete le persone che si impegnano per promuovere il luogo in cui vivono, favorendo le attività che si sforzano di esaltare e proteggere le peculiarità del posto. Cercate negozi, ristoranti, alberghi e tour operator locali che amano il proprio Paese, che se ne prendono cura con amore e lo valorizzano. Evitate invece quelle attività che privano i luoghi della loro peculiarità.
- Arricchitevi spiritualmente, portando a casa ricordi e storie da raccontare, con la consapevolezza di aver contribuito alla conservazione e alla valorizzazione della destinazione che avete visitato.

Oggi geoturismo è il turismo che sostiene o valorizza il carattere geografico di un luogo: il suo ambiente, la sua cultura, la sua estetica, il suo patrimonio e il benessere dei suoi residenti.
Per saperne di più, vistate il National Geographic's Center for Sustainable Destinations all'indirizzo *http://travel.nationalgeographic.com/travel/sustainable/*

LE GUIDE TRAVELER DI
NATIONAL GEOGRAPHIC

MIAMI E LE KEYS

GLI AUTORI E IL FOTOGRAFO

Mark Miller si è laureato in American Social History alla Stanford University, è entrato nel mondo del giornalismo come fattorino di redazione e successivamente ha lavorato in qualità di cronista per Reuters e CBS Radio, realizzando diversi documentari. Ha collaborato a libri e pubblicazioni della National Geographic Society, incluso, dal 1977, il *National Geographic*, per il quale ha viaggiato in tutta l'America del Nord, dall'Alaska alle Dry Tortugas, in Florida, oltre che nei Caraibi e in Europa. Miller vive a Los Angeles, dove è socio della 12 Films, una casa di produzione di documentari.

Elizabeth Carter, giornalista specializzata in argomenti culinari ed esperta ispettrice di ristoranti e alberghi, ha realizzato la sezione Consigli di viaggio per l'edizione originale.

David Raterman ha rivisto e aggiornato le edizioni del 2005, 2008 e 2012 di questa guida. Dal 2000 è corrispondente per il *Sun Sentinel*, un quotidiano distribuito nel Sud della Florida. Raterman ha lavorato anche per molte altre pubblicazioni, tra cui le riviste *National Geographic Adventure* e *Writer's Digest*.

Matt Propert è un fotografo freelance e photo editor che vive a Washington D.C. I suoi lavori sono apparsi in numerose pubblicazioni nazionali e internazionali e sono stati esposti in importanti mostre personali. Oltre a Miami e alle Keys, Propert ha realizzato immagini in Italia e in gran parte dei Caraibi per la National Geographic Society.

Programmare il viaggio

Ogni anno milioni di turisti affollano il Sud della Florida per godere del clima subtropicale e delle coste che si estendono per chilometri. Oltre alle spiagge sabbiose, ci si può lasciare coinvolgere dal mondo artistico di Miami, partecipare ad attività all'aperto a Biscayne Bay o nelle Everglades e rilassarsi nelle più indolenti Keys.

Trasporti

Miami è servita sia dal Miami International Airport (MIA), sia dal vicino Fort Lauderdale-Hollywood International Airport. Il viaggio più lussuoso è quello su una nave da crociera. Key West, all'estremità meridionale delle Keys e a 257 km a sud-ovest di Miami, può essere raggiunta per via aerea con un collegamento dal MIA o da Tampa e Orlando. Si può inoltre noleggiare un'auto o prendere un bus navetta come quelli della Greyhound (vedi Consigli di viaggio p. 240). Dal MIA la navetta impiega circa 4 ore e mezza per raggiungere Key West.

Chi visita South Beach e Downtown Miami troverà molte attrazioni turistiche raggiungibili a piedi o in dieci minuti di macchina. Si può inoltre usare l'esteso sistema di trasporto pubblico della Miami-Dade County (vedi Consigli di viaggio pp. 241-242), gestito con autobus e con il Metromover, una sorta di metropolitana leggera.

Al di fuori di Miami, gli autobus rappresentano il solo trasporto pubblico disponibile per raggiungere gran parte della Dade County, compresa l'isola di Miami Beach. Gli autobus sono anche l'unico mezzo di trasporto pubblico a Key West.

Cosa vedere in una settimana

Un viaggio completo a Miami dovrebbe includere un mix di spiaggia, cultura, attrazioni turistiche e attività all'aperto. Il **primo giorno** visitate l'ampia spiaggia bianca di Miami Beach di fronte all'oceano. Dopo aver nuotato e preso il sole, lasciatevi coinvolgere dalla vitalità dei caffè con dehors lungo Ocean Drive. Alla sera, fate una passeggiata a South Pointe Park. Il **secondo giorno**, al mattino, tornate a South Beach per fare del surf. Al pomeriggio, fate un giro nel vicino Lincoln Mall, noto per le boutique esclusive e i bar e ristoranti alla moda. Fate una tappa alla Britto Central Art Gallery per vedere le opere multicolori di arte pop realizzate dal brasiliano Romero Britto, il più famoso artista visivo di Miami. In serata, cenate in un ristorante informale su Lincoln Road e terminate la giornata in un nightclub o due.

Esemplare di pellicano bruno, un abitante comune delle Florida Keys.

DA NON PERDERE:

Nuotare e prendere il sole sulla spiaggia di fronte all'oceano di Miami Beach 87, 90

Una visita alla Britto Central Art Gallery 94

Passeggiare nel Vizcaya Museum and Gardens 116-119

Su un airboat nelle Everglades al Billie Swamp Safari 156

Nuotare con i delfini 166

Avvistare il cervo selvatico delle Key a Big Pine Key 196-198

Contemplare i tramonti e gli artisti di strada in Mallory Square a Key West 214-215

Il **terzo giorno,** visitate i due musei che si trovano nel Miami-Dade Cultural Center, il Museum of HistoryMiami e il Miami Art Museum. Nel primo imparerete qualcosa sulla storia degli indiani seminole e della tribù tequesta, mentre al museo d'arte ammirerete opere, successive alla Seconda Guerra Mondiale, provenienti da tutto il continente americano. Dopo la visita, pranzate in uno dei ristoranti di lusso del Mary Brickell Village. In serata, assistete a un balletto o a un concerto sinfonico all'Adrienne Arsht Center for the Performing Arts.

Il **quarto giorno** visitate il Vizcaya Museum & Gardens di Coconut Grove. Questa spettacolare villa rinascimentale italiana con il suo solenne giardino fu completata nel 1916. Più tardi, visitate la vicina Coral Gables e passeggiate lungo il Miracle Mile, ammirando l'architettura in stile revival mediterraneo. Poi guidate per circa 5 km e mezzo fino alla vicina University of Miami per fare un salto al Lowe Art Museum che contiene una ricca collezione di opere rinascimentali, barocche, americane e dei nativi americani, asiatiche e africane.

Il **quinto giorno** visitate lo zoo di Miami, il più grande della Florida nonché il principale zoo subtropicale degli Stati Uniti. Nel tardo pomeriggio, di ritorno in auto verso il centro di Miami, fermatevi al Máximo Gómez Park di Little Havana, dove potrete vedere i Cubano-Americani giocare a domino e discutere, sempre, dei fratelli Castro. Concludete la serata al Versailles, un ristorante che è il ritrovo per eccellenza di tutto ciò che è cubano a Miami.

Dedicate il **sesto giorno** all'esplorazione dell'Everglades National Park. All'ingresso della Shark Valley, a circa 40 km a ovest dal centro di Miami, si può prendere un tram che fa un giro di due ore, aggregarsi a una escursione condotta da un ranger o andare a piedi o in bicicletta da soli. Vedrete alligatori, uccelli e altri animali selvatici. Al di fuori del parco, sul Tamiami Trail (US 41), molti cartelloni pubblicizzano le corse in airboat, ottimo modo per penetrare nel cuore di un ecosistema unico e nel contempo divertirsi un sacco. Il **settimo giorno** trascorretelo su due delle Keys della Florida, pochi chilometri a est di Downtown Miami, alle quali si accede tramite

Informazioni online

Considerando la quantità di informazioni inaffidabili presente su Internet, è meglio fare affidamento su fonti sicure. Per saperne di più sulle attrazioni turistiche visitate il sito del Greater Miami Convention and Visitors Bureau *(www.miamiandbeaches.com)* e del Florida Keys tourism bureau *(www.fla-keys.com)*. Per i trasporti pubblici nella Greater Miami, visitate il sito della Miami-Dade Transit *(www.miamidade.gov/transit)*. Anche i quotidiani come il *Miami Herald* *(www.miamiherald.com)* e il Citizen di Key West *(www.keysnews.com)* sono buone fonti di informazioni.

Da sapere

In pratica nessun turista a Miami corre seri rischi, tuttavia è bene fare più attenzione in alcune zone quali Overtown e Opa-locka e in qualsiasi parte della città se girate da soli la notte. La maggior parte delle mete turistiche sono aperte sette giorni su sette, ma alcune rimangono chiuse il lunedì o il martedì, come pure alcuni bar e ristoranti. Le mance da lasciare nei locali dovrebbero ammontare a circa il 15-20 per cento del conto. Tenete presente che senza mance i camerieri guadagnano molto meno del salario minimo.

la Rickenbacker Causeway. La mattina passatela a Virginia Key Beach e poi visitate il vicino Miami Seaquarium. In questo acquario marino, famoso nel mondo, potrete assistere a spettacoli che hanno come protagonisti orche e delfini e ammirare lamantini, leoni marini e pesci di tutte le forme e le dimensioni in enormi vasche dalle pareti di vetro. Nel tardo pomeriggio, in cinque minuti potete raggiungere Key Biscayne per visitare il faro di Bill Baggs Cape Florida State Park.

Per chi ha più tempo

Se la vostra vacanza dura più giorni, fate tappa in tre diverse località. La prima è Miami (vedi l'itinerario per una settimana). La seconda è nelle Upper Keys, in un resort a Key Largo o Islamorada, la terza è Key West. Le Upper Keys sono famose gli sport acquatici: fermatevi qui l'**ottavo,** il **nono** e il **decimo giorno.** L'albergo prescelto per il soggiorno avrà di sicuro delle convenzioni con operatori locali, quindi chiedete alla reception. Alcuni resort offrono anche la possibilità di praticare sport acquatici al loro interno. Potreste fare una mezza giornata di immersioni subacquee o un'escursione per praticare dello snorkeling seguita da una gita per provare il SUP (acronimo di stand-up paddle), uno sport in cui ci si posiziona in piedi su una tavola da surf piatta e si usa una lunga pagaia per le manovre. Il giorno successivo, al mattino andate a pesca e al pomeriggio fate un giro in kayak. Il terzo giorno concedetevi una nuotata con i delfini, per poi andare a dar da mangiare ai tarponi atlantici selvatici che si radunano a Robbie's Marina a Islamorada. L'**undicesimo giorno** prendete un'auto per guidare lungo la Overseas Highway (US 1) in direzione ovest e fermatevi a Big Pine Key per cercare, nel National Key Deer Refuge, il minuscolo cervo delle Keys. Procuratevi una cartina presso il centro visitatori del rifugio e seguite le indicazioni per raggiungere il Blue Hole, una ex cava dove vi potrà capitare di vedere alligatori selvatici lunghi anche 3 m. Potete poi percorrere il sentiero naturalistico

Quando andare

Se amate gli sport acquatici dovete andare in Florida in estate, che è torrida e piovosa. In caso contrario, probabilmente preferirete visitare Miami e le Keys durante l'asciutto e caldo inverno. La stagione turistica ha inizio con la fine della stagione degli uragani (ufficialmente il 30 novembre) e termina a maggio. In questo periodo si svolgono una serie di eventi come l'Art Basel Miami Beach, il Miami Book Fair International e il South Beach Wine and Food Festival, nonché delle gare all'aperto come la ING Miami Marathon.

Tenete conto che nonostante durante le vacanze di inizio primavera, che per la maggior parte dei college americani va da metà marzo a metà aprile, le spiagge di Miami e Key West non siano più invase come in passato, si registra una buona affluenza di turisti. Se vi piace folleggiare, pianificate il viaggio a Miami nel periodo del carnevale (fine febbraio - inizio marzo), a Miami Beach durante la Urban Beach Week (weekend del Memorial Day) e a Key West durante il Fantasy Fest (ottobre). O tenete presente queste date per evitare la baldoria.

Ogni sera in Mallory Square, a Key West, si esibiscono artisti di strada.

che inizia nei pressi della cava e si inoltra nell'*hammock* tropicale tipico di questa zona. Trascorrete il resto della giornata esplorando le Keys che si trovano lungo i restanti 50 km circa di autostrada fino ad arrivare a Key West, dove la strada termina, per ora di cena.

La mattina del **dodicesimo giorno** visitate Smathers Beach, dove onde piatte si infrangono spumeggiando sulla spiaggia puntellata da palme. Nel pomeriggio esplorate l'isola a bordo di un mezzo simile a un filobus. Una tappa popolare è alla Harry S. Truman Little White House, dove il presidente degli Stati Uniti soggiornò 11 volte durante il suo mandato.

A 15 minuti a piedi verso sud troverete la casa e il museo di Hemingway, dove lo scrittore scrisse molte delle sue storie. Con l'avvicinarsi del crepuscolo, dirigetevi verso Mallory Square: qui la sera si riunisce una folla di persone che accorre per godersi il calar del sole mentre attorno si esibiscono artisti di strada. Terminate la giornata al Captain Tony's Saloon o al Sloppy Joe's, due localini dove si beve birra e che hanno a che fare con Hemingway.

Il **tredicesimo giorno,** visitate il Mel Fisher Maritime Museum, dove è conservata gran parte dei tesori del valore di 400 milioni dollari che, negli anni '80, l'avventuriero a cui il museo deve il nome riuscì a recuperare da galeoni spagnoli naufragati. Potete poi visitare la Audubon House con i suoi giardini tropicali dove potrete ammirare molte opere di questo naturalista per poi fare una passeggiata lungo la vicina e pittoresca Caroline Street, costeggiata da imponenti ville nel vecchio stile di Key West.

Dedicate il **quattordicesimo giorno** alla visita del Dry Tortugas National Park, che può essere raggiunto con un volo di 45 minuti in idrovolante o con 2 ore e mezza di traghetto da Key West. Fort Jefferson, risalente al XIX secolo, costituisce l'attrazione principale del parco, ma anche il solo viaggio, decisamente panoramico, è altrettanto appagante. ■

Storia e cultura

Il municipio di Coral Gables, con la statua del fondatore della città, George Merrick.

Elkhorn Reef, Biscayne National Park, un paradiso per gli appassionati di snorkeling.

Miami oggi

Negli ultimi decenni, Miami ha accolto molti turisti attratti dal clima subtropicale e immigrati in cerca di una vita migliore. Negli ultimi anni la città ha varcato la soglia dei 2,5 milioni di abitanti, arricchendo così ulteriormente la propria mescolanza di etnie. In termini percentuali, Miami è la città con più residenti stranieri di tutti gli Stati Uniti.

I nuovi arrivati hanno portato con sé la passione per le arti, che ha favorito lo sviluppo di favolose sedi per spettacoli e rappresentazioni nel centro di Miami (Adrienne Arsht Center for the Performing Arts) e a South Beach (New World Center) e la nascita di festival di fama internazionale. Inoltre, l'ecosistema locale dal clima assolato incoraggia i residenti a intraprendere attività all'aperto. Le immersioni e la pesca restano le attività più praticate, ma stanno prendendo piede anche lo stand-up paddle surf (uno sport che abbina la tavola da surf alla pagaia) e il kayak. Nel 1994, 34 capi di stato provenienti da Nord, Centro e Sud America si riunirono al Biltmore Hotel di Coral Gables per quello che fu chiamato il Summit delle Americhe (grande assente Fidel Castro). Nell'incontro prevalsero un orientamento da post-guerra fredda e l'idea che il futuro delle tre Americhe comprendesse una sempre maggior interdipendenza economica e culturale. Greater Miami ospitò il summit perché la metropoli simboleggiava già quell'interdipendenza meglio di qualsiasi altra città dell'emisfero occidentale.

La saga epica della comunità cubana di Miami oscura il fatto che nella città vi siano consistenti e vitali gruppi di espatriati provenienti da altre terre del Sud.

La città ha ereditato l'impegnativo ruolo di "capitale delle Americhe" per ragioni politiche - in particolare a causa degli eventi storici che dal 1959 hanno messo fuori gioco l'Havana come pretendente al titolo - e, soprattutto, finanziarie. L'industria del denaro di Miami ha legami che si estendono a sud quasi fino al Polo e la città è il principale centro dell'import-export nella regione, una sorta di agenzia d'intermediazione per una sbalorditiva varietà di prodotti e di derrate trasportate in tutta l'area. Forse ancor più importante è la fortunata fusione fra l'affarismo e la cultura d'impronta anglo-americana e le tradizioni delle altre due Americhe, il che dimostra come i confini disegnati dagli uomini di Stato e difesi con le armi siano tutt'altro rispetto alle ambizioni umane e agli effetti ch'esse producono sulla storia.

La saga epica della comunità cubana di Miami oscura il fatto che nella città vi siano consistenti e vitali gruppi di espatriati provenienti da altre terre del Sud. Alcuni sono arrivati in prima classe in aereo; altri, come buona parte degli haitiani, hanno rischiato la vita a bordo di vecchie barche da pesca. Alcuni nuovi arrivati sono tra le persone più ricche e influenti di Miami; altri languiscono tra le file dei più poveri.

L'internazionalismo di Miami si traduce in un'urbanizzazione selvaggia con una stupefacente diversità di quartieri a forte caratterizzazione etnica, dove la lingua e gli usi dei luoghi d'origine sono preservati nell'ambito familiare, bar e ristoranti servono cibi

I ristoranti alla moda sul lungomare Ocean Drive di South Beach, affollati tutto l'anno.

COLONY

I due nuovi volti di Miami

Poiché la popolazione cresce sempre più rapidamente, Miami sta ridisegnando il suo volto attraverso una serie di trasformazioni che offriranno al turista passatempi di natura diversa: l'arte e il gioco d'azzardo. Né Las Vegas né Atlantic City sono famose per il loro patrimonio culturale, mentre le città considerate gemme culturali non permettono il gioco d'azzardo. A Miami si sta cercando di far coesistere arte e gioco. Negli ultimi anni le piste di corse per cani e cavalli e le arene per lo jai-alai del distretto sono stati autorizzate a installare slot machine e a inserire tavoli da poker e dal 2012 si sta discutendo animosamente sulla possibilità di creare grandi casinò in stile Las Vegas.
Anche la scena artistica si sta sviluppando rapidamente. Oltre ai due centri aperti nel 2006 l'Adrienne Arsht Center for the Performing Arts (vedi p. 69) e il New World Center (vedi pp. 94-95), la città ospita musei e festival d'arte riconosciuti a livello internazionale, come l'Art Basel Miami Beach, inaugurato nel 2002. Autori delle opere sono anche gli artisti locali, molti dei quali hanno lo studio nel fiorente Wynwood Arts District (vedi pp. 69-70).

etnici, negozi e mercati commerciano in beni di prima necessità e stravaganti specialità, retaggio delle tradizioni proprie delle varie comunità. Oltre agli storici quartieri cubani ed ebraici della città, Greater Miami ha enclave di Afroamericani, nativi delle Bahamas, Colombiani, Costaricani, immigrati dalla Guyana, Haitiani, Giamaicani, Nicaraguensi, Portoricani, Peruviani, nativi di Trinidad, Venezuelani, Russi e abitanti delle Isole Vergini, per non parlare degli indiani nativi di Miccosukee, che sopravvivono in una piccola riserva nelle Everglades. Il passaggio da un quartiere all'altro è raramente evidente poiché a Miami il processo di assimilazione sfocia in una sorta di mescolanza, come a Little Havana, per esempio, che accoglie una nuova generazione di rifugiati politici dal Nicaragua.
Con oltre 140 banche commerciali, Miami è una capitale finanziaria internazionale, definita la "capitale dei Caraibi". Per chi è più interessato alla cultura, l'altro soprannome della città, "Porta delle Americhe", è più evocativo del particolare fascino di Miami.

Vi presentiamo Miami

Non c'è un'altra metropoli americana come Miami. La maggior parte dei suoi abitanti si ritiene fortunata, nonostante la minaccia rappresentata per sei mesi l'anno dagli uragani, per il fatto di vivere così vicino alle affascinanti zone paludose, alle giungle e alle seducenti Florida Keys, nella Florida meridionale.
Rispetto ad altre aree urbane americane, Greater Miami è una "giovincella", avendo messo radici solo alla fine del XIX secolo. Il suo carattere poliglotta riflette un retaggio caratteristico della regione, avamposto dei coloni spagnoli, mecca delle vacanze, assolato rifugio per pensionati del nord stremati dal lavoro. Poi vi fu l'esodo dei Cubani in seguito alla presa del potere da parte di Fidel Castro, un fenomeno che trasformò una città abituata a ritmi lenti nella "capitale dell'America Latina".
Ma Miami è forse più nota attraverso alcuni stereotipi. Film, televisione, fiction e narrativa *hard-boiled* la ritraggono come una città di fuorilegge, tutta color rosa fenicottero. Per anni Miami Beach è stata considerata la "sala d'attesa di Dio", dove gli anziani trascorrevano nei residence gli ultimi anni. Altre immagini ricorrenti sono quelle di capitale della vita notturna in cui gli edonisti passano da un locale all'altro inseguendo piaceri effimeri (vero), regno dei trafficanti di droga (vero), cuore dei

sentimenti anti-castristi (vero), dove regna un eccesso di rosa (falso, tranne forse nell'Art Déco District di Miami Beach, dove hotel e appartamenti ristrutturati con linee moderne e quasi aerodinamiche ostentano colori pastello).
Greater Miami giace accanto ad alcune delle più invitanti spiagge d'America, accarezzate da dolci frangenti e salubri alisei. A novembre, mentre l'autunno intirizzisce le città del Nord, qui inizia l'alta stagione, con temperature che di giorno superano di poco i 26 °C e la notte scendono intorno ai 20. Il clima temperato tutto l'anno fa di South Miami Beach ciò che vi è di più simile a una città attiva 24 ore su 24. Biscayne Bay, che separa Miami dalla barriera d'isole di Miami Beach, è la delizia dei naviganti, con dozzine di isolette allo stato selvaggio. Lungo la costa, parchi pubblici preservano migliaia di ettari di foreste e spiagge erbose. Comunità come Coconut Grove e Coral Gables - graziosi quartieri di case con giardino, ombrosi viali alberati, gradevoli edifici pubblici, piazze imponenti e giardini tropicali lambiti da acque azzurre - spiegano perché ogni giorno quasi 700 persone si trasferiscono qui.
Concedetevi del tempo per provare ciò che le autorità chiamano con orgoglio "La Vera Florida": le spiagge, le barriere coralline e le giungle costiere di Biscayne Bay, le sognanti solitudini delle Everglades, dove potrete affittare una canoa per esplorare un primordiale e sereno mondo acquatico. Assaporate la cucina del Nuovo Mondo, bagnatevi nelle acque temperate della Corrente del Golfo, affondate i piedi nella sabbia che scricchiolò sotto gli stivali del primo visitatore europeo della Florida, Juan Ponce de León, e oziate su una spiaggia così paradisiaca da convincere l'avventuriero spagnolo che la Fontana della Giovinezza, a lungo cercata, fosse a un passo da lui. ■

Immense navi da crociera solcano le acque della Biscayne Bay a Miami.

I distretti di Miami

Insieme alle sue spiagge e hotel, Miami ospita una gamma eterogenea di comunità etniche e di intriganti stili architettonici. Nessuno concorda veramente sui nomi dei maggiori distretti di Miami e sui loro confini, ma di seguito, in breve, indichiamo le zone principali.

Molti Americani di origine cubana residenti a Miami riconoscono in Little Havana un microcosmo della loro madrepatria.

Downtown: Da non perdere lo skyline, uno dei più belli d'America, specialmente di notte, quando i riflettori dipingono i grattacieli di vivaci colori. È dominato da edifici commerciali e residenziali a più piani, dall'interessante Adrienne Arsht Center for the Performing Arts e dal Bayside Marketplace, un celebre complesso di negozi, ristoranti e luoghi di divertimento su Biscayne Bay.

Little Havana: Testa di ponte politica ed economica per gli immigranti cubani fin dal 1959, Little Havana, che ora accoglie i Latino-Americani di altri Paesi, è situata a sud-ovest del centro. Numerosi negozi e ristoranti sono gestiti da Nicaraguensi, Messicani e Colombiani. La popolazione cubana di Miami si è diffusa partendo da questo nucleo originario, che rimane il cuore della comunità.

Upper Eastside: La parte nord-orientale di Miami fiancheggia il Biscayne Boulevard (US 1), a nord del centro città. Distretto etnicamente misto, svela il suo fascino oltre i fatiscenti motel del *boulevard*, in quartieri caratteristici come Bayside e Morningside, con residence in stile bungalow e revival mediterraneo, costruiti prima del 1940, lungo viali bordati di palme.

Little Haiti: Appena a ovest dell'Upper Eastside, questo frammento di Caraibi è ravvivato dall'arte e dalle attività commerciali haitianie. Comprende il quartiere Buena Vista, con più residenze in stile Mediterraneo. Di fianco si trova il District Design di Miami (verso N.E. 40th Street), dove abbondano showroom, gallerie e negozi di arredamento e tessuti in cui si riforniscono designer e architetti; e il Wynwood Arts District (nei dintorni di N.W. 2nd Avenue), in forte crescita, che conta una sessantina di gallerie.

Allapattah: Questo quartiere operaio di 41.500 abitanti (di cui l'82 per cento Ispanici), a nord-ovest del centro, comprende gli edifici industriali, sanitari e governativi di Miami. Gli abitanti del quartiere fanno acquisti nei punti vendita all'ingrosso messi a disposizione dalle fabbriche di abbigliamento. I cuochi preferiscono il Produce Market, il più grande della città. I fotografi vagano per il Miami River alla ricerca di bistrot, vecchie navi, negozi di autoriparazioni, discariche con ferri arrugginiti.

Overtown: Situata tra Allapattah e il centro, questa comunità prevalentemente afroamericana di circa 10.000 abitanti lotta per superare la disoccupazione, il problema dei senzatetto e il crimine. L'orgoglio della comunità e i programmi civici sono stati d'aiuto nell'infondere una speranza di rinnovamento. Il nuovo parco a tema di Overtown celebra l'eredità afroamericana di Miami, una saga suggestiva spesso messa in ombra dai travagli quotidiani della comunità.

Flagami: Proteso verso ovest e vicino all'aeroporto internazionale, il suo nome è un omaggio al primo ferroviere di Miami. Il tessuto di case e piccole imprese di Flagami ospita una comunità di medio reddito, anglo-americana e ispanica, di circa 52.000 persone. I club e i bar eleganti attraggono avventori da tutta la città; gli appassionati di windsurf si ritrovano sui laghi del distretto di Blue Lagoon.

Coral Gables: Qui la bellezza classica e la maestosità dell'antica Spagna si fondono con la vitalità di una grande metropoli americana ai tropici. Con più di 46.000 abitanti, inclusi ricchi immigrati latini, e oltre 140 società multinazionali, questo distretto si è evoluto sino a diventare la capitale ufficiosa degli affari dell'America Latina negli Stati Uniti. È sede del campus principale dell'università di Miami.

Coconut Grove: Sofisticato, accogliente, culturalmente eterogeneo, "the Grove" è uno dei sobborghi più attraenti di Miami. L'atmosfera bohémienne induce a paragoni con Greenwich Village di New York e Chelsea di Londra. Le 20.000 persone che vivono qui ne sono orgogliose. Molti dei più lussuosi edifici sono condomìni che si affacciano su Biscayne Bay, dove le spiagge alberate isolano alcune delle residenze più sontuose della Florida meridionale.

Coral Way: Questa zona a nord di Coconut Grove abbraccia i quartieri di Brickell, Coral Gate, Douglas, Parkdale-Lydeale, Shenandoah, Silver Bluff e Roads. Il distretto di Brickell comprende alcuni dei progetti di condomini più apprezzati dalla critica americana. Le case più vecchie, a Shenandoah e a Silver Bluff, esibiscono una varietà di suggestive architetture.

Miami Beach: Non esistono altri 5 kmq come questi lungo la costa americana; una sfolgorante distesa di sabbia e bassi fondali intiepiditi dalla Corrente del Golfo, con oltre 800 edifici art déco e alcuni degli hotel più snob del Paese. È importante per la vita notturna: gli habitué dei nightclub invadono le piste da ballo di notte e i tavoli dei bar sui marciapiedi durante il giorno.

Storia di Miami

Ambita da Spagnoli e Inglesi, Miami servì da rifugio per gli schiavi fuggiaschi e ispirò tanto le ambizioni dei magnati delle ferrovie quanto alcune delle architetture più fantasiose del aese. È stata la terra dei pirati, dei contrabbandieri di alcolici ai tempi del proibizionismo e di celebrità, ma anche degli uragani e delle guerre dei seminole, e ha dato vita a una fiorente industria del turismo.

Preistoria

Si pensa che i primi abitanti di Miami siano stati i Tequesta, popolazioni che praticavano le attività di caccia e pesca e che si stabilirono alla foce del Miami River e sulle isole costiere di Biscayne Bay già 10.000 anni fa. Il Miami River, El Rio Nombrado de Agua Dulze nelle cartine spagnole, scorreva limpido, creando al largo sorgenti d'acqua che permettevano, addirittura fino al tardo Ottocento, di immergere una tazza nel mare e bere da essa. Forse

Gli Spagnoli fondarono St. Augustine, il loro primo insediamento in Florida, nel 1565.

a causa di questo fenomeno nacque la teoria che *miami* nella lingua dei tequesta significasse "acqua-dolce", *agua dulze*, come l'acqua fresca veniva un tempo chiamata. Altri fanno invece risalire il nome alla lingua seminole e la traducono come "grande acqua". Le partite di caccia nelle Everglades fruttavano cervi, orsi e maiali selvatici.
Gli uomini pescavano squali e pesci vela, marsovini, pastinache e lamantini. Donne e bambini raccoglievano molluschi, strombi, ostriche e uova di testuggine dalle sponde del fiume e dalle spiagge.
Gli Europei iniziarono a scrivere resoconti su questa regione nel Cinquecento, ma il mondo protetto dei tequesta vide pochi cambiamenti fino a quando un giorno, nel 1566, essi non incontrarono il primo europeo, Pedro Menendez de Aviles, nominato dalla Spagna primo governatore de "La Florida". Arrivò con una compagnia di soldati e un prete gesuita dedito a salvare anime pagane. Fratello Francisco Villareal fondò subito una missione ma fallì nel tentativo di infondere fervore cristiano nei tequesta. Ma gli Spagnoli lasciarono un'eredità letale: le malattie del Vecchio Mondo, alle quali i nativi di Miami non erano immuni.

Ma gli Spagnoli lasciarono un'eredità letale: le malattie del Vecchio Mondo, alle quali i nativi di Miami non erano immuni.

Primi esploratori europei

Nell'aprile del 1513 il luogotenente di Cristoforo Colombo, Juan Ponce de León, toccò terra in un posto imprecisato a nord, nei pressi dell'attuale St. Augustine, intorno alla domenica di Pasqua, la *pascua florida* in spagnolo: forse è questo il motivo per cui l'esploratore chiamò l'"isola" *La Florida*. Nel mezzo secolo successivo i conquistadores maltrattarono le popolazioni native.
La visita di Menendez ai tequesta di Miami nel 1566 fu una premessa di pace, egli avrebbe in breve firmato un trattato con i Calusa, il cui dominio comprendeva le Keys, usando come merce di scambio stoffe e articoli per la casa, più preziosi per le tribù dell'oro e dei naufraghi spagnoli sopravvissuti. Eresse torri di guardia dal Nord e Sud Carolina a Biscayne Bay per avvertire i galeoni carichi di tesori della presenza dei pirati e arruolò i tequesta come alleati, ponendo fine all'asservimento dei naufraghi spagnoli. La Florida si unì all'impero spagnolo del Nuovo Mondo, anche se la paludosa penisola sembrava offrire poco più che uova di testuggini e punture di zanzara, ed era apprezzata soprattutto per la sua posizione strategica a nord della rotta di navigazione principale del Golfo del Messico.
A metà Settecento St. Augustine era ancora un presidio di circa 2000 persone, la cui economia dipendeva dalle scorte militari. Il sistema della missione spagnola fu un fallimento. La corona spagnola si rifiutava di permettere

il commercio con le colonie inglesi, di cui c'era disperato bisogno, impedendo ai non cattolici di diventare coloni e non riuscendo a convincere gli imprenditori a scommettere sul futuro della Florida. I capitali confluivano così verso il Messico e Cuba. Il trattato del 1763, che poneva termine alla guerra dei Sette Anni, consegnò la Florida agli Inglesi, i cui piani di insediamento fallirono a loro volta. In seguito alla Rivoluzione americana la Gran Bretagna barattò, in cambio delle Bahamas, la Florida, riconsegnandola alla Spagna e, nel 1784, gli Spagnoli istituirono un nuovo programma di insediamento. Un tratto di 70 ettari sulla Bahía Biscaino fu assegnato a Pedro Fornells e a un inglese di nome John Egan furono concessi 40 ettari sulla riva nord del Rio Nombrado, facendo dell'improbabile coppia i primi residenti documentati di Miami.

L'inizio dell'insediamento americano

Gli Americani stavano intanto iniziando a vedere il loro destino in termini di espansione e provavano risentimento verso le speculazioni europee sul continente. Nei palazzi del potere, in Spagna, le menti moderate vedevano la vendita della Florida agli Stati Uniti come una scelta logica, ma la logica stava perdendo terreno nei confronti dell'avidità. I pirati avevano trasformato la costa meridionale e le Keys in un'infida terra di nessuno, dove i tagliagole minacciavano le navi americane, inducendo Washington a pensare che la Florida spagnola significasse anarchia. Nel frattempo la politica spagnola di dare asilo agli schiavi americani fuggiti aveva fatto infuriare i proprietari delle piantagioni del Sud, che mandarono squadre di razziatori dalla Georgia. Nel 1811 una banda di yankee irregolari attaccò St. Augustine e iniziò a distruggere le piantagioni, finché le navi da guerra britanniche non li scacciarono. Lo scoppio della guerra del 1812 obbligò Madrid a lasciare che la Gran Bretagna occupasse alcune postazioni in Florida, accrescendo ulteriormente l'ira americana; l'esito fu che la Florida venne privata della protezione navale inglese. Intanto, gli avventurieri americani continuavano a razziare gli insediamenti spagnoli. Nel 1821 la Spagna, ormai priva d'alternative, cedette la penisola della Florida agli Stati Uniti, e le Stelle e Strisce sventolarono sul nuovo territorio.

Nel 1821 la Spagna, ormai priva d'alternative, cedette la penisola della Florida agli Stati Uniti, e le Stelle e Strisce sventolarono sul nuovo territorio.

Nel 1825 Cape Florida - Key Biscayne - ebbe un faro, anche se i marinai lamentavano che il suo segnale fosse così inefficace da rendere pericoloso ogni tentativo di approdo. Il Congresso approvò l'Homestead Act, rendendo accessibile la Florida ai coloni. Questa politica, però, portò al forzato trasferimento dei nativi nelle riserve dell'Ovest. Il loro futuro era incerto e a migliaia si riunirono sotto la bandiera dei seminole. Nel 1835 i coloni entrarono in guerra, guidati dal maggiore Francis Dade, dal quale prese nome l'attuale Dade County (di cui Miami è la sede). Nei successivi 22 anni la Florida fu una zona di continue guerriglie.

Le origini di Miami

Miami rimase per tutta la guerra civile dominio remoto e incontestato della confederazione, ma dopo la sconfitta del Sud ritornò in vita. Nel 1870 un abitante dell'Ohio, William Brickell, costruì una casa e un avamposto commerciale sul Miami

River. Ephraim Sturtevant, di Cleveland, acquistò un terreno su Biscayne Bay. Ripulendo grovigli di mangrovie alcuni chilometri a sud, i coloni insediarono un ufficio postale in cui la posta veniva timbrata "Coconut Grove". La nomea del clima "tropicale" della Florida meridionale si diffuse, attirando viaggiatori avventurosi nelle prime locande di Miami, come la Bay View House, eretta su un'altura ora abbracciata da Peacock Park. Il Biscayne Bay Yacht Club iniziò l'attività nel 1887 e l'anno seguente fu aperta una scuola. Fu solo nel 1891, comunque, che la zona trovò un leader con una visione chiara del futuro. La figlia di Ephraim Sturtevant, Julia Sturtevant Tuttle, aveva visitato la zona nel 1875 e vi aveva fatto ritorno dall'Ohio. Acquistò 260 ettari di terreno sulla sponda nord del fiume e si trasferì negli edifici abbandonati di Fort Dallas. Contemplando il litorale si decise a trasformarlo in un'importante città.

Un requisito chiave era un collegamento ferroviario con il resto dell'America. La Tuttle ingaggiò Henry Flagler. La sua Florida East Coast Railway aveva raggiunto West Palm Beach circa 112 km più a nord, ma Miami gli dava l'impressione di una destinazione inutile. Un'insolita gelata durante l'inverno 1894-1895 gli fece cambiare idea. La crescita

Nel 1912, Henry Flagler aveva esteso la Florida East Coast Railway fino a Key West.

di gran parte delle piante di agrumi fu bloccata, ma Miami scampò al gelo. La storia narra che la Tuttle e i suoi amici, William e Mary Brickell, portarono fiori di aranci al magnate, proclamando Miami un'oasi meteorologica di sole e tepore. Lo stratagemma funzionò; il 15 aprile 1896 il primo dei treni di Flagler entrò sbuffando in città. Flagler inaugurò inoltre il lussuoso Royal Palm Hotel, dato che i turisti venivano richiamati verso sud grazie alla fama ormai raggiunta dalla città. Egli costruì abitazioni per i lavoratori, dragò un canale per le navi a Biscayne Bay e donò del terreno per le scuole pubbliche. Nel luglio del 1896 venne approvata la costituzione della città. Si discusse se chiamarla Flagler, ma i 368 votanti optarono per un nome all'epoca vecchio di oltre due generazioni, e Miami divenne così una città ufficiale della Florida.

Miami e la guerra ispano-americana

La città aveva a malapena due anni di vita nell'aprile 1898 quando gli Stati Uniti si armarono contro la Spagna per la questione dell'indipendenza di Cuba. Durante i tre mesi della "Splendid Little War", come la chiamò il segretario di Stato John Hay, Miami (la cui popolazione raggiungeva circa 1200 abitanti) si sviluppò velocemente. Inizialmente l'esercito rifiutò la città come base per addestrare una forza d'invasione, decisione deplorata da tutti gli uomini d'affari locali. Flager divenne però un sostenitore entusiasta e, ignorando le torride estati di Miami, assicurò ai pezzi grossi dell'esercito che una "brezza marina costante" avrebbe garantito "il comfort degli ufficiali e degli uomini" e che non c'era "luogo più piacevole sulla costa atlantica". A sue spese egli iniziò gli scavi per la costruzione di "Camp Miami". Era un'offerta impossibile da rifiutare. In breve 7000 reclute vivevano in tende di tela erette in quella che oggi è Downtown Miami, vicino alla Freedom Tower, morendo di caldo nelle uniformi di lana. Gli ufficiali furono sistemati nell'arieggiato Royal Palma.

Per i mercanti di Miami fu davvero una "splendida piccola guerra". Gli empori incrementarono il loro giro di affari e le imprese più grandi videro enormi aumenti nelle entrate. A North Miami fiorì un distretto a luci rosse a forte tasso alcolico. Ma la bugia di Flagler a proposito del fatto che Miami possedeva una "scorta inesauribile dell'acqua più pura" evaporò nel calore della febbre tifoidea che uccise 24 reclute. Centinaia furono colpiti dalla dissenteria e i soldati, tormentati dalle zanzare, chiamarono la base "Camp Hell" (Campo Inferno). Flagler rassicurò Washington dicendo che i loro malesseri erano "notevolmente esagerati". Fortunatamente per tutti la guerra finì e Camp Miami fu smantellato dopo appena sei settimane.

Il soggiorno dei militari a Miami, comunque, accelerò lo sviluppo della città: vennero creati dei sentieri, lastricate le strade, scavati pozzi e costruiti edifici. Ancor più importante per il futuro della città furono i resoconti di guerra che presentarono alla nazione la fino ad allora poco nota città. Migliaia di giovani ritornarono alle città di origine con un persistente senso di sbalordimento e una curiosità insoddisfatta.

I *clipper* della Pan Am

Una delle epoche più romantiche nella storia americana dei viaggi aerei terminò a Coconut Grove il 9 agosto 1945, quando l'ultimo volo previsto dei *clipper* della Pan American Airways, un Boeing 314 a quattro motori, partì da Dinner Key Marina (vedi p. 123) e prese il volo. Pochi si aspettavano che gli enormi idrovolanti Boeing sarebbero diventati obsoleti così in fretta. Il primo *clipper* della Pan American (un Sikorsky S-40) aveva preso il volo solo nel 1931. Ma la Seconda Guerra Mondiale aveva affrettato i tempi del cambiamento, e dopo il conflitto Paesi considerati un tempo lontanissimi, come il Brasile o Burma, ora avevano piste che li rendevano praticabili anche da aerei più economici. Il periodo delle "navi volanti" era finito.

La moderna Miami

Nonostante tutto il suo progresso, col profilarsi del XX secolo Miami era ancora poco più di una striscia di civiltà stretta tra Biscayne Bay e la zona disabitata delle Everglades. Ma la richiesta dell'America di terreni residenziali aumentò, innescando la febbre di sviluppo urbano e il fervore ambientalista, due forze che subito si scontrarono e rimasero presenti nella vita politica di Miami d'allora in avanti. La bonifica delle

Un idrovolante Sikorsky è rimorchiato dietro al nuovo terminal marino della Pan Am Airways a metà anni '30.

Everglades cominciò nel 1906. Un decennio dopo fu inaugurato il Royal Palm Park. Carl Fisher, un facoltoso industriale dell'Indiana, attraversò il nuovo ponte in legno lungo 3 km verso "Ocean Beach", una lingua di sabbia e rocce coralline parallele alla costa di Miami oltre Biscayne Bay. Posando lo sguardo sulla zona disabitata della baia di cedri, *Coccoloba uvifera*, mangrovie, *Uniola paniculata*, cactus con fichi d'india, egli ebbe una visione di alberghi, club di golf e campi di polo, una mecca del piacere costituita nel 1915 e battezzata Miami Beach.

Nel 1920 la popolazione della città era di circa 30.000 abitanti, il 440 per cento in più rispetto al censimento del 1910. Si diffuse la voce che un investimento in un terreno in Florida avrebbe garantito guadagni e che la palude di oggi sarebbe stata il terreno edificabile di domani. A migliaia si trasferirono a Miami e nei suoi umidi dintorni, dando vita a una frenetica compravendita dei terreni della Florida. Nel 1925 gli operatori edilizi andarono alla ricerca di permessi per 971 lotti. Circa 175.000 atti furono registrati nelle nuove comunità di Coral Gables, Miami Shores, Hialeah, Miami Springs, Boca Raton e Opa-Locka. Il boom terminò l'anno seguente con gli scandali delle tasse e un devastante uragano. Il crollo della borsa del 1929 assestò il colpo di grazia.

La località, comunque, continuò ad attirare visionari come Fisher e Juan Trippe, fondatore della Pan American Airways, noto un tempo per i suoi "clipper" (vedi box a p. 24). Entro il 1935 le navi volanti di Trippe collegarono Miami con 32 Paesi del Centro e Sud America, avvolgendo la città nel romantico alone del seducente nuovo mondo dell'aviazione transoceanica. La Seconda Guerra Mondiale ritrasformò la città in una metropoli militare, convertendo gli hotel in caserme; le spiagge venivano utilizzate per l'addestramento, preparando 550.000 soldati al combattimento. Come per la guerra ispano-americana, migliaia di giovani si sarebbero ricordati dei loro giorni al sole, e molti sarebbero tornati per rimanervi.

L'esodo cubano

Gli anni del dopoguerra furono vantaggiosi per Greater Miami. L'afflusso di nuovi arrivati continuò e il turismo aumentò in modo esponenziale, incoraggiando il boom edilizio, che diede vita a palazzi del piacere come il Fontainebleau da 1504 stanze di Miami Beach, la cui luccicante opulenza simboleggiò lo status della regione come capitale occidentale dell'edonismo. La città sembrò essere maturata come comunità meglio nota per i pensionati e i turisti alla ricerca di sole, ma la svolta avvenne con l'ascesa di Fidel Castro. Verso la fine del 1958 la guerriglia del trentaduenne comandante ribelle lanciata contro il dittatore cubano di vecchia data Fulgencio Batista fece scappare quest'ultimo in esilio. La trasformazione di Cuba in uno stato comunista operata da Castro cominciò con esecuzioni pubbliche e si spostò rapidamente alla confisca di industrie e proprietà private. Entro l'estate del 1960 l'élite sociale dell'isola e la classe mercantile iniziarono a partire in massa, in gran parte a bordo di una delle giornaliere "Freedom Flights", per una fuga dall'Havana a Miami di 466 km. Non c'erano viaggi di andata e ritorno su questa rotta.

Miami, 1994: rifugiati cubani a una manifestazione di protesta contro il regime di Castro.

Quando i primi rifugiati arrivarono, la popolazione di Miami era di circa 700.000 abitanti. Per ogni residente di origine spagnola, stimati allora in un numero intorno a 50.000, c'erano tre Afroamericani e circa dieci appartenenti alla categoria demografica "tutti gli altri", la maggioranza dei quali bianca. Entro la metà degli anni '70 la popolazione di rifugiati cubani di Miami si manteneva oltre le 300.000 unità; oggi i Cubano-Americani sono circa 675.000 su un totale di 2,5 milioni di residenti nella sola Greater Miami. La città è il luogo dove più della metà di tutti i Cubani degli Stati Uniti hanno scelto di vivere.

Questa è stata una profonda trasformazione per Miami, sul cui carattere l'esodo cubano influì, in ogni caso, più socialmente che nei numeri. Molti rifugiati erano uomini d'affari, professionisti o imprenditori, le cui imprese andavano dai piccoli negozi alle piantagioni di zucchero, dalle distillerie di rum alle fabbriche di sigari. Molti avevano lavorato nel governo e nell'ambito dell'applicazione delle leggi, oppure insegnato nelle scuole e nelle università. C'erano coloro per i quali le politiche di Castro riservavano le più severe prospettive ed essi arrivarono determinati a riaffermarsi.

Questa è stata una profonda trasformazione per Miami, sul cui carattere l'esodo cubano influì, in ogni caso, più socialmente che nei numeri.

I loro sforzi diedero nuova energia alla città, mentre ricreavano i quartieri riflettendo la cultura della Cuba prerivoluzionaria. Le strade furono ribattezzate con i nomi dei martiri di Cuba, i circoli sociali cubani furono rivitalizzati e furono fondate organizzazioni commerciali. Le piccole imprese di proprietà dei cubani, un fondamento della Cuba pre-Castro, fiorirono in tutta Miami. Vennero da loro aperte drogherie, mentre gli altri negozi aggiunsero versioni cubane di caffè, formaggi e pane sugli scaffali per servire la nuova clientela. Il bisogno di case dei profughi generò un boom nella ristrutturazione e costruzione delle abitazioni. I ristoranti cubani deliziavano i turisti offrendo un'alternativa esotica ai familiari negozi di gastronomia *kosher*, agli empori con i frutti di mare e alle tradizionali *steak house* di Miami.

Miami nel nuovo millennio

Oggi, 40 anni dopo aver abbandonato l'isola, i Cubano-Americani dominano la lista delle persone importanti. "Il sindaco della città di Miami e il capo della polizia sono entrambi cubani, così come il sindaco della contea di Miami-Dade", ha riferito Pablo Canton, amministratore del Little Havana Net Enhancement Team della città. "Qui molte personalità eminenti, numerosi imprenditori, sono cubani. È di proprietà cubana una clinica importante, il presidente del Miami-Dade College è cubano. Dall'inizio dell'afflusso di Cubani dopo la rivoluzione di Castro, la nostra incidenza su Miami è stata straordinaria".

I Cubani restano a oggi il gruppo più vasto di Latino-Americani, formando il 50 per cento della popolazione ispanica, che incide per oltre la metà sui residenti di Miami-Dade County. Di recente, si è però passati dall'idea di "cubanizzazione" di Miami a quella di "latino-americanizzazione". Il cambiamento è palese persino a Little Havana, dove le vetrine dei negozi espongono frittelle al granoturco salvadoregne e le cameriere provengono in gran parte da Honduras o Perù. A differenza di dieci anni fa, la musica e il modo di parlare delle trasmissioni della più famosa radio di Miami non sono cubani ma colombiani, a riprova che la nozione di *melting pot* qui resta parte vitale dello stile di vita americano. ■

La cucina della Florida

Città crocevia di diverse etnie provenienti da Cuba, Caraibi e America Latina, Miami sta vivendo una vera e propria rivoluzione culinaria: una fusione di sapori messa in atto dagli stessi chef locali. Dopo che per anni i piatti californiani, o internazionali, sono stati le uniche specialità della casa, gli chef hanno finalmente preso coscienza di questa "cornucopia" gastronomica creatasi proprio a casa loro.

A Miami e nelle Keys, gli chef attingono alla terra generosa della Florida per creare i loro menu.

Il risultato è un'esplosione di sapori tropicali e di combinazioni interessanti: il ritmo vigoroso sudamericano dà un tocco di stile ai piatti mentre dai Caraibi arrivano ingredienti e creatività. Merluzzo salato, tamarindo, guava, il platano, lo strombo e lo *scotch bonnet* caraibico (il peperoncino rosso più piccante al mondo) sono tutti ingredienti del menu della casa. Ma trovano spazio anche i prodotti locali: frutti di mare provenienti dall'Oceano Atlantico e dal Golfo del Messico; specialità esotiche come granchi, *snapper* (un tipo di dentice), pesci gatto, zampe di rana, alligatori, arance rosse e cuori di palma; e per finire un clima subtropicale che favorisce la coltivazione tutto l'anno. Ecco un elenco di alcune prelibatezze, fresche e sane, di questa cucina.

Prodotti locali

Grazie al clima tropicale, la Florida vanta molte varietà di carne e di vegetali che rendono il menu alquanto interessante. Eccone alcune:

Agrumi - una delle coltivazioni più redditizie della Florida, dove si producono più dell'80 per cento dei lime della nazione, il 50 per cento della produzione mondiale di pompelmi e il 25 per cento della produzione mondiale di arance. Homestaed, una comunità di contadini vicino

Miami, è diventata la capitale nazionale della frutta esotica, famosa per i litchi, i frutti della passione, i mango e i *mameys* (specie di cocco allungato che ha il sapore di una patata dolce).

Alligatore - animale d'allevamento con carne tenera e magra che se non cucinata bene può risultare dura. Il modo migliore per gustarlo è impanato e fritto. Una vecchia specialità della Florida è lo stufato di alligatore.

Aragosta della Florida - bellissima e appuntita, questa aragosta è un crostaceo con antenne giganti, ha un carapace coperto da una leggera peluria ed è senza chele. Tutta la carne è nella coda. Se ne trovano in grosse quantità, da agosto ad aprile, nelle acque della Florida e rispetto all'aragosta del Maine, che ha due chele, è più piccola e ha un sapore più dolce.

Granchio di pietra - si trova da ottobre ad aprile. L'unica parte commestibile è costituita dalle chele. I pescatori di granchi staccano una delle chele e ributtano il granchio in mare così che la chela possa ricrescere in 12-18 mesi. I tradizionalisti servono le chele con burro o mostarda, ma una nuova generazione di chef in Florida sta sperimentando modi alternativi per prepararle.

Key lime - è piccolo, giallo e tipico del Sud della Florida e delle Florida Keys. La *Key lime pie* è il dessert più famoso della regione: la ricetta prevede una base di biscotti sbriciolati farcita con un composto giallo e cremoso preparato con latte condensato, uova e succo di lime.

Mango della Florida - la sua stagione va da maggio ad agosto, ma in realtà viene gustato tutto l'anno in salse e *chutney*. I mango crescono, in centinaia di varietà, in cortili o lungo le strade.

Pesce gatto della Florida - è una specialità del Lago Okeechobee, a nord-est di Palm Beach, dove viene tagliato a filetti, impanato nella farina di mais e fritto. Ormai è un pesce d'allevamento.

Strombo - è un grosso mollusco marino commestibile, specialità delle Bahamas, con un involucro solido, simile alle orecchie di mare, ai gamberi e alle capesante. Ha un enorme guscio conico e chiaro, in cui si può soffiare come se fosse un corno o che si può avvicinare all'orecchio per ascoltare il rumore dell'oceano. Ricco di proteine e a bassissimo contenuto di grassi, si serve di solito come aperitivo nel *ceviche* o in zuppe di pesce, o anche impanato e fritto.

Swamp cabbage (cavolo di palude) o cuore di palma - un tempo piatto principale dei pionieri, ora questa pietanza viene preparata in aree rurali e da chef creativi.

Zampe di rana - le rane si cacciano nelle paludi e la loro carne tenera, succulenta e dal sapore leggero e dolce è apprezzata sia dai pescatori sia dai migliori chef.

Frutta fresca

La cucina della Florida ha nella frutta fresca - meglio se esotica - la componente principale dei pasti. La troverete servita in macedonie di frutta e nelle salse, nei *chutney* (salsa piccante a base di aceto, frutta, zucchero e spezie) e nelle *coleslaw* (insalata a base di cavolo crudo tritato misto ad altre verdure e condito con maionese), nella composta e nei dessert. È presente in pane, gelati e mousse, nelle salse

Peperoncini rossi e banane fritte sono il contorno tipico dei piatti cubani a Miami.

e nelle creme da spalmare, e fermentata in deliziosi vini. Key lime, kiwi, mango e mandarino cinese sono tra i protagonisti più conosciuti di questa innovativa cucina, mentre tra la frutta esotica meno nota citiamo:

Acerola - la "Barbados cherry" ha il sapore della *tart strawberry* (crostata alla fragola).

Un grappolo di papaie quasi mature.

Da sola contiene tra 20 e 50 volte la quantità di vitamina C di un'arancia.

Atemoya - a forma di cuore o rotonda, la sua buccia irregolare verde chiaro contiene una bianca polpa succosa che sa di *piña colada*.

Bignay - frutto dal sapore agrodolce che ricorda i grappoli dell'uva, ricco di vitamina A, è spesso usato per produrre in casa vino di qualità.

Black sapote - un cugino dei cachi dalla buccia verde, caratterizzato da una pelle color marrone cioccolata, sostanziosa e dolce. Spesso servito da solo con un pizzico di vaniglia o succo di limone, usato nelle mousse e per dar sapore al gelato.

Calomondin - parente del mandarino cinese, ha buccia commestibile e un sapore simile al limone. Apprezzato nelle confetture.

Carambola - anche noto come frutto a stella per la forma che assume se tagliato per traverso, questo frutto dorato si presta a presentazioni artistiche. A seconda della varietà, la buccia croccante, a volte dolce, altre aspra, ricorda mela, uva e agrumi.

Ciruela - un frutto decorativo rosso o arancione dalle dimensioni e forme simili al pomodoro San Marzano. La sua polpa color panna o rossa ad alcuni ricorda le noccioline.

Guava - comune nei dintorni di Greater Miami, questo membro fuori misura della famiglia delle bacche si manifesta in molte forme e varietà la cui buccia può essere bianca, gialla, verde o rosa (quelli del tipo giallo sono di solito i più dolci). La polpa ricorda le fragole, secondo altri ananas o limone. I menu sono addolciti dal nettare del guava in confetture, salse e dessert. Potete acquistarlo in scatola o in tubetti. Portatevelo a casa per provare a cucinare i vostri *pastelitos*.

Jackfruit - il più grande frutto del mondo può pesare fino a 36 kg. Ha buccia irregolare e forma ovale, gialla o marrone quando è matura; la sua polpa ricorda melone, mango e papaia. A volte cucinato come una verdura, i suoi semi dal sapore delle castagne sono arrostiti e usati come condimento.

Monstera - frutto a forma di cetriolo che perde le scaglie quando matura. La sua polpa ha un sapore agrodolce che ricorda le banane mature, ed è spesso utilizzato nei dessert o mangiato fresco.

Muscadine grape - uva nativa della Florida, più grande della maggior parte delle specie, con buccia verde chiaro punteggiata di marrone e un sapore muschiato, fruttato e tannico. È usata per succhi, confetture e per produrre un vino locale chiamato *scuppernong*.

Papaya - a Greater Miami, la varietà più comune è la Solo: piccola e gialla, con forma a pera. La dolce polpa aromatica ricorda varietà di pesche, bacche o albicocche. È abitualmente servita a fette con uno spruzzo di succo di limetta, e nelle insalate, salse e dessert.

Sugar apple - anche noto come mela cannella, la buccia di questo frutto a forma di cuore con nocciolo, può essere malva, giallo-verde o rosso. Indipendentemente da ciò esso si apre all'improvviso quando il frutto matura, rivelando segmenti simili ad agrumi di cremosa polpa dolce (a volte bianca, altre gialla). È spesso miscelata nel gelato (richiedete questa specialità quando visitate King's Ice Cream a Calle Ocho, vedi p. 58).

SUGGERIMENTO:

Se visitate Miami in inverno, assaggiate il mapo. Questo succoso agrume, tipico della Florida, deriva dall'incrocio tra mandarino e pompelmo. Lo si trova sui banchi di frutta solo nel mese di gennaio.

- CAROLINE HICKEY
redattrice libri di National Geographic

I pesci della Florida

Avendo a disposizione l'Oceano Atlantico e il Golfo del Messico, gli chef della Florida si sbizzarriscono a cucinare ogni giorno diverse varietà di pesce. Eccone alcune:

Amberjack - pesce che vive in acque profonde e ha una carne dal sapore delicato simile alla cernia.

Cernia - grosso pesce dalla carne bianca, dolce e soda, che può arrivare a pesare fino a 36 kg.

Cobia - pesce d'acqua calda simile allo squalo. La sua carne dura dal gusto delicato è ottima per le zuppe di pesce e per il *ceviche*.

Delfino - pesce d'acqua salata dalla carne bianca noto anche come mahimahi (ma non è il mammifero acquatico). Lo si gusta al meglio se grigliato o affumicato.

Pompano - pesce schiacciato dal color argento, molto apprezzato per il suo sapore delicato.

Sgombro macchiato - pesce di carne scura, diffuso nella cucina cubana e in quella dell'America centrale. Viene cucinato tradizionalmente alla scapece (marinato).

Snapper - tipo di dentice, abbonda nelle acque delle isole Keys ed è il pesce più diffuso in Florida. Ha una carne tenera dal sapore dolciastro.

Tonno - sulle coste della Florida sono pescati sia i tonni dalle pinne gialle (di 220-270 kg) sia quelli dalle pinne nere (9-18 kg).

Triglia - uno dei pesci più redditizi della Florida, è pescato sulla costa occidentale in grosse quantità. Sostanzioso e succulento, è ideale affumicato.

Wahoo - pesce tropicale pregiato della famiglia degli sgombri. Il nome hawaiano vuol dire "dolce". Ha colore scuro e carne bianca, tendente al grigio, dal sapore robusto e gradevole.

DA PROVARE: sagre annuali di Miami

Miami offre l'opportunità di deliziare le papille gustative in occasione di una serie di sagre nelle quali si può assaporare la migliore cucina della Florida, spesso con l'accompagnamento di musica dal vivo. Ce n'è per tutti i gusti: si va dalle innumerevoli bancarelle che occupano Calle Ocho (SW 8th St.), agli eventi del South Beach Wine and Food Festival a cui partecipano celebri chef, il tutto condito dai colori di una città come Miami.
Non perdetevi le quattro citate sotto:

Calle Ocho Festival - Questo evento, che si svolge a marzo, fa parte dei festeggiamenti per il Carnevale di Miami, una megafesta di nove giorni durante la quale si celebrano il cibo e la cultura latino-americana e che si svolge nei 23 isolati di Little Havana. *Tel. 305/644-8888, www.carnavalmiami.com.*

Great Taste of the Grove - Nel mese di aprile si tiene una "due giorni" di cibo e musica durante la quale i più noti ristoranti di Coconut Grove offrono assaggi delle loro specialità.

South Beach Wine & Food Festival - Ogni anno a febbraio il Food Network organizza una festa di tre giorni che attrae personaggi televisivi e decine di migliaia di visitatori. Ogni evento ha un prezzo singolo e molti vanno esauriti con largo anticipo. *Tel. 305/625-4171, www.sobefest.com.*

United Way Miami Wine & Food Festival - Questa festa annuale, della durata di quattro giorni, si svolge a febbraio in varie località vicino a Miami.
Vino, liquori, birra e ogni sorta di cibo ne sono i protagonisti. Tengono banco i principali sommelier, birrai e cuochi locali. *Tel. 305/646-7111, http://miamiwinefestival.org.*

Arte e cultura

Vi piacciono le vere festività caraibiche? Qui troverete di tutto, dai *block party* cubani ai locali notturni haitiani, dai *moros y cristianos* (fagioli neri e riso) con banane fritte ai *blue crabs* locali inzuppati in burro e aglio. Per gusti più tradizionali ci sono gallerie d'arte occidentale, orchestre, balletti e produzioni di teatro off-Broadway, per non parlare dei tornei di pesca.

Belle arti

A causa delle aggressive scorrerie degli avventurieri spagnoli nel Nuovo Mondo a partire dal XVI secolo, la storia euro-americana della Florida meridionale è una lunga saga a confronto con quelle di altre regioni del Nord America. L'eredità delle istituzioni culturali di Miami risale alle prime missioni fondate dai preti cattolici, che sognavano di infondere nelle popolazioni native della Florida la fede e le usanze cristiane e di insegnar loro a parlare e a leggere in spagnolo, in modo che potessero un giorno contare su tali popoli in quanto anime affini e leali sottomesse a Madrid. Si rivelò un'ambizione inattuabile, almeno in quei giorni, ma la determinazione dei frati preannunciò l'ostinazione dei coloni della zona di Miami per la fondazione di istituzioni di civilizzazione nelle intricate giungle tropicali, come a provare, forse principalmente a se stessi, di aver domato la natura selvaggia che li circondava.

Il primo artista degno di nota a operare in Florida fu il grande pittore di uccelli selvatici John James Audubon, che esplorò brevemente le Keys nel decennio 1830. Non fu prima dell'arrivo delle ferrovie negli ultimi anni del XIX secolo e del boom dei terreni all'inizio del XX secolo, comunque, che la zona di Miami acquisì una classe danarosa dalla quale provennero i suoi mecenati. Queste famiglie diedero i loro nomi, i loro soldi e spesso le loro proprietà private per sovvenzionare piccole ma eleganti collezioni come il Bass Museum of Art di Miami, un tesoro di dipinti dei vecchi maestri, sculture, tessili, arredamento d'epoca, oggetti d'arte e manufatti ecclesiastici generalmente considerati tra i più belli nel loro genere nel Sud-est della Florida. Come molti pionieri americani di primo piano in posti remoti, questi mecenati favorirono la fondazione di scuole e college i cui ruoli all'interno della comunità andavano ben oltre l'educazione, in modo da celebrare la loro comunità. Perciò, entro le mura dei principali istituti di istruzione di Greater Miami (la University of Miami, il Wolfson Campus del Miami-Dade College e la Florida International University), troverete alcune delle principali collezioni pubbliche d'arte della regione.

I successivi afflussi di gruppi etnici a Miami aggiunsero una varietà di musei con tematiche culturali ed etniche, librerie e commemorazioni presenti in poche altre città americane. Il fiorire della comunità ebraica della Greater Miami, per esempio, è celebrata al Jewish Museum of Florida di Miami. Il continuo esodo dei Cubani dalla loro isola nativa ha

I successivi afflussi di gruppi etnici a Miami aggiunsero una varietà di musei con tematiche culturali ed etniche, librerie e commemorazioni presenti in poche altre città americane.

Xavier Cortada, un eminente artista cubano-americano, nel suo atelier a Miami Beach.

trasformato Miami in un surrogato dell'Havana, dove le gallerie, le biblioteche, i musei, i ristoranti e i locali notturni si focalizzano esclusivamente sull'arte, la letteratura, la storia, la cucina, e la musica cubane. L'arrivo di altri emigrati caraibici, in particolare haitiani, si è riflesso nei negozi del quartiere Little Haiti e nel sorgere di compagnie teatrali etniche, spesso itineranti, senza un palcoscenico proprio, come nella crescente presenza di musica caraibica nelle stazioni radio di Miami.

La consapevolezza del suo ruolo politico e finanziario come capitale non ufficiale dei Caraibi (alcuni direbbero anche dell'America Latina) è la ragione per cui il Miami Art Museum al Miami-Dade Cultural Center, nel centro della città, è dedicato all'arte occidentale fin dalla Seconda Guerra Mondiale, e del perché il Wolfson Campus del Miami-Dade College, un tempo principalmente una vetrina per gli artisti innovativi della zona di Miami, mantiene una nota collezione di opere internazionali nella sua Interamerican Art Gallery. È un fenomeno che riflette lo status della città come crocevia culturale.

Aprite la sezione "Tropical Life" del *Miami Herald* (che pubblica un'edizione in lingua spagnola, *El Nuevo Herald*) e troverete annunci che abbracciano lo spettro dei colori culturali della regione: un gruppo di discussione di studiosi e sopravvissuti all'Olocausto; una mostra di artisti afroamericani che operano a Miami; un simposio di saggi sull'Europa dell'Est; gallerie che espongono arte popolare prodotta a Miami dai nuovi arrivati caraibici. Se c'è un tema che unifica tutta questa diversità, è quello della speranza e della fede nel futuro. Persino la famosa art déco degli alberghi è molto più di una moda ornamentale. Originariamente costruiti per i viaggiatori del Nord-est, molti dei quali erano scappati all'oppressione europea, i vivaci e allegri stili degli edifici sembrano ancor oggi ottimisti sul destino di questa grande metropoli, e su quello della gente che ha scelto di vivere qui.

Elizabeth Caballero

Miami vanta una delle stelle emergenti dell'opera, Elizabeth Caballero, soprano dal "tono perlato, dalla tecnica perfetta e dalla fisicità sfacciata", come l'ha definita il *New York Times*. Cubana emigrata a Miami nel 1980 durante l'esodo di Mariel all'età di tre anni, Elizabeth Caballero si esibì nel coro della scuola superiore Hialeah-Miami Lakes e poi diplomò al Miami-Dade College in canto. Prima di diventare una famosa cantante d'Opera ha lavorato al botteghino del Florida Grand Opera di Miami e nonostante ora si esibisca in tutti i teatri degli Stati Uniti e all'estero, almeno una volta all'anno ritorna sul palco di questo teatro.

Arti dello spettacolo

La sensazione di essere arrivati in un luogo in cui l'imbarco verso lontane destinazioni aleggia nell'aria e suggerisce esotiche possibilità ha incoraggiato una tradizione creativa insolitamente esuberante nella lista di persone che in questo stato lavorano nelle arti dello spettacolo. Inizialmente l'impeto nella costruzione di sale da concerto e teatri era motivo di orgoglio civico tra le famiglie fondatrici di Miami, le quali desideravano che i loro cugini nelle città di antica data del Nord-est prendessero seriamente il loro avamposto. Come avveniva altrove nelle giovani comunità del XIX secolo, a Miami era frequente abitudine per gli amici riunirsi in un salone attorno a un pianoforte e divertirsi a cantare canzoni di Broadway, recitare poesie e rappresentare recite. Le ambizioni in breve si estesero al di là della coltivazione degli agrumi, dei trasporti marittimi, della pesca, della costruzione di edifici e delle ferrovie. Fu formata ufficialmente una banda di ottoni per dare il

Miami è pervasa dalla musica, onnipresente nei bar di South Beach, nei locali di Little Havana e nel New World Center.

benvenuto ai viaggiatori che si spostavano su rotaie verso il caldo Sud. Per le cerimonie i visitatori invernali più facoltosi di Miami invitavano i musicisti per concerti privati in proprietà come il sontuoso Vizcaya di Coconut Grove. Alcuni artisti, sedotti dal salubre clima della regione e dall'esotica frangia di mare azzurro, dall'accecante sabbia bianca e dalle palme, vedevano non solo la possibilità di godere del delizioso benessere, ma l'opportunità di abbandonare il proprio posto in fondo all'orchestra per conquistare il centro del palcoscenico.

L'afflusso di nuovi arrivati dal Nord, molti dei quali di origine europea e perciò affezionati all'opera e alla musica classica quanto gli yankee nativi di Miami lo erano del ragtime e del vaudeville, creò nella città platee che forse non erano particolarmente ricche ma avevano un certo gusto per le arti dello spettacolo. Cantanti di lirica, quartetti d'archi e oratori furono invitati dal Nord-est per esibirsi, inviti resi ancor più attraenti dalla prospettiva di scambiare il gelo invernale con il sole tropicale. Spesso accadeva che questi talentuosi visitatori rimanessero per diventare pionieri del varietà musicale o teatrale.

Greater Miami ha dimostrato di essere terreno fertile per lo sviluppo di compagnie teatrali come per la crescita di orchidee. Il Miami City Ballet ha tenuto la sua rappresentazione inaugurale nel 1986; oggigiorno è una delle dieci compagnie meglio finanziate degli Stati Uniti (con un budget operativo annuale di 14 milioni di dollari) e gode del sostegno di oltre 14.000 abbonati per la stagione teatrale. Nel 2006 la compagnia lirica si è spostata all'Adrienne Arsht Center for the Performing Arts, una sala dall'acustica molto avanzata, con aree teatrali comuni.

La grande odissea dei Cubani verso la Florida meridionale, insieme alla vicinanza della città alle culture del Tropico del Cancro, è riflessa nella varietà e qualità delle sue compagnie. La sezione speciale "Tropical Life" del *Miami Herald* attesta giornalmente la straordinaria varietà di spettacoli offerti, dalla compagnia di flamenco ai danzatori che interpretano la musica dell'Europa dell'Est, dei Caraibi, dell'Africa Occidentale, di Israele e dell'America Centrale e Meridionale. Nelle serate dei fine settimana nel Little Havana District di Miami una mezza dozzina di club pulsano al suono delle big-band del jazz cubano dell'epoca pre-Castro, e a quello della musica contemporanea suonata da giovani musicisti cubano-americani che fondono gli stili delle due culture.

Per le stesse ragioni, compresi gli antichi legami culturali con il Nord-est in generale e con l'industria teatrale di New York in particolare, i teatri della Greater Miami attingono al piccolo esercito di attori stagionati e con ottimi studi alle spalle, e da una sbalorditivamente feconda cellula di scrittori teatrali. Il risultato è un calendario annuale di ragguardevoli rappresentazioni newyorkesi, oltre alle ineccepibili produzioni dei musical, perennemente popolari, e delle opere teatrali, che riflettono il caleidoscopico multi-culturalismo creativo della regione.

La grande odissea dei Cubani verso la Florida meridionale, insieme alla vicinanza della città alle culture del Tropico del Cancro, è riflessa nella varietà e qualità delle sue compagnie.

La maggior parte delle organizzazioni di arti dello spettacolo della zona ha siti web che vi permetteranno di esaminare i programmi imminenti e, in molti casi, comprare biglietti online (per maggiori dettagli vedi Consigli di viaggio, pp. 262-263).

Altre attrazioni culturali importanti

Il clima sub-tropicale e l'influenza dei Carabi hanno riempito il calendario di Greater Miami di un'infinità di spettacoli all'aperto, festival ed eventi culturali. La loro varietà riflette le diversità della regione: concerti, opere, balletti, mostre floreali, tornei di pesca, maratone e altro. Le manifestazioni di spicco sono il Miami Book Fair International, l'Art Basel Miami Beach e il South Beach Miami Wine & Food Festival.

Se i vostri piani e la disponibilità di tempo ve lo permettono, non mancate di esplorare i quartieri etnici a piedi: sono pieni di cose stravaganti. Librerie e negozi di musica vendono le canzoni e le storie dei Carabi, dell'Africa, persino dell'Europa ante-guerra, e offrono pareri unici dell'insolita linea di discendenza di questa ineguagliabile metropoli americana. L'inconsueta tradizione della regione nella bizzarra sperimentazione architettonica è riscontrabile in poche altre città americane ed è un fenomeno che persiste, ispirato dalla speranza e dall'ottimismo che molti avvertono qui. Concedetevi del tempo per visitare alcuni dei quartieri caratteristici di Greater Miami, come il Wynwood Arts District, e le comunità limitrofe di Coral Gables e Opa-locka.

Prendete uno dei quotidiani o settimanali di informazione della città e aprite le loro pagine (e la vostra mente) all'ignoto. Qui, se gli alisei portano un cielo purpureo che fa piovere sul vostro party in spiaggia, avete comunque un sacco di posti dove andare e innumerevoli cose da fare.

La miglior fonte per informazioni sui festival è il *Miami Travel Planner*, aggiornato annualmente e distribuito gratuitamente dal Greater Miami Convention & Visitors Bureau. È possibile visualizzarlo online oppure ordinarne una copia sul sito Internet del bureau *(www.gmcvb.com)*. ■

Una delle metropoli più note e meno comprese d'America, un luogo diverso da qualunque altra città degli Stati Uniti.

I distretti centrali di Miami

Dettaglio di un murale, Miami Art Museum.

I distretti centrali di Miami

Anche se l'appariscente zona insulare di Miami Beach tende ad attirare maggiormente l'attenzione rispetto alla sua propaggine sulla terraferma, il cuore e l'anima di ciò che rende Greater Miami una vera metropoli internazionale e il centro commerciale della Florida meridionale risiede nei distretti centrali. Qui troverete alcuni dei quartieri più antichi della regione, spesso a pochi passi dalle più alte concentrazioni di nuovi immigrati, che creano l'esotica sovrapposizione di culture della città.

Il panorama del centro di Miami, sfavillante sotto il cielo dell'imbrunire, visto da Biscayne Bay.

Qui si trovano anche gran parte degli interessi finanziari che utilizzano Miami come base per le operazioni internazionali e base del potere della determinata e passionale leadership politica cubano-americana.

South Florida's Crown Jewel City

Il costante afflusso di immigranti verso la città - attraverso vie legali o illegali - rende difficile un accurato censimento della popolazione, ma molte stime suggeriscono che meno di un quarto dei residenti nel centro di Miami rimangano nella categoria dei bianchi non-latini che consolidarono originariamente la comunità. Stime sulla cittadinanza caraibica non-cubana dei distretti centrali, principalmente haitiani, portoricani, giamaicani, nativi delle Bahamas e dominicani, si aggirano oggi intorno al quarto di milione, creando una scena cittadina interna in cui un viso su tre è caraibico.

I distretti centrali della città mantengono alcune delle più note attrazioni turistiche (Bayside Marketplace, Little Havana) e delle istituzioni culturali (Miami-Dade Cultural Center, Adrienne Arsht Center for the Performing Arts), gran parte dei suoi siti archeologici più significativi (Miami Circle), esempi di prim'ordine delle stravaganti architetture residenziali "a tema" che caratterizzano l'intera regione (Opa-locka, Morningside), e vasti parchi (Bicentennial Park, Bayfront Park) e ippodromi (Hialeah) che fungono da luoghi d'incontro per molti residenti in cerca di relax e divertimento.

Il cuore di Miami condivide anche i problemi sociali della Florida meridionale: disoccupazione delle minoranze, mancanza di alloggi e sacche di degrado economico. Ma Miami, nel corso dei decenni, ha superato numerose avversità e ovunque nei distretti centrali della città troverete nuove costruzioni e lavori di rinnovamento in corso, alimentati forse meno dalla fiorente economia della regione che dalla convinzione degli abitanti che la loro città sia destinata a diventare una capitale americana cosmopolita e influente.

Le strade di Miami

Un consiglio per orientarsi tra i distretti centrali di Miami: le strade della città seguono generalmente un orientamento est-ovest, nord-sud. Anche se incontrerete quasi sicuramente delle eccezioni, gran parte dei luoghi denominati *avenue*, *court*, *place* e *road* percorrono l'asse nord-sud, mentre la maggioranza di quelli chiamati *street*, *drive*, *lane* e *terrace* vanno sulla direttrice est-ovest. Il punto di divisione tra est e ovest è Miami Avenue; Flagler Street divide il Nord dal Sud. I prefissi delle strade riflettono la rosa della bussola, N., S., E., W. (ovest), N.W. (nord-ovest), N.E., S.W. (sud-ovest), e S.E., sono assegnate in base alla posizione della strada in relazione all'intersezione tra Miami e Flagler. I viali (*avenue*) che iniziano con First, vengono contati in modo ascendente quanto più distano da Miami Avenue verso ovest e sud-ovest. Le strade (*street*), che iniziano con First, sono numerate progressivamente a seconda della loro distanza da Flagler Street. Downtown Miami è in gran parte ordinata secondo un reticolo di angoli retti, permettendo facili recuperi intorno all'isolato in caso di svolte mancate mentre si esplora in auto. Ma fate attenzione: molte strade, viali ecc. sono numerati ma possiedono anche dei nomi, a volte più di uno (per esempio, a Miami, S.W. 13th Street è anche nota come Coral Way, e la US 1 è conosciuta come Biscayne Boulevard a nord, Brickell Avenue in centro e South Dixie Highway a sud). ■

Dipingere Miami

Di sera i grattacieli del centro sono illuminati a colori per celebrare una stagione o una festività, salutare un'opera pia o un dignitario estero, incoraggiare una squadra sportiva locale, o solo per compiacere la vista. Sono 40 i palazzi a più piani sempre illuminati. Alcuni, come la Bank of America Tower, cambiano i colori fino a 100 volte l'anno. Il rosso e l'arancione sono un saluto alla squadra di basket Miami Heat. Arancione e azzurro sono invece i colori della squadra di football dei Miami Dolphins.

DA NON PERDERE:

Assistere a una sfida di jai-alai al Casino Miami Jai-Alai 44

Un buon pasto a base di specialità cubane a Versailles 56

Le agguerrite sfide a domino nel Máximo Gómez Park 62

La produzione tradizionale di sigari all'El Crédito Cigar Factory 63

Uno spettacolo all'Adrienne Arsht Center for the Performing Arts 69

Un giro per gallerie nel Wynwood Arts District 69-70

La raccolta di opere d'arte della Rubell Family Collection 70-71

A
B
C
D
7
6
5
4
3
2
1
PALMETTO
DON SHULA HOTEL AND GOLF CLUB
MIAMI LAKES
Lake Ruth
Opa-locka Airport
DOUGLAS ROAD
RED ROAD
TURNPIKE
N.W. 107TH AVE.
N.W. 170TH ST.
OKEECHOBEE ROAD
HIALEAH GARDENS
GRATIGNY PARKWAY
AMELIA EARHART PARK
GRATIGNY DRIVE
FLORIDA'S TURNPIKE
N.W. 22ND ST.
PALMETTO EXPRESSWAY
N.W. 106TH ST.
W. 49TH ST.
E. 49TH ST.
WEST 12TH AVE.
MEDLEY
GOODLET PARK
WEST 4TH AVENUE
EAST 4TH AVENUE
EAST 8TH AVENUE
PALM AVENUE
HIALEAH
Lehigh Lake
HIALEAH PARK
E. 25TH ST.
HIALEAH EXPWY.
N.W. 97TH AVE.
N.W. 72ND AVE.
Miami Canal
N.W. 58TH ST.
HIALEAH DRIVE
DORAL COUNTRY CLUB
MIAMI SPRINGS
CURTISS PKWY
N.W. 41ST ST.
N.W. 36TH STREET
N.W. 87TH AVENUE
MIAMI SPRINGS GOLF COURSE
OUR LADY OF MERCY CEMETERY
COSTA DEL SOL GOLF & RACQUET CLUB
Casino Miami Jai-Alai
DAIRY RD
Miami International Airport
GRAPELAND HEIGHTS PARK
MILAM
DOLPHIN EXPRESSWAY
Lake Joanne
Blue Lagoon
FONTAINEBLEAU GOLF COURSE
WEST FLAGLERS STREET
N.W. 7TH
LE JEUNE ROAD
SWEETWATER
Tamiami Canal
S.W. 8TH STREET
TAMIAMI TRAIL
Florida International University & the Frost Art Museum
TAMIAMI PARK
WEST MIAMI
S.W. 107TH AVENUE
S.W. 97TH AVENUE
S.W. 87TH AVENUE
S.W. 67TH AVENUE
S.W. 57TH AVENUE
S.W. 24TH STREET
CORAL WAY
GRANADA BLVD.
S.W. 37TH AVENUE
Coral Gables Canal
AD BARNES PARK
S.W. 40TH STREET
BIRD ROAD
CORAL GABLES
75
826
823
916
932
27
821
953
934
955
948
969
836
973
985
968
41
959
976

E
F
G
H
CAROL CITY
EXPRESSWAY
ULETA
N.E. 167TH ST.
GREYNOLDS PARK
Greynolds Park Rookery
Aventura, Golden Beach, Golden Shores
Glades Canal
Antico Monastero Spagnolo
SUNNY ISLES BLVD.
N.E. 163RD STREET
Oleta River
BISCAYNE GARDENS
NORTH MIAMI BEACH
OLETA RIVER STATE PARK
HAULOVER BEACH PARK
Biscayne Canal
Opa-locka City Hall
Hurt Building
OPA-LOCKA
NORTH
DIXIE HIGHWAY
BISCAYNE BOULEVARD
ARCH CREEK PARK
N.W. 135TH STREET
WESTVIEW GOLF COURSE
WEST MIAMI
N.W. 125TH STREET
BAY HARBOR ISLANDS
BAL HARBOUR
BROAD CAUSEWAY
96TH STREET
GRATIGNY DRIVE
Museum of Contemporary Art
PINEWOOD
BISCAYNE PARK
Silver Blue Lake
INDIAN CREEK GOLF & COUNTRY CLUB
INDIAN CREEK VILLAGE
SURFSIDE
MIAMI SHORES GOLF CLUB
N.W. 103RD STREET
PlayGround Theatre
N.W. 95TH STREET
NORTH-SOUTH EXPRESSWAY
NORTH MIAMIA AVENUE
NORMANDY SHORES
MIAMI SHORES
Little River Canal
EL PORTAL
NORTH BAY VILLAGE
HARDING AVE.
COLLINS AVENUE
N.W. 79TH STREET
J. F. KENNEDY CAUSEWAY
Biscayne Bay
LITTLE HAITI
N.W. 62ND STREET
Church of Notre Dame d'Haiti
N.W. 54TH STREET
MORNINGSIDE
BUENA VISTA EAST
MANOR PARK
AIRPORT EXPRESSWAY
Miami Design District
JULIA TUTTLE CAUSEWAY
N.W. 36TH STREET
Rubell Family Collection
Wynwood Arts District
MIAMI
CURTIS PARK
N.W. 20TH STREET
N. MIAMI AVE.
BISCAYNE BLVD.
0 4 chilometri
0 2 miglia
Miami River
DOLPHIN EXPRESSWAY
Jungle Island
DOWNTOWN
WEST FLAGLERS ST.
LITTLE HAVANA
vedi Downtown p. 43
S.W. 8TH ST. (CALLE OCHO)
SHENANDOAH
S.W. 22NDS ST.
BRICKELL AVE.
SOUTH DIXIE HIGHWAY
vedi Little Havana p. 57
Fort Lauderdale
Miami
Key West

Downtown Miami

Le opinioni su Downtown sono diverse. Imponenti da lontano, i grattacieli del distretto finanziario non destano sensazioni gradevoli una volta visti da vicino. I viaggiatori possono essere disorientati (e delusi) dall'apparente mancanza di un centro o di una tendenza sociale aggregante nella zona. Non c'è alcun Boulevard St. Germain qui, nessun giretto nell'Upper West Side durante i weekend, e, arrivata la sera, i marciapiedi di Downtown diventano deserti e non sono certo i posti più sicuri in cui avventurarsi, ma il quartiere è comunque interessante.

All'ora di pranzo, gli impiegati che lavorano nel centro di Miami si rilassano a Bayfront Park.

Si dice che il centro di Miami rientri fra N.E. 15th Street e S.E. 14th Street, e vada dal porto di Biscayne Bay alla I-95. Entro i confini di questi 28 isolati si estende un distretto che può essere gratificante per coloro che lo esplorano a piedi. Fra le tante attrazioni del luogo, il Miami-Dade Cultural Center, il trambusto del Bayside Marketplace e la quiete di Bayfront Park.

Il panorama di Downtown

Troverete ambulanti che distribuiscono *brewed coffee* e paste in stile caraibico, dolci, succhi e bevande alla frutta. La musica delle radio in lingua spagnola risuona a tutto volume dagli empori a basso prezzo con le vetrine che si affacciano sulla strada (molti sono specializzati in elettronica di consumo, valigie, abiti e gioielleria, e riforniscono una clientela latino-americana in un viavai che dura tutto l'anno), in un'inconsueta combinazione di commercio al dettaglio nord e latino-americano. Avventuratevi qualche isolato più a ovest di Biscayne Boulevard (la via principale nord-sud più vicina al porto) e vi troverete in un mélange culturale haitiano, giamaicano, portoricano, dell'America Centrale o del Sud,

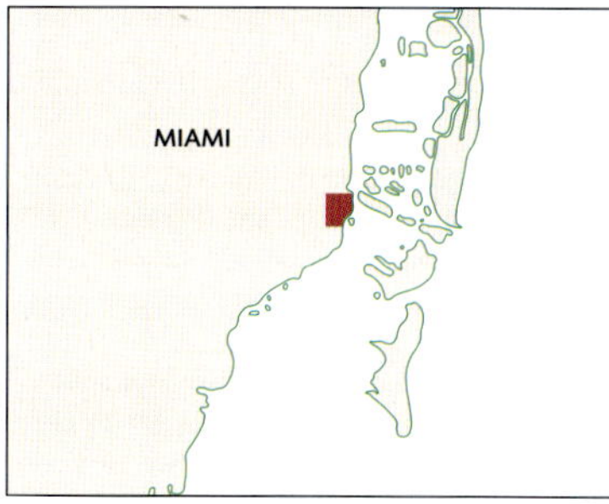

0 500 metri
0 500 iarde

DA PROVARE: assistere a una partita di Jai-alai

Il jai-alai (pronunciato HAI-lai) è definito "il gioco più veloce del mondo"; i giocatori (*pelotaris*) lanciano la dura palla a una velocità quasi doppia rispetto ai più rapidi lanci nel baseball. Assistere a una partita, che di solito dura dalle quattro alle cinque ore, può rappresentare una memorabile avventura dal fascino esotico per i profani. A Miami questo sport è la grande passione di miriadi di *aficionados*. La sede di gioco più importante di jai-alai d'America, **Casino Miami Jai-Alai** *(cartina 40 D3, 3500 N.W. 37th Ave., tel. 305/633-6400, www.fla-gaming.com, $)*, è cinque minuti a est del Miami International, in un maestoso edificio completato nel 1926 che ospita un auditorium principale con 4000 posti (chiamato *fronton*). Anche noto come pelota, il gioco, vecchio di oltre tre secoli, è originario dei Paesi Baschi, in Spagna. Si gioca in un cortile con tre muri di granito lunghi circa 283 m e alti due piani. I giocatori fasciano intorno alle loro mani delle ceste (*cestas*) a boomerang e scagliano le palle contro i muri, spesso correndo loro incontro in una dimostrazione di agilità, mentre i tifosi incitano e scommettono durante tutte e quattordici le partite, seduti su sedili simili a quelli dei teatri, dietro una rete protettiva. Il *fronton* è dotato di una sala da cocktail, un negozio di articoli da regalo, uno snack bar e un salotto da poker (dove si può giocare puntando anche poco), è aperto ai soli adulti, a eccezione delle mattinate domenicali, quando i bambini sono ammessi insieme ai genitori.

Miami-Dade Cultural Center

Cartina p. 43

101 W. Flagler St.

un miscuglio di frenetici negozi, piccoli *lunch counter* (snack bar con banconi per il pranzo che danno sulle vetrine) e tavole calde cubane che servono forte caffè della loro isola in tazza, sui marciapiedi.

Downtown Miami è poliglotta; lo spagnolo è onnipresente e si sentono spesso il creolo, l'ebraico e il portoghese brasiliano. In alcune strade i rastafariani sono gomito a gomito con gli ebrei ortodossi, con negozi sulla strada a volte attigui: Miami è una città in evoluzione verso un carattere cosmopolita.

Camminando verso est lungo Flagler Street, dalla sua intersezione con Miami Avenue, troverete interessanti reliquie del passato di Miami: il fiore all'occhiello della catena di grandi magazzini Walgreen, dalla moderna aerodinamicità (ora un negozio La Epoca), e, a nord-est della Second Avenue, la decorazione in stile "Florentine Renaissance" dell'Ingraham Building, eretto nel 1926, il cui ingresso è uno studio di art déco. Alcuni definiscono il moderno Alfred I. duPont Building del 1939, al 169 E. Flagler Street, in stile "Depression moderne", la risposta di Miami al Rockefeller Center di New York (i raffinati murales che s'inarcano sull'ingresso decorato furono ispirati alla storia della Florida e all'ostinata volontà dell'epoca di credere in un futuro migliore). Al 174 E. Flagler incontrerete l'Olympia Theater al Gusman Center for the Performing Arts, che occupa una sala cinematografica fabbricata nel 1926 dagli studi della Paramount Pictures nello stile di una corte mediterranea (vedi box a p. 47), ora luogo di prim'ordine per le proiezioni durante il festival cinematografico annuale di Miami.

La folla sciama intorno al centro fino a metà pomeriggio, poi si dirada mentre le ombre degli alti grattacieli si allungano. A sera le uniche persone che potreste incontrare qui sono turisti dall'aria spaesata

Miami-Dade Cultural Center

Alla mancanza di un centro a Downtown, si cercò di ovviare fra la fine degli anni '70 e gli anni '80 con un progetto di ricostruzione molto controverso che sfociò in una totale trasformazione del suo lato ovest. Il vanto (e l'aspetto più riuscito) di quest'ambiziosa impresa è il complesso di 13.350 mq del Miami-Dade Cultural Center progettato da Philip Johnson, tra la First e Flagler Street, sede del Miami Art Museum, del Museum of HistoryMiami e della Miami-Dade Public Library, il più importante archivio di libri e documenti storici della città. L'opera di Johnson fu etichettata come "neo-Mediterranea", e in effetti la piazzetta a mattonelle ricorda certi spazi pubblici delle città marittime del Vecchio Mondo. Sedie e panchine offrono un'opportunità per un po' di riposo lontano dal traffico del centro.

Miami Art Museum: Anche se l'imponente facciata potrebbe suggerire un approccio antologico, la collezione del museo ospita pezzi d'arte internazionale, dalla prospettiva delle Americhe, partendo dalla Seconda Guerra Mondiale fino a oggi. Le mostre cambiano regolarmente e la qualità è alta. Nelle ampie gallerie noterete alcune opere che avete già visto in libri o cartoline artistiche, ma ci sono anche molte sorprese, insolite opere

Miami Art Museum

- ✉ 101 W. Flagler St.
- ☎ 305/375-3000
- 🕒 Chiuso lun. e festività principali
- $ $$; $$ disponibile anche un biglietto cumulativo con il Museum of HistoryMiami

www.miamiart museum.org

Una grande scultura nel parco del Government Center, a nord del Miami-Dade Cultural Center.

Migliaia e migliaia di libri affollano gli scaffali della Miami-Dade Public Library.

Museum of HistoryMiami
- 101 W. Flagler St.
- 305/375-1492
- Chiuso lun. e festività principali
- $$; $$ disponibile anche un biglietto cumulativo con il Miami Art Museum

www.historymiami.org

di moderni maestri e di artisti destinati a eguale riconoscimento in futuro. Questo è un archivio particolarmente dettagliato per ciò che riguarda le opere provenienti da America Centrale e Meridionale, isole caraibiche, Europa, Asia e Medio Oriente, e anche Florida meridionale. Alla fine del 2013 si prevede che il museo di arte sia trasferito in una nuova sede più grande nel complesso del Museum Park in corso di costruzione al Bicentennial Park, di fronte all'Adrienne Arsht Center for the Performing Arts (vedi p. 69).

Museum of HistoryMiami:

L'obiettivo è formidabile: fare la cronaca, in modo comprensibile, di quasi dieci millenni di vita umana lungo queste rive. Il museo ci riesce magistralmente, con esposizioni tradizionali e installazioni interattive avanzate, come un vecchio tram di Miami. Potete esplorare le gallerie da soli o seguendo un tour guidato (controllate gli orari quando arrivate). Le mostre ritraggono Miami e dintorni secoli prima che gli Europei venissero a conoscenza del Nuovo Mondo. Nella **Folklife Collection** potrete ricostruire le odissee umane che portarono tanti tipi di culture nella penisola della Florida, fino alla saga delle comunità ebraiche e cubane di Miami. Una mostra molto apprezzata riferisce l'insolita influenza che ebbero le ferrovie nel portare Miami e il resto della Florida meridionale nella cultura tradizionale americana. Il museo aiuta i visitatori a comprendere le forze sociali che hanno prodotto l'inconsueta storia e il carattere unico di quest'area. Oltre alle mostre, si possono visitare gli HistoryMiami's Archives e il Research Center, che custodisce una raccolta di oltre un milione di immagini della Florida meridionale

SUGGERIMENTO:

Non perdetevi l'happy hour con musica dal vivo del Wine Down Wednesday, un evento organizzato dal Museum of HistoryMiami (17-20, $$) il primo mercoledì di ogni mese.

- JANE SUNDERLAND
collaboratrice di National Geographic

e della regione dei Caraibi, fra cui mappe storiche, fotografie, illustrazioni e cartoline. Fra i documenti scritti visibili al pubblico vi sono lettere di famiglia, diari e trascrizioni di documenti storici orali nonché libri e riviste rari, antichi elenchi telefonici, vecchi depliant turistici e ritagli di giornale che vanno dal primo '900 agli anni '60. Dato che Miami è sorta dai terreni acquitrinosi lungo la costa appena un secolo fa, si può ripercorrere gran parte della sua storia basandosi sul patrimonio architettonico, un percorso interessante reso possibile dagli eccellenti Woodrow W. Wilkins Archives of Architectural Records del centro.
Fra le mostre ve ne sono alcune particolarmente attraenti per i giovani visitatori. Chiamate in anticipo per prenotare un posto per le visite di gruppo in lingue diverse dall'inglese, e per conoscere i prezzi delle visite a piedi e gli orari.

Miami-Dade Public Library: Non occorre essere degli studiosi per apprezzare questa biblioteca del Miami-Dade Public Library System, che contiene più di quattro milioni di libri e manufatti, anche se in effetti molti studenti vi si recano per fare ricerche, spesso nelle sezioni speciali. Opere d'arte sono esposte anche nell'auditorium del primo piano e nell'ingresso. Mentre siete al primo piano guardate verso il soffitto a cupola, per osservare le nuvole del *trompe l'oeil* e una pungente citazione dall'*Amleto* di Shakespeare che invitano a riflettere sulle parole e sul significato, e che sono

(continua a p. 50)

Miami-Dade Public Library
- 101 W. Flagler St.
- 305/375-2665
- Chiuso dom. lug.-set.

www.mdpls.org

Olympia Theater

A Miami chi ama il teatro frequenta da decenni l'Olympia Theater, che ha ospitato inizialmente film muti e spettacoli di varietà, poi concerti di musicisti del calibro di Elvis Presley, B. B. King e Luciano Pavarotti, e oggi propone balletti, rappresentazioni d'opera, sinfonie e cinema sonoro. Costruito nel 1926 in stile moresco, presenta imponenti torrette e balconi dorati, nonché un cielo notturno con tanto di stelle brillanti e nuvole corpose. Noto ufficialmente come Olympia Theater at the Gusman Center for the Performing Arts *(174 E. Flagler St., tel. 305/374-2444, www.gusmancenter.org)*, l'Olympia è oggi una sala di teatro e uno spazio per eventi; riceve sovvenzioni che incoraggiano spettacoli di nomi importanti come la Miami Lyric Opera, il Florida Classical Ballet e la Miami Symphony Orchestra. È anche la location di manifestazioni quali il Miami International Film Festival, che si svolge a marzo. Oltre ad assistere alle rappresentazioni, i visitatori possono passeggiare nella hall del teatro *(chiuso dom.)*. Consultate il sito Internet per il programma completo degli eventi.

Downtown Miami con la Metromover

Compiere gratis i due percorsi panoramici ad anello sulla città con i treni sopraelevati della Metromover vi richiederà meno di un'ora, consentendovi di esplorare l'intera zona del centro tra la baia e N.W. First Avenue, e il tratto nord-sud circoscritto da N.E. 15th e S.W. 14th Street: otterrete una chiara idea della disposizione del Business District, rendendo i viaggi successivi nel reticolo meno disorientanti.

Un treno della Metromover, gestito da un computer, attraversa Downtown Miami.

DA NON PERDERE:

Bayfront Park • Freedom Tower • Adrienne Arsht Center for the Performing Arts • Brickell Avenue

Prendere le vetture con l'aria condizionata gestite da computer è più facile che vagare in città a piedi. Portate con voi la cartina di facile consultazione Miami-Dade County Transit Map (disponibile gratuitamente alla stazione del Government Center al 138 di N.W. Third Street; in tutti i centri informazione per visitatori; su *www.miamidade.gov/transit*), una guida indispensabile per orientarsi nell'ampia rete dei mezzi pubblici di trasporto della contea, Metromover inclusa. Ci sono due linee circolari di Metromover, e dovrete prenderle entrambe per una visita turistica completa.

Inner Loop

L'Inner Loop gira intorno al distretto finanziario e consente il trasferimento a uno sperone che si estende a nord vicino alla baia, verso N.W. 15th Street. Lungo il percorso passerete per il **Bayfront Park** (vedi pp. 50-51). A nord della stazione College/ Bayside (dopo lo scambio dei treni) c'è la **Freedom Tower,** che si innalza sopra il Biscayne Boulevard; fu ultimata nel 1924 e un tempo era la sede del *Miami News*. Qui c'erano gli uffici che esaminavano le richieste di asilo politico durante la prima ondata di immigrazione cubana (vedi pp. 22-25). I quartieri degradati stanno cercando di trasformarsi in aree moderne. Il punto di riferimento è l'**American Airlines Arena** (vedi box a p. 53), sul fronte della baia, inaugurata con un concerto di Gloria Estefan il 31 dicembre 1999. La squadra di basket dei Miami Heat gioca qui. Il suo design, una "tromba d'aria" di cemento e acciaio, è opera dello studio di architettura Arquitectonica di Miami. Appena passata la stazione di Park West il percorso costeggia il **Bicentennial Park.** A nord c'è il gigantesco **porto di Miami,** che serve l'intenso traffico delle navi da crociera. Mentre vi dirigete sulla Interstate 395, che interseca Biscayne Bay con Miami Beach sulla MacArthur Causeway, guardate verso l'entroterra per ammirare il nuovo **Adrienne Arsht Center for the Performing Arts**

Vedi anche cartina p. 43
➤ Stazione Government Center (al Miami-Dade Cultural Center)
1 ora
7 km
➤ Stazione Government Center

(vedi p. 69), sede operistica, di balletti e concerti sinfonici inaugurata nel 2006. Più avanti ci sono gli attuali **quartieri generali del *Miami Herald*** e del suo alter-ego di lingua spagnola, *El Nuevo Herald* (la sorte dell'Herald Building, edificio del 1963, potrebbe essere stata decisa: venduto di recente, sarà demolito dopo il 2013 per fare spazio, pare, a un centro per il gioco d'azzardo, ma gli attivisti stanno cercando di salvarlo chiedendone il riconoscimento come parte del patrimonio storico della città).

Brickell Avenue Outer Loop

La vostra meta è **Brickell Avenue** (vedi pp. 52-54), sede del distretto finanziario di Miami, vicino Brickell e S.W. 14th Street (cambiate per prendere il treno del Financial District alla stazione Third Street). Un tempo viale di estese proprietà, Brickell è tuttora frequentata dai finanzieri che dimorano nelle lussuose torri di appartamenti e uffici che oscurano le strade. A sud della stazione Riverwalk c'è una bella vista su e giù per il **Miami River,** dove i tequesta si insediarono in origine. Ammirate la terra grezza che ricopre il **Miami Circle** (vedi p. 54), una rovina indiana di 2000 anni fa, alta 11,5 m, che fu scoperta nel 1998. Le vecchie case in legno lungo il cammino sono ciò che rimane del primo sobborgo di Miami. Il treno inverte la direzione alla stazione Financial District. Passeggiate per il quartiere di raffinati condomìni. Dirigetevi a est partendo dalla stazione Financial District della Metromover verso la baia, lungo la 14th Street, qui nominata S.E. 14th Street (tutte le strade locali a est di Brickell, al di sotto del Miami River, sono definite S.E.). Seguite poi l'arco di S.E. 14th verso S.E. 15th Street, che si avvolge ad anello verso ovest di ritorno a Brickell, alcuni isolati a sud dalla stazione Financial District.

Letteratura gialla

Una popolazione di passaggio, paludi fangose, clima afoso subtropicale, un fascino ammaliante e una ricchezza estrema hanno contribuito alla creazione di un suggestivo corpus di letteratura gialla che ha come riferimento la città di Miami. Tra gli autori noti per aver usato il Sud della Florida come scenario per i loro romanzi gialli figurano gli ex studenti del Miami Herald: Edna Buchanan, Carl Hiaasen, l'umorista Dave Barry, oltre a Elmore Leonard, James Grippando e Thomas Harris.
Negli ultimi anni il personaggio di Dexter creato da Jeff Lindsay ha suscitato terrore nei lettori e negli spettatori della serie tv. Sia nei romanzi che lo vedono protagonista sia nelle tante stagioni televisive trasmesse su Showtime, questo serial killer, tecnico della polizia scientifica, appare in ogni angolo di Miami e nei quartieri limitrofi.

Bayfront Park
Cartina p. 43
Tra S.E. 2nd e N.E. 2nd St.

Bayside Marketplace
Cartina p. 43
401 Biscayne Blvd.
305/577-3344
www.baysidemarketplace.com

entrambe opere di arte pubblica del modernista Edward Ruscha, nato in Nebraska e trapiantato in California. Di gran richiamo alla biblioteca sono le mostre temporanee nell'auditorium, solitamente riguardanti fotografie e dipinti del passato e del presente di Miami. Molte fotografie sono tratte dalla **collezione Romer** della biblioteca (archiviata nella Helen Muir Florida Collection), una fonte documentaria di 17.500 stampe e negativi fotografici che documenta la storia della città (trovate alcune splendide immagini della vecchia Miami su *www.mdpls.org/databases/Romer_Site/search_romer.asp*). Non esitate a mettere il naso nella biblioteca anche solo per trarre beneficio dall'aria condizionata. La struttura è dotata di connessione wi-fi: rivolgetevi ai bibliotecari per sapere come accedervi.

Bayfront Park

Nel 1926 questo viale sinuoso, ombreggiato dagli alberi e fiancheggiato dal verde, denominato Biscayne Boulevard, fu costruito con terreno di riporto dragato dalla Biscayne Bay. Non si può dire che sia sempre stata un'isola di pace: nel 1933, un assassino sparò con un revolver a Franklin Delano Roosevelt, mancando il presidente appena eletto ma ferendo mortalmente il sindaco di Chicago Anton Cermak. Ricordi politici meno drammatici sono evocati dalla **Claude and Mildred Pepper Fountain** (la Pepper, membro del Congresso, che morì negli anni '90 del XX secolo, terminò la sua lunga carriera come campione dei diritti degli anziani d'America). La fontana è un richiamo per i romantici, specie nelle serate calde. L'imponente figura d'altri tempi che fa da guardia all'estremità est del parco è quella di Cristóbal Colón, noto come Cristoforo Colombo. La **statua di Colombo** è un dono del 1953 a Miami da parte degli italiani. Il **Challenger Memorial**, una disadorna e inerte doppia elica, si erge all'estremità sud-est del parco. Creato dallo scultore giapponese Isamu Noguchi, commemora i sette astronauti morti nel 1986 quando lo Space Shuttle *Challenger* della NASA esplose subito dopo il lancio da Cape Canaveral. Noguchi, un artista ispirato al minimalismo, presiedette alla ristrutturazione del parco nel 1987. La complessa disposizione dei mattoni di Biscayne Boulevard, che ricorda i lungomare della spiaggia di Rio de Janeiro, è opera dell'architetto paesaggista brasiliano Robert Burle Marx. Bayfront Park ospita uno spaccato della vita familiare di Miami con picnic, *steel drummer* caraibici, innamorati a passeggio, turisti, anziani giocatori di scacchi e gente che porta a passeggio i cani. Dal **Tina Hills Pavilion,** un anfiteatro all'aperto, spesso si diffonde musica e ogni sera uno show con luci al laser trafigge il cielo con brillanti raggi dai vivaci colori. Anche se non succede nulla, vi rimarranno in mente le vedute di Biscayne Bay e del porto visti dalla passeggiata sul lungomare del parco.

Bayside Marketplace

Il Bayside Marketplace, probabilmente la più grande attrazione turistica di Dade County, si estende poco più a nord di Bayfront Park, per oltre 6,4 ettari di lungomare. I suoi circa 150 negozi, bar all'aperto e trattorie si affacciano su un porto a volte davvero molto affollato.

Il vecchio lungomare di Miami ha lasciato il posto a un bazar scintillante, il Bayside Marketplace.

Un ampio garage per i parcheggi confina con il mercato, a un minuto di cammino da attrazioni come l'Hard Rock Café di Miami. La sobria cordialità del mercato attrae molta gente, che vi si reca per curiosare e spiluccare cibo passeggiando per la piazza. Ordinate un daiquiri freddo o una granita di frutta aromatizzata al rum e contemplate il movimento

Brickell Avenue
Cartina p. 43

I negozi del Mary Brickell Village
Cartina p. 43
901 S. Miami Ave.
305/381-6130
www.marybrickellvillage.com

di gente e barche. Ogni giorno ci sono concerti pomeridiani e persino spettacoli con i laser per le occasioni speciali. Il complesso rimane aperto fino a tardi per gli standard americani *(fino alle 20 dom., fino alle 22 lun.-gio. e fino alle 23 ven.-sab.; alcuni ristoranti e bar chiudono più tardi)*, e ha l'atmosfera cordiale di una fiera di paese.

SUGGERIMENTO:
Una delle attrazioni più interessanti di Miami è la Metromover, la metro sopraelevata. Nella stazione di Brickell (*1001 SW 1st Ave.*) alzate lo sguardo per ammirare le opere d'arte nel soffitto a cassettoni.

- KAY KOBOR HANKINS
designer di National Geographic

Attrazioni del porto: Il porto ospita le società di noleggio che offrono visite guidate su Biscayne Bay. Una delle più interessanti gestisce l'***Heritage of Miami II*** *(www.miamiaquatours.com, $$$$$, partenze alle 11.30, 13.30, 15.30 17.30 tutto l'anno, d'estate anche alle 19.30)*, un veliero alto 26 m, riproduzione dallo scafo in acciaio di 47 tonnellate delle navi che trasportavano merci e passeggeri nel XIX secolo e che un tempo viaggiavano da qui all'Havana. La *Heritage* issa le vele color ruggine (quando il tempo lo permette) per giri turistici di 75 minuti a sud delle spiagge di Coconut Grove. Durante la visita, il capitano indica i siti di interesse e racconta aneddoti del passato di Miami.

Brickell Avenue

La strada che commemora il ruolo di William e Mary Brickell nell'aver elevato Miami a città pienamente sviluppata (vedi p. 23) inizia poco più a sud del Miami River e corre fino a Coconut Grove.
Prima della Grande Guerra Brickell Avenue era un sentiero per carrozze trainate da cavalli, vicino ai villini di roccia corallina e alle case quasi sommerse dall'incontenibile sottobosco di Coral Grove. Ma le cose stavano per cambiare: una nuova generazione di entusiasti sostenitori era al lavoro, pubblicizzando in tutta la nazione le virtù di Miami, il potere curativo dei climi "tropicali", le facili ricchezze della speculazione edilizia, l'intelligenza dei bambini cresciuti al sole. La campagna allettò molte persone, compresi i facoltosi visitatori che edificarono spaziose case e palazzi lungo Brickell Avenue. La posizione era favorevole: vicina a Biscayne Bay, ma abbastanza all'interno da far sì che i boschetti di mangrovie e la giungla locale della Florida bloccassero i venti e attenuassero le ondate provocate dagli uragani. Brickell Avenue divenne nota come Millionaire's Row (la via dei miliardari), specie dopo il completamento nel 1916 di Vizcaya (vedi pp. 116-119), una Xanadu sull'oceano costruita a Coconut Grove dall'industriale James Deering. Rimangono pochi posti simili, compressi fra gli eccentrici e lussuosi condomìni e le torri di uffici di Bankers Row, eretti

American Airlines Arena

Il più grande luogo di ritrovo per spettacoli e sport di Miami, American Airlines Arena *(cartina p. 43, 601 Biscayne Blvd., tel. 786/777-1000, www.aaarena.com)*, fu inaugurato nel 1999, l'ultimo giorno dell'anno. Aperto su Biscayne Boulevard e Biscayne Bay e con una capacità di 19.600 posti a sedere, ospita sia concerti di artisti di successo come Gloria Estefan, Kanye West e i Rolling Stones, sia spettacoli circensi e sul ghiaccio. Qui gioca anche la squadra di pallacanestro dei Miami Heat *(tel. 786/777-HOOP, www.nba.com/heat)*. Per il parcheggio c'è abbondanza di spazio e gli yacht possono ormeggiarsi al porto che si trova dietro l'arena. Greater Miami vanta ulteriori sedi sportive in cui giocano altri professionisti affermati, come la squadra di baseball dei Miami Marlins *(tel. 305/626-7378, http://miami.marlins.mlb.com)*, quella calcistica dei Miami Dolphins *(tel. 305/943-6300, www.miamidolphins.com)*, e quella di hockey dei Florida Panthers *(tel. 954/835-PUCK, www.floridapanthers.com)*.

durante il carnevale corporativo degli sconsiderati anni '70 e '80. Date un'occhiata al condominio Atlantis, con la sua stramba rampa di scale a spirale rossa, o alle tonalità arcobaleno di Villa Regina. Si tratta di sedi di banche internazionali le cui attività fungono da colonne portanti delle economie dei Caraibi e dell'emisfero sud.

The Shops at Mary Brickell Village: Questo centro commerciale si trova nella parte occidentale di Brickell Avenue e comprende una serie di boutique e ristoranti. Tra i negozi ci sono Sowinski Jewelers (gioielli), Edward Biener Eyewear (occhiali), Joanna Paige (scarpe) e svariati produttori di stoffe di alta qualità. Per una pausa fermatevi a uno dei tanti ristoranti nei paraggi, per esempio al **Perricone's Marketplace and Café** *(tel. 305/373-9449, www.perricones.com)*, che serve cibo italiano di qualità in sale interne o all'aperto, in un ambiente di lusso. Oppure dirigetevi al **Fadó Irish Pub & Restaurant**, un locale popolare, con interni importati direttamente da Dublino *(tel. 786/924-0972, www.fadoirishpub.com/miami)*.

Lungo il Miami River: Chi vuole concedersi un po' di relax lungo il fiume spesso si reca all'informale **Bijan's on the River** *(64 S.E. 4th St., tra S.E. 2nd e S. Miami Aves., tel. 305/381-7778, www.bijans.biz)*, un locale all'aperto, dai modici prezzi e dalle ottime credenziali con specialità di pesce. Nelle vicinanze, al 66 S.E. Fourth Street, c'è un cottage del 1897, una delle 14 case in legno di pino della Dade County commissionate dal ferroviere Henry Flagler, che le affittò per cifre che andavano dai $15 ai $22 al mese. Il cottage fu poi trasferito qui nel 1980 dalla sede originale in S.W. Second Street, dove ora c'è un parcheggio. Nonostante sia vicino al Financial District, dove circolano ingenti somme di denaro, gran parte della zona centrale del Miami River sembra adatta a un film di Humphrey Bogart sui trafficanti di droga, o l'ambientazione ideale di un

Miami Circle Park
Cartina p. 43

romanzo che racconta le vicende dei furfanti dei bassifondi, che vivono in modi che turberebbero la buona società dei condomini miliardari ubicati verso la foce (la vita di Miami imita l'arte in questo caso; molti anni fa, quando le autorità inaugurarono il nuovo ponte mobile di Brickell Avenue e i cittadini applaudivano, gli agenti della Drug Enforcement Administration stavano espugnando una nave da carico che passava al di sotto).

SUGGERIMENTO:

I visitatori del Miami Circle Park, nei pressi della foce del Miami River a Biscayne Bay, vengono pervasi dal senso di importanza strategica del luogo. Qui infatti sorsero gli insediamenti dei primi abitanti della zona, proprio dove oggi ci sono i grattacieli.

- BOB CARR

direttore esecutivo del Dipartimento di storia e archeologia

Miami Circle Park

Mettetevi vicino alla statua degli indiani tequesta sul Brickell Avenue Bridge e fissate lo sguardo a sud-est, verso un'area all'aperto circondata da edifici molto alti. Quello è il luogo dov'è situato il Miami Circle, un insieme di rovine indiane di 2000 anni fa che misura circa 12 m di diametro.

Scoperto nel 1998, quando fu abbattuto un edificio, il Circle contiene 24 grandi buchi e molti altri di più piccole dimensioni, tutti intagliati nella pietra calcarea, mentre verso est c'è quello che sembra un occhio umano.

Gli archeologi teorizzano che questo fosse il sito della casa di un capo o il centro di un villaggio di una tribù sconosciuta, risalente a centinaia di anni fa. A giudicare dai 150.000 manufatti scoperti nel sito, comprendenti teschi di delfini, cocci di ceramica, attrezzi di conchiglie e materiali esotici come asce basaltiche della Georgia, gli archeologi ritengono che il luogo sia stato occupato permanentemente fino al contatto con gli Spagnoli 400 anni fa, anche se il suo uso si era ridotto alle cerimonie.

Prima della scoperta del Circle, gli archeologi ritenevano che le popolazioni indigene della Florida meridionale fossero nomadi.

Il Sito di Brickell Point (altro nome per indicare il Miami Circle) è stato inserito nel National Register of Historic Places nel febbraio 2002 e dichiarato parte del patrimonio storico nazionale nel 2009.

Sebbene il sito resti interrato per prevenirne il deterioramento, sono stati predisposti pannelli introduttivi e depliant esplicativi che ne mettono in evidenza l'importanza.

Inaugurato nel 2011, il Museum of HistoryMiami (vedi pp. 46-47) offre sporadiche visite guidate in loco. Conviene optare per l'audioguida scaricabile da Internet direttamente sullo smart phone al sito *www.historymiami.org/visit/miami-circle/audio--video-tours.* ■

Little Havana

Questo quartiere di 30 isolati, che si sviluppa intorno a S.W. Eight Street (Calle Ocho), è per Miami ciò che Little Italy è per New York: una testa di sbarco etnica dove gli immigrati iniziarono il capitolo americano della loro saga.

Cubano-Americani giocano a domino sullo sfondo di un murale con i capi di stato latino-americani.

Little Havana inizia vicino alla via dei banchieri di Brickell Avenue e continua a ovest, dove incrocia il Miami River, per poi terminare nei quartieri residenziali intorno alla Florida International University, nei pressi di Sweetwater. Molte delle attrazioni più note di Little Havana sono a S.W. Eighth, o nelle vicinanze, tra S. Miami Avenue e S.W. 27th Avenue. (Calle Ocho si riferisce a S.W. Eighth Street in particolare e al circostante Little Havana District in generale, come Wall Street rappresenta tutto il distretto finanziario di Lower Manhattan). Ai Cubani seguirono gli immigranti del Centro e Sud America, in particolare nicaraguensi,

(continua a p. 59)

Volti che cambiano a Little Havana

Con l'afflusso di nuovi immigrati e l'assimilazione dei Cubano-Americani alla maggioranza americana, Little Havana sta diventando più cosmopolita. Nel decennio passato, i Cubano-Americani si sono trasferiti in quartieri della Greater Miami come Hialeah, Miami Gardens e Homestead e altri immigranti di lingua spagnola della Colombia, del Guatemala, dell'Honduras, del Nicaragua e di Porto Rico ne hanno preso il posto. Così, anche se il volto di Little Havana cambia, la popolazione è ancora prevalentemente ispanica (93 per cento secondo il censimento americano del 2010).

Itinerario a piedi: Calle Ocho

Se riuscite a osservare Little Havana e a solidarizzare con la sua evidente nostalgia per uno stile di vita perso dai suoi residenti quasi 40 anni fa, perdonerete le pecche estetiche di Calle Ocho, le decorazioni "caraibiche" a volte false, la segnaletica scritta a mano, e ammirerete la sua sanguigna umanità.

La tomba di Carlos Prío Socarrás, presidente di Cuba dal 1948 al 1952, al Woodlawn Park.

Per iniziare la vostra escursione a piedi nel cuore di Little Havana prendete il Metrobus No. 8 da Miami Avenue e Flagler Street, vicino al Miami-Dade Cultural Center. Un ottimo posto da cui partire scendendo dal No. 8 per la vostra passeggiata verso est è all'incrocio tra Calle Ocho e 36th Avenue.

Camminando lungo S.W. Eighth Street, vedrete i bar che si affacciano sulla strada *(cafeterias)* e gli snack bar *(fondas)* dove la gente del luogo sorseggia caffè cubano, una miscela piuttosto forte, simile al nostro espresso, da tazze di carta delle dimensioni di un bicchiere. Considerate l'idea di prenotare a serata inoltrata da **Versailles** ❶ *(3555 S.W. 8th St., tel. 305/444-0240, www.versaillesrestaurant.com;* vedi p. 245), che attrae avventori da tutta la città. Il cibo è tradizionale (ben condito, piccante e dolce), e comprende piatti dall'*arroz con pollo* (riso con pollo) al maiale arrosto, alla crostatina in porzioni abbondanti. Versailles è il ristorante più accattivante della comunità cubana: molti eventi politici legati a Elian Gonzalez e all'ultima ondata di

DA NON PERDERE:

Versailles • El Brazo Fuerte • Hoy Como Ayer • King's Ice Cream

	Vedi anche cartina p. 33
➤	Incrocio tra S.W. 8th St. e 36th Ave.
	3 ore
	11 km
➤	Fermata 8th St. della Metromover

immigrazione cubana si sono svolti qui. Ma anche i turisti non ispanici si divertono nell'ambiente festoso dell'Havana pre-Castro, e tutti apprezzano le stanze piene di specchi e vetro intagliato da cui si sbircia, inosservati, la gente. Due isolati più a est, all'angolo fra S.W. 8th Street e 32nd Avenue, si estende il gotico **Woodlawn Park Cemetery** ❷, al cui interno si trova un memoriale in marmo nero all'Unknown Cuban Freedom Fighter e alle tombe di tre ex presidenti cubani. Il cimitero, che fu aperto nel 1913, ha anche un monumento commemorativo alle vittime del tragico uragano della Florida meridionale del 1935, la tempesta di categoria 5 del Labor Day che devastò le isole della Florida e le località a settentrione, causando oltre 400 vittime lungo il cammino.

Lungo S.W. 32nd Avenue

Seguite la S.W. 32nd Avenue verso sud per vari isolati e assaporerete l'atmosfera più autentica di Little Havana, quella delle vie meno battute. In materia di pasticcerie (*dulcerías*), a S.W. 32nd Avenue troverete infinite tentazioni. Una delle migliori è **El Brazo Fuerte** ❸ *(1697 S.W. 32nd Ave., tel. 305/444-7720, www.ebfbakery.com)*, dove, tranne il pane fresco e i cracker cubani, ogni cosa è ricoperta di zucchero, meringa o caramellata. Provate un *pastelito*, la cui pasta dolce è riempita di carne, guava o formaggio cremoso, i *señoritas*, o le *masareales*, paste incredibilmente dolci! Carretti ambulanti, chiamati *fritangas*, che vendono carne arrosto *(carne asada)* con *tortillas*, fagioli e riso, sono sospinti soprattutto dai nuovi arrivati nicaraguesi. Di solito sui loro menu ci sono il *baho*, uno stufato di carne e vegetali, e il *nacatamal*, un *tamale* riempito di riso, porchetta, patate, olive verdi e prugne avvolto in bucce di banana. Come piatto freddo, ordinate un *guarapo*, addolcito da uno sciroppo estratto dai gambi della canna da zucchero, o un *cocofrio*, frullato dal latte di cocco.

Per assaggiare la nouvelle cuisine cubana, provate il **Renaissance at the Gables** ❹ *(2340 S.W. 32nd Ave., tel. 305/445-1313)*, che offre intrattenimento dal vivo nelle serate da venerdì a domenica.

Musicisti si esibiscono in Calle Ocho durante il festival mensile dei Viernes Culturales di Little Havana.

Calle Ocho: musica e gastronomia

Ritornando a Calle Ocho, prendete verso est e cercate **Casino Records** 5 *(2290 S.W. 8th St., tel. 786/394-8899)*, che mostra le incisioni secondo il loro Paese di origine. Solo un po' più a est è l'**Hoy Como Ayer** 6 *(2212 S.W. 8th St., tel. 305/541-2631, www.hoycomoayer.us)*, dove ogni giovedì, venerdì e sabato notte varie band latine suonano dal vivo. Questo è decisamente uno dei più apprezzati bar di Little Havana. A quanto pare persino Mick Jagger e Bono sono stati visti qui.

Poi, fermatevi al **King's Ice Cream** 7 *(1831 S.W. 8th St., tel. 305/643-1842)* e ordinate una cucchiaiata di qualcosa di misterioso, come il *guanabana* o il *mamey*, o forse qualcosa di un po' più familiare, come la noce di cocco o il mango. Nelle vicinanze, al n. 1829, c'è il **Do Re Mi Music Center** 8 *(tel. 305/541-3374)*, un negozio di musica cubana, comprendente riedizioni dei decenni pre-Castro, quando nei nightclub dell'Havana si diffondevano i suoni delle big-band di jazz. Calle Ocho è il bazar più importante di Miami per la musica latina e sudamericana, e anche spagnola. I ballerini di flamenco si esibiscono al minuscolo **Casa Panza** 9 *(1620 S.W. 8th St., tel. 305/643-5343)*, noto per il magnifico cibo spagnolo. La festa prosegue fino a tarda notte, o piuttosto a mattina inoltrata, sette giorni alla settimana.

Proseguendo verso est su Calle Ocho si raggiunge in breve **Máximo Gómez Park** (vedi p. 57), soprannominato "Domino Park" per il gioco praticato dai visitatori del parco, la maggior parte dei quali sono anziani. Un paio di isolati più in là si trova il **Brigade 2506 Memorial** (vedi pp. 59-60), un tributo semplice e toccante ai tanti esuli cubani che persero la vita nell'invasione della Baia dei Porci, nel 1961.

Terminate la passeggiata alla stazione Eighth Street del Metromover *(59 S.E. 8th St.)*, che si trova a circa 2,5 km verso l'estremità est di Calle Ocho (se siete troppo stanchi per camminare, prendete l'autobus n. 8 fino al Brickell Metrorail e poi il n. 48 fino a destinazione).

Tornate sui vostri passi se volete raggiungere Versailles per mangiare. Appena a ovest del ristorante, il **Teatro Bellas Artes** *(3713 S.W. 8th St., tel. 305/325-0515)* è noto per il suo varietà del sabato a mezzanotte con i suoi bellissimi travestiti in playback, che ondeggiano al ritmo dei successi di musica pop latina.

SUGGERIMENTO:

Non perdetevi i Viernes Culturales di Little Havana, un incredibile festival culturale a cadenza mensile durante il quale, tra le altre cose, le strade si riempiono di musicisti di strada e di gente che balla la salsa.

- MATT PROPERT
fotografo di National Geographic

salvadoregni e dominicani. I loro ristoranti sono sparsi tra vecchi bistro cubani, bancarelle di frutta *(puestos de frutas)* e chioschi dei lustrascarpe *(limpiabotas)*. Le vetrine dei bar ai lati della strada *(cafetines)* servono appetitosi panini *media noche* e *cafecitos* simili agli espresso che infondono entusiasmo per i *juegos de domino,* domino da marciapiede giocato con pagliette. Alcuni critici hanno definito Calle Ocho, a causa delle attività di basso rango, "la strada squallida", e sostengono che le sue virtù come attrazione turistica siano state esagerate. I nuovi arrivati che si aspettano di vedere una versione disneyiana della vecchia Havana o un'enclave etnica con l'esotica densità della Chinatown di San Francisco saranno delusi.

Tuttavia la vitalità di Little Havana può essere allettante, specie nei weekend, quando gli appassionati di musica e balli latino-americani affollano i locali notturni e i buongustai prendono d'assalto i migliori ristoranti. Può darsi che con il debutto del nuovo stadio dei Miami Marlins nel 2012 possa avere inizio una diffusa riqualificazione del quartiere; la struttura, un vero gioiello architettonico costato 634 milioni di dollari, vanta le vivaci decorazioni dell'artista pop locale Romero Britto (vedi box a p. 94).

Brigade 2506 Memorial

Alcuni monumenti invecchiano in fretta ma nel punto in cui Calle Ocho si interseca con S.W. 13th

Brigade 2506 Memorial

Cartina p. 57

S.W. 8th St. e S.W. 13th Ave.

Viernes Culturales

Sulla S.W. 8th St. tra S.W. 12th Ave. e S.W. 16th Ave.

Si tiene l'ultimo venerdì di ogni mese.

http://viernesculturales.org

Complottando per rovesciare Castro

Nel 1960 e nel 1961 Manuel Artime si recò spesso nell'ordinaria casetta in stile ranch a Poinciana Avenue, tra Le Jeune e Douglas, appena dentro i confini della città di Miami. Ombreggiata dagli alberi e nascosta dietro un'alta siepe, l'abitazione era affittata da un uomo che, nel tempo libero, scriveva romanzi di spionaggio. Il suo nome era E. Howard Hunt, un agente della CIA con il quale Artime e i suoi camerati, inclusi ex ufficiali cubani, stavano progettando un governo che rimpiazzasse il regime di Castro. Anni dopo Hunt ricordava divertito una vicina di casa che, notando le riunioni notturne di uomini sempre senza la presenza di donne, spettegolava riferendo ad altri i sospetti sui suoi orientamenti sessuali. "La donna mi procurò un appuntamento con sua figlia, appena divorziata," disse l'agente segreto, che avrebbe in seguito passato 32 mesi in prigione per il suo ruolo nell'effrazione del Watergate nell'era Nixon. "Giacché ero sposato, cosa che ovviamente non potevo rivelare alla mia vicina, credo che la figlia, quando non feci alcuna avance, confermò alla madre i suoi sospetti. Il che andava bene. Era un'ulteriore velo di copertura, in un certo senso". La casa ora non esiste più.

DA PROVARE: la festa annuale di quartiere di Little Havana

Se la vostra visita a Miami cade alla fine di febbraio, inizio marzo, avete l'opportunità di sperimentare il Carnaval Miami International, il festival culturale ispanico più grande della nazione.
Il calendario (che dura nove giorni) di concerti, sfilate e gare, compreso il torneo di golf che si tiene nel verdeggiante e impegnativo campo del Biltmore Hotel a Coral Gables, finisce con la vorticosa festa di quartiere sponsorizzata dal Kiwanis - Club di Little Havana, una celebrazione di arte, danza, musica e cibo che affolla Calle Ocho con migliaia di persone tra la 4th e la 27th Avenue.
Se partecipate alla festa di quartiere, considerate l'idea di prendere la Metromover alla fermata di Eighth Street. Vi allontanerete un po' verso ovest dal centro del festival, ma eviterete i disagi del traffico e del parcheggio.
Il Metrobus n. 8 parte dall'incrocio tra Miami Avenue e Flagler Street (a est del complesso Miami-Dade Cultural Center; **vedi p. 45****) e procede nel cuore di Little Havana. Un buon posto in cui scendere a Calle Ocho è alla sua intersezione con la 36th Avenue, dove troverete gente in attesa di un tavolo all'esterno del Versailles** ***(3555 S.W. 8th St., tel. 305/445-7614;*** **vedi pp. 56-57*****)*****.**
Per informazioni chiamate il 305/644-8888 e seguite l'elenco delle notizie registrate, oppure provate al sito web Salsaweb Internet Company ***(www.carnavalmiami.com).***

Avenue, quest'ultima meglio nota a Little Havana come Memorial Boulevard, persino dopo quasi cinque decenni, un semplice monumento di pietra con una fiamma perenne smuove ancora forti emozioni.
Se ci fossero state altre truppe di pari determinazione a sostenere la 2506ª brigata, il risultato avrebbe potuto essere diverso. Tuttavia, nel giro di tre giorni il gruppo di circa 1300 Cubani che si erano impegnati a rovesciare Castro si ritrovò solo, specie nelle ore successive all'approdo presso la costa meridionale di Cuba a Bahía de Cochinos (Baia dei Porci) il 17 aprile 1961. Presto i quotidiani definirono l'avventura un fiasco. Iniziò a Miami, tra i Cubani decisi a liberare la loro isola dalla morsa di Castro. Incoraggiati, addestrati e finanziati dalla CIA, convinti che il governo americano li sostenesse, si sentirono rassicurati dall'aiuto aereo e da altri tipi di assistenza (durante la campagna presidenziale del 1960 John F. Kennedy aveva proposto che l'America appoggiasse gli esiliati cubani in un'invasione).
Gran parte dei contro-rivoluzionari aveva poca o nessuna esperienza di combattimento. Molti approdarono sulla spiaggia indossando maglietta e scarpe da tennis e portando antiquati fucili. La popolazione cubana non insorse in loro aiuto; l'attesa assistenza aerea non arrivò. Castro, con un fucile in una mano e un sigaro nell'altra, guidò le sue truppe alla battaglia. 94 membri della brigata furono uccisi, altri furono condannati a 30 anni di prigione. Circa due anni dopo tornarono a Miami, rilasciati dietro pagamento di un riscatto di 62 milioni di dollari tra fondi pubblici

e privati (tra i sopravvissuti c'era il padre della pop star Gloria Estefan). La dedica del monumento ricorda "i martiri della brigata d'invasione del 17 aprile 1961".

Three Cuban Art Galleries

Durante lo scorso decennio, il quartiere di Little Havana è stato rianimato grazie all'arte e agli artisti. Anche se non esiste nessuno stile proprio di "Miami", il movimento emergente spesso evoca nostalgia per una Cuba persa, o per qualche altro Paese latino-americano. Una volta al mese, l'ultimo venerdì, dalle 19.00 alle 23.00, le strade di Calle Ocho risuonano dell'energia creativa dei **Viernes Culturales/ Cultural Fridays,** una galleria e una celebrazione all'aperto con oltre un centinaio di artisti di vari media, oltre a musicisti, venditori ambulanti di cibo e 3000 partecipanti.

La **Xavier Cortada Art Gallery** esibisce opere dell'omonimo artista, uno dei più importanti di Miami. Lo stile di Cortada è un amalgama di modernismo cubano, una forma di espressionismo, con contorni neri e spavaldi colori tropicali.

I suoi argomenti spaziano dal sogno americano alla vecchia Cuba, dall'AIDS agli sport e molto altro ancora. Oltre che nel suo studio e nella galleria, le sue opere sono state esposte alla Casa Bianca, alla Corte Suprema della Florida e al Miami Art Museum; si possono anche trovare sui murales lungo le strade di Little Havana.

Un'altra sede in cui ammirare arte sudamericana è la **Maxoly Gallery**, dedicata alla pittura del periodo coloniale, della prima repubblica, avanguardista e contemporanea. La sala anteriore propone le opere di artisti latini emergenti, quella in fondo presenta invece i maestri dell'arte cubana.

Al **Molina Fine Art Gallery,** i visitatori possono osservare o acquistare i dipinti a olio o le stampe di Luis Molina. L'artista cubano è celebrato per i suoi esempi di folklore afrocubano che rappresentano sia allevatori mulatti sia pappagalli, galli e altri animali delle fattorie. La Santeria, la religione in cui le divinità africane si mescolano con i santi cattolici, è un importante elemento in molte delle sue opere. Molina partecipa anche al "Voices for Freedom" (Voci per la Libertà), un movimento che sostiene le

Una tazza di José

Se siete amanti della caffeina, non andate via da Miami senza esservi fermati in una *cafeteria* di Little Havana per una dose di *café cubano*. Questa è miscela di serie A, fermentata con lo zucchero unito alla macinatura, e poi addolcita aggiungendo zucchero al viscoso espresso che ne risulta. Se chiedete il caffè in inglese, è probabile che vi servano una *colada*, un espresso in una tazza a malapena grande abbastanza per il vostro pollice.

Per qualcosa di più simile allo standard Norteamericano "cuppa Joe", ordinate *café con leche*, una parte di caffè stile cubano e due parti di latte.

Xavier Cortada Art Gallery

Cartina p. 43
104 S.W. 9th St.
305/858-1323
Aperto tutti i giorni, ma telefonare per conferma

www.cortada.com

Molina Fine Art Gallery

Cartina p. 57
1634 S.W. 8th St.
305/642-0444

Máximo Gómez Park
Cartina p. 57
S.W. 8th St. e S.W. 15th Ave.

Tower Theater
1508 S.W. 8th St.
305/643-8706
www.mdc.edu/tower

decine di intellettuali che Castro imprigionò nel 2003.

Máximo Gómez Park

Se capitate tra Calle Ocho e S.W. 15th Avenue e vi soffermate a osservare i giocatori di domino, noterete che tra l'acciottolio delle pedine di legno si discute del passato e del futuro di Cuba. Questo terreno recintato, noto come Domino Park, è un'icona della generazione fondatrice di Little Havana. I giocatori sono in genere uomini anziani con camicie leggere dette *guayabera*, vigilati da leader dell'emisfero meridionale ritratti nel murale che li circonda, aggiunto dopo che le versioni reali si erano riunite a Miami per il summit delle Americhe nel 1994.
Nell'angolo sud-ovest tra W. Flagler Street e S.W. 17th Avenue, sulla **Plaza de la Cubanidad,** dai mattoni rossi, una fontana porta l'epigrafe *"Las palmas son novias que esperan"* (Le palme sono amanti - alcuni dicono fidanzate - che attendono). Così disse José Martí, il poeta cubano del XIX secolo onorato per la sua resistenza contro il regime coloniale spagnolo. Le palme simboleggiano tuttora l'anelito a un'isola libera dall'autoritarismo.

Tower Theater

All'incrocio vicino a Máximo Gómez Park di Little Havana, questa sala cinematografica ha giocato un ruolo importante nelle vite di molti esuli cubani arrivati a Miami dopo il 1959. Costruito nel 1926 e ristrutturato nel 1931 e nel 2000, e recentemente rinnovato, questa struttura art déco dispone di una torre d'acciaio di 12 m illuminata sul tetto.
Nel 2002, la città di Miami autorizzò il Miami-Dade College a occuparsi dell'amministrazione e funzionamento del teatro. Il college

Un fabbricante di sigari a El Crédito.

Il modo appropriato per fumare un sigaro

"Il vero fumatore", decretò August Barthélemy, autore de *L'Art de fumer, ou la pipe et le cigare* (1849), "si astiene dall'imitare il Vesuvio".

- **Tagliate l'estremità vicina all'etichetta con un taglia-sigari o un coltello affilato.**
- **Evitate di danneggiare la foglia esterna.**
- **Per accendere il sigaro tenetelo orizzontalmente e ruotate l'estremità su un fiammifero o su una fiamma al butano finché non brucia uniformemente.**
- **Mettetelo in bocca e tirate lentamente.**
- **Non inalate; il fumo del sigaro è fatto per essere assaporato e poi rilasciato.**
- **Tenete il sigaro saldamente in bocca ma non serratelo tra i denti.**
- **Evitate di inumidire il "piede" in modo eccessivo con la saliva.**
- **Fumate lentamente, non più di due tiri al minuto, altrimenti il sigaro diverrà rovente e aspro.**
- **Un sigaro dovrebbe durare tra i 30 e i 90 minuti, circa 50 tiri in totale, passando più tempo nella vostra mano che in bocca.**

Per gentile concessione di Barnaby Conrad III, autore di *The Cigar* (Chronicle Books, 1996).

diede seguito alla ricca tradizione del Tower Theater, promuovendo tutte le forme di arte nell'ambito della comunità multiculturale, multietnica e internazionale della Florida del Sud.

El Crédito Cigar Factory

Il 3 febbraio 1962, il presidente John F. Kennedy proibì qualsiasi commercio con Cuba; il suo intento era di privare la già traballante economia castrista di un'entrata annuale di 35 milioni di dollari e di mortificare gli sforzi cubani di esportare la rivoluzione nelle Americhe.
L'embargo colpì l'industria dei sigari della Florida, che dipendeva dal tabacco cubano. I depositi avevano solo una riserva per dieci mesi, poi circa 6000 persone rimasero senza lavoro. Molte fabbriche della Florida meridionale fallirono. Tra i sopravvissuti c'è El Crédito Cigar-Factory di Calle Ocho, dove i sigari sono arrotolati a mano, tagliati con lame arrotondate, avvolti strettamente e pressati nelle morse, come avviene da quando la ditta fu fondata nel 1807 all'Havana. Questa è la fabbrica più importante di Miami e dà lavoro a una ventina di persone che, usando presse di plastica, arrotolano i sigari adoperando tabacco dominicano (germogliato, si dice, dai semi cubani), producendo sigari stimati come La Gloria Cubana di El Credito. Nella fabbrica c'è un negozio dove si possono acquistare sigari singoli o in blocco. Nel 2008 El Crédito ha celebrato il suo 40° anniversario nel quartiere di Little Havana a Miami.

Miami River

L'ansa del Miami River che attraversa Little Havana è pittoresca, dato che la placida corrente è spesso navigata da rimorchiatori, piccole navi da carico caraibiche, barche da pesca e lussuosi incrociatori e le rive sono affollate da cantieri per la costruzione o riparazione di imbarcazioni, pescherie, magazzini e porticcioli. Qui vive una fiorente comunità bohémienne di creativi

El Crédito Cigar Factory

Cartina p. 57
1106 S.W. 8th St.
305/858-4162 o 800/726-9481
Chiuso dom.

Miami River

41 E3

Appassionati d'arte al Frost Art Museum, dedicato alle opere del XX secolo.

che alloggia in case galleggianti. La bonifica effettuata all'inizio del XX secolo separò Miami dalle Everglades, che si trovavano allora nei pressi dell'attuale ponte sulla 32nd Avenue; oggi sono i canali a rifornirla di acqua. A est della 24th Avenue, il fiume segue il suo vecchio corso. I parchi pubblici lungo il fiume sono tra le mete preferite di chi passeggia e dei ciclisti. Uno dei più affascinanti, con la sua ricca vegetazione, è **Sewell Park,** un sonnolento e florido ritiro che digrada verso la riva meridionale nei pressi del ponte di 17th Avenue. Ci sono tavoli da picnic e l'unico scivolo per le imbarcazioni pubbliche di Miami, a monte, a **Curtis Park** sulla sponda settentrionale *(prendete la N.W. 20th St. west verso la N.W. 22nd Ave.).* Se vi piace questa parte della città, valutate un soggiorno presso il Miami River Inn *(118 S.W. S. River Dr.; vedi p. 245),* un bed-and-breakfast a South River Drive. L'alberghetto è un insieme di case con rivestimento esterno a doghe e pavimento in legno finemente ristrutturate, del XX secolo, gioielli architettonici collocati attorno a un giardino.

Frost Art Museum

Questo museo, nel campus della Florida International University, fu inaugurato nel 1977 come esposizione per gli studenti. Dopo 30 anni, il suo nuovo edificio, progettato dall'architetto Yann Weymouth, che ha collaborato con I. M. Pei alla realizzazione della piramide del Louvre, contiene uno dei luoghi di interesse più curati del Sud-est riguardanti le opere dell'America Latina e dell'America del XX secolo

SUGGERIMENTO:

Durante il periodo di orientamento delle matricole, gli studenti vengono iniziati a un rituale per attirare la fortuna che consiste nel far ruotare il "Marty's Cube" nel parco delle sculture del Frost Art Museum. Provate anche voi.

- MADIANA ECHAVARRIA
studentessa della Florida International University

(parecchie volte, in anni recenti, i lettori del quotidiano *New Times* di Miami l'hanno votato tra i miglior di Miami). La collezione di artisti cubani e della Florida è una delle più interessanti che possiate trovare nello stato. Concedetevi una passeggiata tra le sculture dell'ampio parco, che, tra gli altri maestri, contiene pezzi monumentali di Jacques Lipchitz, Anthony Caro, Alexander Liberman e Tony Rosenthal. Una visita al sito web del museo rivela la ricchezza del suo patrimonio, dovuto in larga misura alla generosità di diversi importanti collezionisti americani. Se visitate il distretto di Little Havana di Miami, fate una sosta a questo museo: è un viaggio in auto di 20 minuti a ovest di S.W. Eighth Street, il viale principale di Little avana. ■

Frost Art Museum

- 40 A2
- Florida International University's University Park Campus, S.W. 107th Ave. e 8th St.
- 305/348-2890
- Chiuso dom. mattina e lun.

http://thefrost.fiu.edu

Cibo e bevande cubane da provare

Cibo e bevande cubane fanno ormai parte della dieta di molti abitanti del Sud della Florida. Assaggiate almeno alcune di queste specialità e vi sentirete all'Havana:

Adobo - pinzimonio a base di succo d'arancia, aglio, cumino e origano.
Arroz con pollo - riso con pollo e spezie. Questo è un piatto base e nei ristoranti se ne possono trovare infinite varianti.
Boliche - arrosto ricco di ingredienti, tra cui chorizo, olive verdi e aglio in abbondanza.
Café con leche - versione cubana del caffè macchiato, è un espresso servito con latte caldo o schiumato.
Cuba libre - in questo cocktail classico il rum bianco, o quello scuro, viene miscelato con succo di lime e cola.
Sandwich cubano - panino con pane cubano imburrato e ripieno di arrosto di maiale, prosciutto Serrano, formaggio svizzero, cetrioli sott'aceto e mostarda. Lo si mangia tostato.
Empanada - fagotto di pane fritto con un ripieno di carne, pollo o formaggio.
Enchilado - frutti di mare ricoperti da salsa creola secondo la tradizione cubana.
Flan Cubano - budino al caramello o cocco.
Mariquitas - banane di legumi (*plantain*) fritte come patatine e servite come contorno.
Mojito - cocktail composto da rum bianco, zucchero di canna e foglie di menta pestate. Dopo un paio di bicchieri la vostra testa non smetterà più di girare!
Mojo - salsa squisita con aglio e succo di arancia amara, o succo di lime.
Pastel de tres leches - pan di spagna molto dolce fatto con tre tipi diversi di latte.
Pastelito de guayaba - la guava, frutto molto dolce, è l'ingrediente principale di questo dessert simile a una sfogliatella ripiena e che rappresenta la quintessenza del dessert cubano.
Vaca frita - tradotto letteralmente "mucca fritta", è un piatto a base di carne di manzo tagliata a striscioline, marinata nel succo di arancia e lime e servita con cipolle trifolate. Esiste anche una variante con il pollo.

Fantasie architettoniche

Mentre l'America entrava negli anni '20, la Florida trovò il suo primo stile architettonico di grande notorietà nel revival mediterraneo. Come il favoloso mare da cui è tratto il suo nome, questo stile rispecchia molte culture: toscana, veneziana, spagnola, andalusa, moresca e persino romana, prendendo al contempo a prestito accenti dall'antica Grecia e dalla Francia del rinascimento, e producendo villini che sembrano palazzi in miniatura.

Un cortile interno del Biltmore Hotel, del 1926, a Coral Gables, ispirato all'architettura spagnola.

Miami, una città che si vanta di essersi imposta a un inospitale paesaggio di paludi e dune, voleva un tipo di architettura che avesse le radici nell'immaginazione.

Revival mediterraneo

L'elemento chiave del revival mediterraneo era la "vecchiaia". Le mura esterne furono macchiate per imitare quelle romane e tegole e mattonelle copiavano quelle della Sicilia. Per gli architetti lo stile rappresentava una chance di sognare in legno e stucco. L'obiettivo finale era di sedurre mediante l'artificio: la residenza di un miliardario poteva somigliare a un monastero spagnolo. Le travi venivano immerse in acqua salata, bruciate con l'acido e incise con gli scalpelli. Gli oggetti di ferro venivano ammaccati, il cemento era imbevuto nel bicarbonato sodico. Il finto antiquariato scrisse le regole sulle tecniche di pittura e intonacatura usate ancora oggi. Furono aperte fabbriche per fornire arredamento "d'epoca", oggetti di ferro battuto, piastrelle e persino finestre con vetrate a piombo. Furono intrecciati tappeti "orientali" e arazzi "medievali". Molte case chic sembravano ammobiliate con materiale recuperato dai conventi spagnoli.

La moda divampò per tutti gli anni ruggenti e si consumò rapidamente durante la Depressione, quando gli architetti finirono alla mercè del moderno e dell'aerodinamico, che sembrava simboleggiare le nuove tecnologie che avrebbero potuto liberare l'America dalla crisi economica.

Stravaganze da notti arabe

Intorno al periodo in cui era fiorito il revival mediterraneo, la visione dell'altra architettura nativa stimolò la mente del progettista di aerei, riconvertitosi operatore di sviluppo edilizio, Glenn Curtiss, inventore del biplano Curtiss Jennie. Consacrato guerriero dell'aria nel 1910 per aver pilotato ciò che equivaleva a un aquilone cellulare con il motore di un tosaerba da Albany a New York City, egli usò la sua celebrità per attirare gli investitori. L'aviatore e il suo architetto, Bernhardt Muller, condividevano un debole per le fiabe popolari arabe divulgate in inglese, quali *Le Mille e una Notte*. A Hollywood la moda de *Le Mille e una Notte* aveva prodotto i film *A Princess of Baghdad* nel 1916, *La Lampada di Aladino* nel 1917 e *Ali Baba e i 40 ladroni* nel 1918. Le donne svenivano nel 1921 quando Rodolfo Valentino lanciava occhiate con i suoi occhi scuri ne *Lo sceicco* e i cuori maschili si fermarono per un attimo nel 1924 quando Douglas Fairbanks Sr. saltava da una parte all'altra dei tetti ne *Il ladro di Baghdad*. In Russia, il maestro di ballo Sergej Djagilev creò *Scheherazade;* in America Nikolaj Rimskij-Korsakov compose una suite sinfonica con lo stesso nome.
Il richiamo di massa di questo fenomeno internazionale non fu sprecato da Curtiss. Ciò che lui e Muller immaginarono a metà degli anni '20 era, in sostanza, un parco tematico con abitanti permanenti. Essi scelsero un'ubicazione a nord-ovest di Miami che gli indiani seminole chiamavano Opatishawockalocka (collinetta alberata), rimuovendo la parte difficile da pronunciare "tishawocka", per creare il nome "arabo-persiano" di Opa-locka. La loro direzione centrale, l'attuale municipio di Opa-locka, sembrava il palazzo di un re saudita. Ogni edificio doveva possedere "un'atmosfera romantica". Una banca venne resa come un tempio egizio in rovina; una pompa di benzina fu progettata con una cupola e dei minareti. Ai lati di Ali Baba Avenue, Sharazad Boulevard, e Aladdin Street si schierarono abitazioni a cupola, con un piano e due camere da letto. Gli acquirenti arrivarono di corsa. I patiti di architettura vengono ancora.

Ultimata nel 1917, la Plymouth Church di Coconut Grove richiama lo stile delle missioni spagnole.

North Miami

A nord di Flager Street, a Downtown Miami, i nomi delle strade acquisiscono il prefisso "North". Quelle dalla parte della baia di Miami Avenue sono considerate appartenenti alla zona nord-est; quelle dalla parte delle Everglades sono definite nord-ovest. Ma la realtà è che i confini tra i vari distretti della bussola di Miami non sono precisi, né (se si esclude la comodità di chi consulta la cartina) hanno bisogno di esserlo.

Alti edifici costeggiano le propaggini più settentrionali della Biscayne Bay oltre l'Oleta River State Park.

Se vi fosse chiesto di disegnare i confini più a nord di North Miami, forse non suscitereste obiezioni se tracciaste una linea a ovest di Biscayne Bay intorno ad Aventura, Golden Beach e Golden Shores, seguendo la linea della Dade-Broward County verso il Turnpike della Florida, proseguendo per l'autostrada a pedaggio che si dirige a sud-ovest, passando tra Hialeah e gli Everglades, e poi a sud verso Sweetwater. Dentro questo arco di un quarto di cerchio è situata Northwest Miami. Essa inizia alla I-95 e procede a ovest per circa 15 km, dove i terreni lottizzati e i tratti industriali fanno finalmente largo al terreno agricolo "reclamato" alle Everglades. Hialeah e Opa-locka sono le comunità più note del Nord-ovest. La prima è un miscuglio di sviluppi residenziali e terreni a uso commerciale, il cui nome è associato da molte persone che non vivono in Florida all'ippodromo di Hialeah. Appena più a settentrione di Hialeah c'è Opa-locka, la cui fantasiosa architettura moresca nacque dal fascino esercitato su un imprenditore edile dalla versione di Richard F. Burton de *Le mille e una notte*. A ovest dell'aeroporto di Opa-locka troverete i laghi di Miami, dove la forzata ritirata delle Everglades ha lasciato una piana di pozze luccicanti fra gli esclusivi campi da golf e gli sviluppi residenziali privati. Il quadrante nord-est di Miami è molto più piccolo e residenziale, le abitazioni variano dai modesti bungalow agli alti condomìni che si affacciano su altri campi da golf e sulle calme acque settentrionali piene di yacht di Biscayne Bay e dell'Atlantico. Vi servirà un'auto per arrivare ai parchi, i musei, i quartieri della vasta North Miami, ma vedrete dileguare l'impressione iniziale che le sue uniche attrazioni siano il golf e i motoscafi.

Adrienne Arsht Center for the Performing Arts

Nel 2006 l'Arsht Center è diventato il fiore all'occhiello della scena artistica di Miami. Costruito al costo di 473 milioni di dollari, si estende lungo due isolati ed è il capolavoro del famoso architetto Cesar Pelli. Oltre a essere l'edificio più singolare di Miami, è anche il più grande centro per le arti dello spettacolo della Florida: comprende il Sanford e Dolores Ziff Ballet Opera House (2400 posti), il John S. e James L. Knight Concert Hall (2200 posti), il Peacock Studio Theater e il Carnival Studio Theater.
Il Ballet Opera House e la Concert Hall sono sale enormi, con platee a gradoni, rivestite da un chiaro granito sardo e arricchite da pareti in vetro e acciaio che ne esaltano l'aspetto contemporaneo. All'interno della Ballet Opera House una volta acustica di circa 12 m sovrasta il pubblico, mentre sul palco della Concert Hall è sospesa una struttura acustica a spirale.
Il Florida Grand Opera, il Miami City Ballet e la New World Symphony sono compagnie locali, ma oltre a queste si esibiscono qui anche altre compagnie minori. La Broadway Across America e la Cleveland Orchestra si presentano una volta all'anno.
Dal lunedì al sabato, a mezzogiorno, è possibile visitare i teatri, comprese le quinte e i camerini, grazie a tour gratuiti di un'ora che offrono la possibilità di conoscere la storia e l'architettura del centro e ascoltare aneddoti sulle star che si sono esibite, come Bernadette Peters, ItzhakPerlman e Gloria Estefan.

SUGGERIMENTO:

A Wynwood, sgargianti murales artistici ricoprono i muri dei magazzini un tempo pieni di graffiti. Il quartiere ospita anche le collezioni e le gallerie d'arte contemporanea più importanti di Miami.

- XAVIER CORTADA
artista della Xavier Cortada Art Gallery

Wynwood Arts District

Negli ultimi anni il Midtown di Miami ha visto fiorire gallerie d'arte, caffetterie, ristoranti e bar traboccanti di energia creativa, soprattutto a Miami Design District e a Wynwood. In passato quartiere

Adrienne Arsht Center for the Performing Arts

Cartina p. 49
1300 Biscayne Blvd.
305/949-6722
www.arshtcenter.org

Wynwood Arts District

41 F3
Tra Biscayne Blvd. e I-95, e N.W. 20th St. e N.W. 36th St.
www.wynwoodmiami.com
www.artcircuits.com

Rubell Family Collection
41 F3
95 N.W. 29th St.
305/573-6090
Chiuso lun.
$$
www.rfc.museum

di depositi ed edifici industriali in disuso, Wynwood è diventata meta privilegiata di artisti desiderosi di affermarsi. Man mano che gli artisti hanno ottenuto successo anche l'area ha subito un processo di riqualificazione. Molti atelier sono stati convertiti in gallerie e a Wynwood oggi sono presenti quasi 60 gallerie aperte al pubblico, la maggior parte delle quali si occupa di arte contemporanea. Le forme d'arte rappresentate sono diverse: dalla scultura all'arte digitale, alle più diverse forme espressive. La pittura rimane però predominante, anche sotto forma di graffiti, alcuni dei quali sono stati esposti in musei, e di altre forme di arte di strada. Se siete estimatori di oggetti d'arte, concedetevi una piacevole passeggiata per la NW Second Avenue, la strada delle gallerie. Fermatevi alla **Fredric Snitzer Gallery** *(2247 N.W. 1st Pl.)*, che espone opere di molti artisti locali emergenti, come Hernan Bas, i cui lavori sono state presentati alla Rubell Family Collection (vedi sotto). Altre gallerie degne di nota sono **Alejandra Von Hartz Gallery** *(2630 N.W. 2nd Ave.;* specializzata in pittura latino-americana*)*, **Bernice Steinbaum Gallery** *(3550 N. Miami Ave.;* specializzata in opere di artisti appartenenti a minoranze etniche e di artiste donne*)*, e **Alberto Linero Gallery** *(2294 N.W. 2nd Ave.;* specializzata in scultura e pittura latino-americana e di altre regioni*)*. Nel pomeriggio del secondo sabato di ogni mese a Wynwood ha luogo la cosiddetta "passeggiata d'arte": gallerie, chioschi e studi vengono aperti ai visitatori, e per le strade si esibiscono musicisti e ballerini. Ogni anno si tengono circa una dozzina di fiere, molte delle quali si svolgono in inverno facendo raddoppiare il numero dei turisti in città.

La Rubell Family Collection è incentrata sull'arte contemporanea, con opere di nomi affermati e stelle emergenti.

Rubell Family Collection

Un altro ricco archivio di opere d'arte contemporanea è lo straordinario tesoro collezionato da Don e Mera Rubell, ritenuto da alcuni critici tra le collezioni d'arte contemporanea più significative del mondo (i Rubell, originari di New York, sono anche proprietari dell'elegante ed esclusivo Albion Hotel). La collezione si autodefinisce come esposizione di "opere provocatorie dagli anni '70 a oggi" e raggiunge il proposito esponendo artisti quali Jeff Koons, Keith Haring, Cindy Sherman, Jean-Michel Basquiat, Paul McCarthy e Charles Ray, insieme a notevoli nuovi arrivati. È certamente la più audace collezione privata aperta al pubblico a Miami, con le sue opere esposte in un vastissimo spazio industriale a doppio livello stile magazzino, nel Wynwood Arts District. Ciò che troverete è un museo di opere che rappresentano praticamente ogni artista che abbia raggiunto la notorietà nelle ultime due decadi. Come lo scrittore Tom Wolfe notò nel suo libro *Come ottenere il successo in arte* (1975), l'arte moderna sostiene un controverso germoglio intellettuale grazie alla sua sorprendente abilità di evocare emozioni e provocare un dibattito riguardo a ciò che è arte, come testimoniato nel museo dei Rubell da una formidabile biblioteca di scritti sul fenomeno.

Arch Creek Park

L'Arch Creek Park, nel Nord di Miami *(cartina 41 G6, 1855 N. E. 135th St., 305/944-6111, chiuso il lunedì e il martedì)*, pullula di bellezza naturale e di storia. Un piccolo museo all'interno fornisce al visitatore informazioni sull'attrazione principale: un ponte di calcare che fu parte di un importante sentiero indiano, usato prima dai tequesta e poi dai seminole. Durante le guerre seminole, è stato attraversato dall'esercito statunitense e poi, negli anni seguenti, dalle diligenze dei pionieri. Il museo contiene una gran quantità di oggetti appartenuti a Indiani e pionieri. Un percorso di 800 m, a forma di "8", attraversa il parco, regalando una meravigliosa vista sulla vegetazione tropicale e sulla fauna locale. Il parco contiene anche un giardino di farfalle e varie zone per il picnic.

Miami Design District

Come spesso accade nelle città americane, gli artisti alla ricerca di spazi economici per gli studi innescarono la rinascita della parte a nord-est di Miami, che va approssimativamente da N.E. Second Street a N. Miami Avenue e tra la 36th e la 41st Street. Solo nell'ultimo decennio la zona ha perso la reputazione di essere pericolosa, specie di sera, ma come l'East Village di New York, ha acquisito un esercito di pittori e scultori, artisti dei media e fotografi che la salvaguardano contro qualsiasi ulteriore deriva verso la decadenza.

Nel tardo 1910 e 1920, questo quartiere era noto come Decorators Row, dove gli arredatori e i pittori d'interni lavoravano per le sale di esposizione che si rivolgevano solo al settore.

Oggi potete visitare i negozi d'antiquariato del distretto, i negozi di tessuti, i produttori di mobili e le sale di esposizione dei fabbricanti.

La Fortieth Street, tra N.E. Second e N. Miami Avenues, è famosa per gli oggetti stravaganti ed esotici.

Se amate l'antiquariato visitate la **Susane R Lifestyle Boutique** *(93 N.E. 40th St., tel. 305/573-8483, www.susaner.com)* o l'**Artisan Antiques Art Deco** *(110 N.E. 40th St., tel. 305/573-5619)*. Tra queste sale d'esposizione ci sono minuscoli bar dove i designer dibattono su Corbusier o il gruppo della Bauhaus.

La fiorita corte del **Michael's Genuine Food & Drink** *(130 N.E. 40th St., tel. 305/573-5550)* offre una tregua dal traffico delle strade, così come il **Maitardi** *(163 N.E. 39th St., tel. 305/572-1400)* con la sua ombreggiata terrazza all'aperto di 4000 mq, dove vengono serviti piatti della cucina italiana settentrionale.

Gran parte delle gallerie e dei luoghi d'esposizione chiudono al tramonto. Tuttavia, il secondo sabato sera

Miami Design District

41 F3

Tra N.E. 2nd Ave. e N. Miami Ave., e N.W. 36th St. e 41st St.

www.miamidesigndistrict.net

Morningside
41 F4

Museum of Contemporary Art
41 F5
770 N.E. 125th St.
305/893-6211
Chiuso lun., mer. mattina e dom. mattina
$
www.mocanomi.org

di ogni mese, dalle 19 alle 22, le gallerie di design del distretto, i negozi, gli studi e i bistro, insieme a quelli nella vicina Wynwood (vedi pp. 69-70), rimangono aperti, spesso per coincidere con l'apertura delle mostre degli artisti.

SUGGERIMENTO:

Non mancate di visitare l'antico monastero spagnolo, un edificio secolare, trasferito qui dalla Spagna, che emana l'atmosfera del Vecchio Mondo e che vanta splendidi giardini e muri in pietra lavorata.

- MATT PROPERT
fotografo di National Geographic

Morningside

La rivitalizzazione del Design District coincise con un interesse per i quartieri residenziali più vecchi, in particolare per quelli costruiti all'epoca del boom della città negli anni '20 e all'inizio degli anni della Depressione.
Le enclave di bungalow del lotto di Morningside a fianco di Biscayne Boulevard furono quasi dimenticate.
L'Eta del Jazz degli anni '20 aveva, in campo architettonico, una predilezione per le fantasie. Non bastava costruire una casa; essa doveva avere un tema. I due stili principali dell'epoca erano il mission revival, che emulava le chiese coloniali spagnole della lontana California, e il revival mediterraneo, un ricettacolo di imitazioni delle case costruite vicino a quel leggendario mare. Queste mode erano in piena fioritura in America quando vennero costruiti i primi edifici di Morningside.
Le case a tema di Morningside si sono sottratte al pesante rinnovamento urbano e sono oggi molto apprezzate dai proprietari di case consapevoli degli stili di progettazione. Un po' di anni fa, i fanatici della restaurazione fecero pressione, riscuotendo successo, con lo scopo di far dichiarare Morningside zona di interesse storico. Tra le abitazioni più ragguardevoli ci sono la casa in stile revival mediterraneo al 5731 N.E. Sixth Avenue e quella al 5940 N.E. Sixth Court, tra i primi esempi del mission revival (residenze private).
Potete guidare piuttosto facilmente per Mornigside, anche se le barriere per il traffico lungo Biscayne Boulevard impediscono alle auto di entrare in alcune vie. Probabilmente è più conveniente parcheggiare in qualche posto lungo Biscayne Boulevard ed esplorarla a piedi. Il lotto non è molto vasto, estendendosi dalla riva della baia a ovest intorno a Biscayne Boulevard, e percorrendo l'asse nord-sud da N.E. 60th a N.E. 50th Street (il Museum of Contemporary Art, vedi sotto, a volte offre visite architettoniche guidate a piedi che comprendono la zona di Morningside).

Museum of Contemporary Art

Gli abitanti di Miami si riferiscono ai 23.000 mq del Museum of

Contemporary Art con le sue iniziali, "MoCA", e sono molto affezionati a questo già affermato museo, che ha aperto nel 1996. La galleria principale ha un attraente aspetto da magazzino convertito in studio. La stanza più grande rappresenta i disegni più apprezzati, mentre uno spazio separato e piccolo in genere esibisce le cose più recenti, spesso di artisti locali. All'interno c'è dell'eccellente arte contemporanea che rappresenta i movimenti d'avanguardia internazionali, comprendendo a volte le solite installazioni multimediali e la fotografia che espandono la definizione di arte. Il fondamento della collezione sono i dipinti e le sculture. Tra le icone dell'arte moderna, Mark Handforth è ben rappresentato.

Le esposizioni più importanti del MoCA hanno preso in esame l'opera di diverse leggende del mondo artistico quali la messicana Frida Kahlo, suo marito Diego Rivera, e Frank Stella, riconosciuto a livello internazionale. Che gli artisti siano o meno di vostro gradimento, il filo conduttore del MoCA è qualità e scrupolosità. Il museo è anche impegnato a mostrare l'opera di artisti latini e cineasti, i cui lavori sono proiettati, con altri film d'avanguardia, nel gradevole cortile del MoCA.

Cercate di visitare l'eccellente negozio di articoli da regali, che contiene un assortimento meditato di libri d'arte, cataloghi delle mostre, e cartoline con riproduzioni di opere della collezione permanente del MoCA. Date un'occhiata anche agli orari delle escursioni guidate a piedi dei quartieri di North Miami. Le passeggiate esplorano alcune delle strade residenziali più affascinanti di Greater Miami, in particolare quelle del Morningside District (vedi p. accanto).

Antico monastero spagnolo

Costruito nel XII secolo, questo edificio è di gran lunga il più antico del Nord America, anche se proviene dalla Spagna. Parte di un monastero cistercense per circa 700 anni, i chiostri di St.

Antico monastero spagnolo

- 41 G6
- 16711 W. Dixie Hwy. tra N.E. 167th e 171st St.
- 305/945-1461
- $$
- Chiuso dom. mattina e in occasione di eventi speciali; chiamare per avere conferma sugli orari di apertura.

www.spanishmonastery.com

L'antico monastero spagnolo è sopravvissuto allo smantellamento e a un arduo trasporto in transatlantico.

Oleta River State Park
- 41 G6
- 3400 N.E. 163rd St./Sunny Isles Blvd., E di Biscayne Blvd.
- 305/919-1844
- $$

www.floridastateparks.org/oletariver

Bernard of Clairvaux caddero in rovina e furono usati come granaio e stalla. Il magnate della carta stampata William Randolph Hearst acquistò l'edificio nel 1925 per 500.000 dollari, con l'intenzione di usarlo come abitazione sulla costa californiana, Xanadu. Egli lo fece smantellare e ne spedì i pezzi a New York in 11.000 cassette numerate riempite di paglia, che rovinò tutto. I funzionari della dogana credevano portasse germi che avrebbero causato un'epidemia di afta epizootica. Tolsero dall'imballo le pietre e bruciarono la paglia, ma confusero i pezzi e le scatole. Hearst se ne andò disgustato. Le cassette giacquero in un magazzino di Brooklyn per 26 anni, fino al 1952, quando i nuovi proprietari fecero riassemblare qui i pezzi come attrazione turistica, al costo di 1,5 milioni di dollari. Un decennio dopo la Chiesa episcopale acquistò il monastero come luogo di culto, museo di architettura del primo periodo gotico e romanico, deposito di manufatti ecclesiastici e luogo di pace e riposo. Nel negozio di articoli da regalo è appesa "La Gracia" del grande pittore spagnolo Julio Romero de Torres.
È un un luogo molto in voga per i matrimoni e i suoi terreni sono spesso affollati di ospiti vestiti in modo elaborato, nei pomeriggi di sabato e domenica.

Oleta River State Park

Per quanto circondata da un intenso sviluppo residenziale, di cui l'elemento più in vista è la comunità della ricercata Bal Harbour di North Miami Beach, il parco offre un'opportunità non solo di ritirarsi per un po' dal mondo, ma anche di guidare, camminare o andare in bicicletta tra foreste di mangrovie e sinuose lagune. Passeggiando, incontrerete dei trampolieri e ci sono buone possibilità di vedere

La comunità russa di Miami

I cittadini dell'Unione Sovietica comprendevano burocrati moscoviti, shamani siberiani, musulmani dell'Asia centrale, monaci buddhisti, lavoratori edili di lingua persiana e miriadi di altri gruppi, e la composizione della comunità "russa" della Miami settentrionale riflette questa diversità. La tennista prodigio Anna Kournikova della Florida meridionale è quella meglio conosciuta dagli Americani ma anche Philip Kirkorov, il più noto cantante pop della Russia, vive qui.
Il **Tatiana Night Club/Restaurant** *(1710 E. Hallandale Beach Blvd., tel. 954/454-1222, www.fltatianarestaurant.com)* è un vivace cabaret con mangiatori di spade, giocolieri e danzatrici ornate di lustrini, punto focale di intrattenimento della comunità russa. I suoi squisiti pasti rievocano la terra natia: verdure russe sottaceto, carni dal Caucaso, caviale dell'Azerbaijan, pollo alla Kiev e *pelmeni* (ravioli) siberiani. C'è anche vodka russa, cognac armeno e vino georgiano.
Per una diversa esperienza della distesa eurasiatica, visitate "la piazza russa", una spiaggia di centri commerciali pieni di librerie di proprietri russi, agenzie di viaggi e un negozio di gastronomia chiamato **Kalinka** *(18090 Collins Ave., tel. 305/705-9333)*. Chiedete al personale di consigliarvi una pietanza e sappiate che il caffè russo è simile a quello turco.
Guidate verso nord sulla Collins Avenue e girate a sinistra su Hollywood Boulevard per trovare il **Chocolada Bakery & Café** *(1923 Hollywood Blvd., tel. 954/920-6400)*, un altro famoso ritrovo russo. Musica dal vivo ogni sera.

Una perfetta serata per i russi di Miami: cena, balli e cabaret al Tatiana Night Club.

il muso di una focena spuntare dall'acqua. Le probabilità di individuare quello che è fra i più strani mammiferi acquatici della Florida, il pesante lamantino, non sono così alte, ma queste creature di natura gentile, sull'orlo dell'estinzione, spesso fuggono dal traffico dell'estuario nelle tranquille insenature del parco.

Potete affittare una bici e andare in giro lungo la pista ciclabile di 2,5 km o lungo i 16 km di sentieri per mountain bike, o noleggiare una canoa ed esplorare i 1200 m di percorso per canoe. Gli abitanti della zona vengono per mangiare in un luogo fresco e leggere all'ombra dei nove padiglioni delle aree picnic (disponibili in base all'ordine di arrivo o su prenotazione), sguazzare nelle acque della spiaggia sabbiosa di 370 m poco distante dal parco e gettare le esche da un solido molo per la pesca che si estende in mare aperto per quasi 30 m.

È difficile immaginare, guardando l'orizzonte con gli alti condomini, che 150 anni fa questa penisola pullulasse di orsi, daini, pantere, linci rosse, lupi e alligatori, insieme agli allora numerosi lamantini. Nel decennio 1890 le fattorie che coltivavano ananas e verdure si estendevano in un paesino chiamato Ojus. Ora è tutto svanito.

Greynolds Park

Ai Franklin Roosevelt's Civilian Conservation Corps spetta il merito di aver trasformato il sito di una società mineraria di estrazione (di proprietà di un certo A.D. Greynolds) in uno dei più famosi terreni pubblici di Miami. La compagnia ha lasciato numerosi resti di macchinari rotti per i ragazzi della CCC, che li hanno sotterrati sotto roccia e sabbia, creando una collinetta di 12 m, con in cima la torre di osservazione da essi edificata, e hanno trasformato le cave in un lago, dove si possono noleggiare i pedalò. Qui, sul finire dell'Ottocento, era attivo un avamposto commerciale degli indiani seminole. Ora è un bazar di attività ricreative all'aperto: campi da golf, un percorso benessere per chi fa jogging e tavoli da picnic.

Greynolds Park

- 41 G7
- 17530 W. Dixie Hwy., N. Miami Beach
- 305/945-3425
- Gratuito nei giorni feriali, $ nei fine settimana solo per gli automobilisti

Il gioco d'azzardo

Greater Miami è stata per decenni una meta per il gioco d'azzardo. Le scommesse alle corse di cavalli furono legalizzate nel 1932 e tre anni dopo si aprì la strada per le slot machine, che nel giro di due anni sarebbero però state dichiarate fuori legge.

Corsa di cavalli al Gulfstream Park.

Nel periodo in cui la città raggiunse l'apice del gioco d'azzardo, contava più di 300 strutture a esso dedicate fra Fort Lauderdale e Key West. Fra queste, botteghini per le scommesse frequentati da marinai e gente del posto, *bolita* (ovvero "estrazioni di numeri") popolari fra gli immigrati cubani, e veri casino, sebbene fossero attività in gran parte illegali. Le video slot machine sono state legalizzate nel 1992, e nel 2008, quando gli indiani seminole hanno firmato un accordo con lo stato della Florida nella vicina Broward County, sono stati sdoganati anche i giochi da tavolo. Con il diffondersi di opportunità di gioco d'azzardo nel continente, le crociere giornaliere verso lidi estranei alla giurisdizione locale sono diminuiti e oggi nessuno attracca più al porto di Miami. Nel 2008 gli elettori di Miami-Dade hanno approvato un referendum per l'installazione di slot machine nelle arene per lo jai-alai e sulle piste di corse per cani e cavalli del paese; la Contea di Broward County e i seminole hanno legalizzato le slot nel 2005. Nel 2012, i politici si sono accapigliati riguardo ai piani di costruzione di grandi villaggi vacanze incentrati su case da gioco che amplierebbero drasticamente il panorama del gioco d'azzardo. Ecco alcuni dei principali casinò e ippodromi di Miami:

Il **Magic City Casino** *(450 N.W. 37th Ave., tel. 305/649-3000)* inaugurato nell'ottobre 2009. Offre stagionalmente corse di levrieri e comprende un anfiteatro all'aperto che ospita artisti di fama nazionale.

Al **Casino Miami Jai-Alai** (vedi box laterale p. 44), i visitatori possono anche scommettere sulla base di un sistema "parimutuel" su altri sport, trasmessi simultaneamente in tutta la Crystal Card Room su TV a grande schermo.

Il **Calder Casino & Race Course** *(21001 N.W. 27th Ave., tel. 305/625-1311, www.calderracecourse.com)* ha in programma corse di cavalli da gennaio ad aprile.

Le migliori corse dei cavalli della Florida del Sud si tengono al **Gulfstream Park Racing & Casino** *(901 S. Federal Hwy., Hallandale Beach, tel. 954/454-7000)*, situato dal lato del confine della contea Broward con Miami-Dade. Il suo Florida Derby è un precursore da un milione di dollari del Kentucky Derby.

Lo storico **Hialeah Park** *(2200 E. 4th Ave., Hialeah, tel. 305/885-8000, www.hialeahparkracing.com)*, creato da Glenn Curtiss (vedi p. 67), è un ippodromo del 1925 con un circuito per cavalli di razza che si estende per oltre 90 ettari.

Il gioco d'azzardo della Greater Miami è dominato dal **Seminole Hard Rock Hotel & Casino** *(1 Seminole Way, Hollywood, tel. 866/502-7529, www.seminolehardrockhollywood.com)*, gigantesco complesso dotato di locali e negozi sulla riserva della tribù seminole.

A mezzora dal centro di Miami verso ovest, sorge il **Miccosukee Resort & Gaming** *(500 S.W. 177th Ave., tel. 877/242-6464, www.miccosukee.com)*, noto per la sala bingo dalle alte puntate. Di proprietà della tribù, ha anche un campo da golf.

SUGGERIMENTO:

Per visitare l'Opa-Locka utilizzate il bus Opa-Locka Express Circulator. È gratuito ed è in funzione su due percorsi che passano nei pressi di molti gioielli architettonici, tra cui il City Hall.

JANE SUNDERLAND
collaboratrice di National Geographic

Il prato ha una folta popolazione di trampolieri e di gufi, cosa rara a Greater Miami, che attira i *bird-watcher* verso quello che un tempo era il **Greynolds Park Rookery.** I patiti di mountain-bike sfrecciano intorno al percorso ciclistico di 4 km, ma è anche un tratto piacevole per pedalare tranquillamente.

Opa-locka

In un certo senso questo improbabile fenomeno di finto moresco è un triste monumento alle visioni meravigliosamente stravaganti di Glenn Curtiss (vedi pp. 66-67), che sperava di prendere il posto di califfo supremo tra gli imprenditori della Florida. Aspirava a vivere tra i ricchi, ma la città per cui è più conosciuto è molto povera, un ghetto economico popolato in gran parte da famiglie afroamericane e da nuovi immigrati caraibici e latino-americani. Ma la terra di fantasia che Curtiss battezzò la "Baghdad di Dade County" è proprio un gran posto. Direttamente a nord del Miami International Airport, a ovest dello svincolo 13 sulla I-95, le sue cupole, minareti, merli, archi a ferro di cavallo appuntiti, e motivi a mezzaluna si ergono al di sopra di scialbi edifici eretti a partire dal suo ottimistico inizio 85 anni fa. Visitate almeno l'**Opa-locka City Hall,** dove Curtiss installò la sede della sua produzione lirica sotto cupole blu e bianche, ridipinte dopo quell'epoca in color malva e oro; adesso, anche il resto dell'edificio è rivestito di una tonalità dorata. In questa imitazione di moschea-palazzo (catalogato come risorsa tematica dal National Register of Historic Places), l'architetto Bernhardt Muller abbozzò centinaia di interpretazioni di ciò che sarebbe stata la "più bella città della costa orientale", piantata a poinciane, bambù, eucalipti e 2500 palme da cocco. L'edificio mantiene uno

(continua a p. 80)

Opa-locka
Mappa: 41 E6

Opa-locka City Hall
Mappa: 41 E6
Indirizzo: 777 Sharazad Blvd.
Tel.: 305/688-4611
Orari: Chiuso sab.-dom.

OPA-LOCKA EXPRESS CIRCULATOR

L'Opa-locka Express Circulator *(www.opalockafl.gov)* è in funzione dal lunedì al venerdì, dalle 6 alle 19, su due itinerari che hanno in comune una fermata alla Tri-Rail Opa-locka Station.

DA PROVARE: un corso intensivo di spagnolo

Volete rispolverare il vostro spagnolo scolastico o almeno impararne i rudimenti? Anche se per padroneggiare questa lingua romanza serve qualcosa di più di un soggiorno vacanza a Miami e dintorni, Berlitz *(1200 Brickell Ave., tel. 888/561-7174, www.berlitz.us/miami)*, Inlingua *(1101 Brickell Ave., tel. 305/579-0096, www.inlingua-if.com/inlingua/locations-miami-florida/miami-brickell.aspx)*, e CCLS Miami *(3191 Coral Way, Coral Gables, tel. 305/529-2257, www.cclscorp.com)* possono organizzare corsi intensivi o lezioni private, sia che vogliate frequentare per un'ora al giorno per pochi giorni, sia che desideriate fare una full immersion dalle 9 alle 17 per un paio di settimane. Il costo delle lezioni parte da $250 al mese per lezioni di gruppo standard fino ad arrivare a $3.990 a settimana per la full immersion.

Little Haiti

Questa enclave di circa 29.000 immigrati, prevalentemente haitiani, 5 km a nord del Central Business District, era un tempo Lemon City, un distretto mercantile circondato da agrumeti. Oggi è un'accozzaglia di attività commerciali a buon mercato, una risposta ai bisogni dei residenti e un tentativo di attrarre turisti, che, a causa dell'esagerata reputazione di Little Haiti come luogo di crimine.

Una venditrice espone la sua merce al mercato all'aperto che si tiene nel weekend a Little Haiti.

Estesa a est della I-95, Little Haiti si allunga solo per due isolati verso l'entroterra da Biscayne Bay. Il suo viale principale è N.E. Second Avenue, e l'enclave si estende dal Miami Design District intorno a N.E. 36th Street fino alle vicinanze del quartiere di El Portal intorno a N.E. 36th Street verso N.E. 85th Street. È una zona affascinante: cartelli scritti a mano in creolo-francese e inglese; murales di arte popolare; donne con cappelli di paglia a tesa larga e grembiuli di cotone; l'affumicato aroma dell'arrosto di maiale con aglio in minuscole trattorie; e vecchie case a doghe dei giorni marittimi di Lemon City, spruzzate di vivaci colori: giallo, blu, verde, magenta, rosa fenicottero. Diverse migliaia di haitiani sfidarono la Corrente del Golfo a bordo di imbarcazioni aperte per sfuggire alle crudeltà e alle deprivazioni loro imposte dal regime nella madrepatria.

Contrariamente a quanto talvolta diffuso dai media, i nuovi arrivati haitiani di Miami sono raramente analfabeti o privi di specializzazioni. Come molti immigranti, vantano curriculum vitae migliori dei loro connazionali che rimangono in patria e spesso rappresentano le classi medie e quelle abbienti. La maggior parte di coloro che arrivano a Miami sono in realtà esuli secondari, trasferitisi a sud dopo anni di permanenza nelle comunità haitiane del Nord-est, hanno in genere un'istruzione superiore e conoscono bene l'inglese. Da essi Little Haiti trae i suoi leader d'industria e della comunità, e molte delle sue speranze per il futuro.

I distretti centrali di Little Haiti

Il cuore di Little Haiti si concentra su N.E. 54th Street, tra N.E. Second e Miami Avenue.

Potreste passare una giornata a curiosare tra il kitsch, il cibo e gli oggetti esotici, pubblicizzati da cartelli fatti a mano. Per tutto il tempo, sentirete la *compas* - una trascinante musica caraibica melodica, estremamente famosa nelle discoteche di Little Havana e Little Haiti - diffondersi dalle vetrine dei negozi.
Avvicinandovi alla congiunzione tra N.E. 54th Street e Miami Avenue, cercate il **Veye Yo (Watch Them),** il centro politico di Little Haiti che offre conferenze serali, di solito su temi di politica haitiana e di interesse per gli immigranti (se sono in creolo qualcuno ve li tradurrà).
Nei weekend l'incrocio tra N.E. 54th Street e N.E. Second Avenue spesso diventa un mercato alimentare all'aperto che vende qualsiasi cosa si mangi sulle isole caraibiche. Purtroppo un prolungato sforzo per mantenere un mercato caraibico permanente tra N.E. Second Avenue e N.E. 60th Street è fallito, anche se nel 1991 un facsimile del secolare Iron Market di Port-au-Prince vinse un premio per il suo design innovativo e lo straordinario schema di colori. Per adesso rimane mezzo vuoto. Alle spalle del mercato si trova il nuovo **Little Haiti Cultural Center** *(212 N.E. 59th Terr., tel. 305/960-2969, www.miamigov.com/lhculturalcenter)*, struttura afrocaraibica comprendente uno spazio per rappresentazioni teatrali, laboratori di danza, gallerie d'arte e atelier.
Nei pressi del mercato, sulla N.E. Second Avenue, c'è la **Church of Notre Dame d'Haiti,** un tempo la mensa di una scuola cattolica femminile. I suoi vivaci pannelli di vetro colorato illustrano la saga di Pierre Toussaint (1746-1803), un pio haitiano che sfuggì alla schiavitù per diventare console di Haiti, leader spirituale, e candidato alla santità cattolica. Su un altro muro c'è un murale che ritrae l'odissea dei rifugiati haitiani verso l'America.
Con una breve camminata si giunge dalla Chiesa di Notre Dame d'Haiti al **Mapou Cultural Center** *(5919 N.E. 2nd Ave., tel. 305/757-9922).*
Il proprietario Jan Mapou ha creato un punto d'incontro fondamentale per tenere vivo il linguaggio, il ballo, il teatro, la letteratura e altre arti degli haitiani che abitano a Miami.
Potete acquistarvi souvenir, dipinti e libri tradotti dal *kreyòl* (creolo) all'inglese e viceversa.

Cucina haitiana

Una delle cose migliori di Little Haiti è la sua cucina, informale ma gustosa quanto qualsiasi altra nei Caraibi. Non c'è nulla di "nouvelle" o del Nuovo Mondo in essa; il pesce piccante e le portate di maiale sono ricette autentiche dell'isola di Haiti. Ci sono svariati luoghi invitanti per mangiare, fra i quali casette inondate di colori con tavoli nei giardinetti retrostanti. Il loro cibo è informale, a buon prezzo, gustoso, e molti avventori sono locali che consumano qui i loro pasti. I nomi creoli rendono i piatti più misteriosi di quanto non siano in realtà: il *lambi* è lo strombo, il *griot* è il maiale fritto. Quasi tutto il resto del menu è familiare, pesce fritto e pollo, sottaceti, e contorni di riso, fagioli e piantaggine fritto.

Buena Vista East

Buena Vista East a Little Haiti è un altro dei quartieri dalle tematiche antiche.
Gli stili architettonici sono eclettici, fantasiosi e familiari, visto che molti derivano dalla moda mediterranea degli anni '20.

Botanica

Questi negozi aromatici forniscono formule e oggetti di vudù e santeria, religioni sorte tra le popolazioni Yoruba dell'Africa occidentale e diffuse nei Caraibi dal commercio degli schiavi. I negozi forniscono ai credenti erbe medicinali, candele, effigi, immagini e altri arnesi necessari per i rituali. Se entrate in uno di essi, sappiate che i botanica non sono negozi per curiosi, né sono ideati per i turisti. Consideratevi in un ambiente religioso e agite di conseguenza. Resiste a qualsiasi impulso di ridere su ciò che trovate, crocefissi modellati da ossa, bambole vudù piene di spilli. Per molti degli abitanti di Little Haiti questi oggetti sono sacri.

Hurt Building
41 E6
490 Opa-locka Blvd.

Tri-Rail Opa-locka Station
480 Ali Baba Ave.

Miami Springs
40 C4

scaffale speciale per i libri che raccontano le fiabe de *Le mille e una notte.*
Da non perdere sono l'**Hurt Building,** una fantasia più piccola di archi, cupole e minareti, e il **Tri-Rail Opa-locka Station,** un bell'edificio del 1927 con un rivestimento esterno di piastrelle decorate e il profilo del tetto merlato.
A causa dei contraccolpi economici in questa città, imperversa la criminalità di ogni tipo. Si consiglia di visitare Opa-locka di giorno.

Il PlayGround Theatre

Uno degli ultimi grandi palazzi in stile art déco costruiti nella Florida del Sud è il PlayGround Theatre *(cartina 41 F5, 9806 N.E. 2nd Ave., tel. 305/751-9550, www.theplaygroundtheatre.com)* di Miami Springs. Si tratta di uno dei pochi edifici sopravvissuti di grande interesse della Paramount Pictures che un tempo erano punti vendita esclusivi dello studio, e furono edificati nella maggior parte delle principali città americane. La Paramount incaricò l'architetto di Miami Harold Steward di progettarlo alla fine degli anni '30, ma la guerra rimandò il suo completamento fino al 1946. Attualmente è un centro per le arti dello spettacolo, ma l'esterno evoca ancora l'era delle grandi sale cinematografiche americane dei tempi che furono.

Miami Springs

Il recente passato di Miami è dominato dai progetti degli imprenditori i cui nomi appaiono spesso sui cartelli delle strade: Flagler, Brickell, Tuttle e, naturalmente, Curtiss. Tuttavia, fatta eccezione per un gruppo di proprietari delle abitazioni in stile pueblo revival che Curtiss costruì a Miami Springs, dotati di una certa coscienza storica, la maggioranza dei residenti non ha alcuna idea che la loro piccola comunità, confinante con il recinto settentrionale del Miami International Airport, abbia avuto origine dalla creatività di un aviatore dell'inizio del XX secolo.
Lo stile pueblo dei tetti con tegole rosse, spesse mura di mattoni in pietra impastata con paglia, e verande si è rapidamente diffuso nel paese. Per Glenn Curtiss la bellezza stava nella moda, e così il sipario si aprì su Miami Springs, la Santa Fe subtropicale.
Il modo migliore per visitare Miami Springs è di fare un giro in auto poiché quasi tutte le abitazioni in falso stile "missionario" sono private. Ma è pura Miami. Cominciate dal centro città, sulla Curtiss Parkway, che si estende in diagonale fra Okeechobee Rd. e N.W. 36th Street, dividendo in due i campi da golf di Miami Springs.
I bungalow di mattoni in pietra impastata con paglia vicino al viale sono in realtà fatti di stucco su legno e carta catramata, e le travi di sostegno del tetto che da essi si protendono non sostengono nulla, ma l'aspetto delle abitazioni è autentico e affascinante.
Fermatevi in centro, alla **Miami Springs Pharmacy** *(45 Curtiss Pkwy.),* ospitata in un bel palazzo in stile pueblo revival. All'interno ci sono una piccola esposizione storica e un singolare archivio farmacologico. In cima alla strada è situato il **Fairhavens Retirement Home** *(201 Curtiss Pkwy.),* che era originariamente il Country Club Hotel di Curtiss, un'altra perla dello stile pueblo revival. ■

Un' isola della barriera dalla personalità composita, un mosaico sociale di stili distinti da quelli che si trovano a Miami, al di là della baia.

Miami Beach

Ocean Drive, South Beach: una passerella interessante, per chi ama guardare ma anche farsi vedere.

Miami Beach

Se venite a Miami Beach - una città a est di Miami che si estende su una serie di isolotti naturali e artificiali - per una settimana o due, una permanenza a South Beach vi offrirà probabilmente la maggiore varietà di luoghi da visitare nel tempo a disposizione. Se il vostro soggiorno è più lungo, potreste trovare interessante esplorare anche le comunità che rivendicano gran parte degli 11 km di costa a sud del confine della Dade-Broward County. Ognuna ha il suo fascino, Surfside e le Sunny Isles attraggono chi è più interessato al risparmio.

Miami Beach vanta chilometri di spiaggia di sabbia bianca sull'Oceano Atlantico.

DA NON PERDERE:

Una cena all'aperto in uno dei caffè lungo Ocean Drive **85-86**

La spiaggia di Lummus Park, che si estende per chilometri sulla costa atlantica **86, 90**

Una passeggiata nel quartiere art déco di Miami Beach **88-89**

Le opere pop di Romero Britto alla Britto Central Art Gallery **94**

Uno spettacolo allo splendido New World Center **94-95**

Una visita al Bass Museum of Art **96-97**

Il commuovente Holocaust Memorial a Miami Beach **98**

Cinque sopraelevate collegano Miami Beach a Miami, e ciascuna di esse vi fa approdare in un quartiere diverso. In termini di vedute e attrazioni lungo la strada, la più interessante è la MacArthur Causeway, che salta Biscayne Bay da Downtown Miami e vi porta a South Beach passando per Watson Island.

South Beach

Tra 5th e 41st Street, South Beach è il distretto a cui Miami Beach è più notoriamente associata. Qui troverete la maggior parte degli 800 edifici art déco dell'isola, delle sue aree ricreative orientate a gioventù-e-bellezza e delle sue più note spiagge di sabbia bianca.

A sud di South Beach

A sud di 5th Street, la zona ha subito considerevoli interventi di ristrutturazione nei due anni passati per includere nuovi e rinnovati edifici mantenendo allo stesso tempo la sua multirazziale stravaganza bohémienne.

Miami Beach settentrionale

A nord della zona in cui la Julia Tuttle Causeway collega l'isola con Miami c'è una mescolanza di sviluppi edilizi residenziali e commerciali. Questi quartieri non sono alla moda, ma tutti si affacciano sulle stesse tiepide acque azzurre e molti sono vicino a spiagge incantevoli. Nella più vecchia comunità di Surfside troverete un'architettura attraente e affascinante quanto quella nell'Art Déco District di SoBe. I visitatori interessati a fare shopping vorranno andare al centro commerciale di Bal Harbour.

Tre comunità di ricchezza

Guardate a sinistra mentre vi dirigete verso Miami Beach sulla MacArthur Causeway e noterete dei ponti che portano a Palm, Hibiscus e alle Star Islands, le cui spiagge sono coperte di pennoni di barche a vela e ornate da lussuose dimore. Queste sono comunità private che possono limitare l'accesso a residenti e ospiti. La sopraelevata tocca terra vicino alla Miami Beach Marina *(300 Alton Rd., tel. 305/673-6000)*, un porto pubblico simile a un parcheggio con 400 posti di ormeggio che ospitano vascelli fino a 76 m di lunghezza.

Il porto di Miami

Dodge Island e Lummus Island, a sud di Miami Beach, formano il porto di Miami, il più grande porto di navi da crociera del mondo, dove ogni anno affluiscono oltre tre milioni di passeggeri. Potete visitare il porto tramite una sopraelevata *(N.E. Sixth St./Port Blvd.)* che parte da Biscayne Boulevard, in centro, vicino al Bayside Marketplace. Di notte le navi sono illuminate come i casinò di Las Vegas. ■

South Beach

Sebbene Miami Beach sia più importante di South Beach, l'immagine datata dell'isola come Riviera d'America oggi si manifesta in modo più intenso in questa zona, un tratto lungo circa 40 isolati che inizia alla 5th Street e si estende a nord fino alla 41st Street circa. Qui ci sono i bar, gli hotel e gli appartamenti ristrutturati dalle linee aerodinamiche e moderne, oltre a ristoranti, negozi, boutique, musei, spiagge e fotogenici habitué che dominano l'attenzione delle riviste di viaggi.

Il tetto del Clevelander offre vedute spettacolari di South Beach e dell'orizzonte di Miami.

South Beach

Vedi cartina p. 87

Informazioni turistiche

www.visitsouthbeachonline.com

Noto ai più come SoBe, è un distretto straordinario per i suoi residenti, una cui notevole percentuale è omosessuale. Qui c'è anche un significativo gruppo di artisti, scrittori, musicisti e intrattenitori. È una piacevole comunità che si può attraversare a piedi, benedetta da una delle spiagge più invitanti della Florida meridionale dalla parte atlantica.

Ocean Drive

Ocean Drive è la strada più fotografata di SoBe, un lungomare pieno di palme costeggiato da alberghi dipinti con colori vivaci e illuminati dai neon. Ocean Drive, fra 5th e 14th Street, è spesso popolata da gente di bell'aspetto per la quale l'ozio è all'ordine del giorno. Ma dietro questa facciata c'è una vivace economia ravvivata da ristoratori, albergatori, commercianti e imprenditori immobiliari.
Di notte, durante i weekend, quando circa 30.000 persone affluiscono nella baia per la vita notturna del SoBe, è quasi impossibile guidare.

SUGGERIMENTO:

Su Ocean Drive le auto e la gente in transito sono uno spettacolo incredibile, ma trovare parcheggio può diventare un incubo. Per fortuna in genere alberghi e dei ristoranti ne hanno uno riservato.

- KAY KOBOR HANKINS
designer di National Geographic

Se lo fate, parcheggiate presto in strada; c'è un piccolo ma conveniente parcheggio pubblico con parchimetri da dieci ore all'angolo di 10th Street e Washington Avenue.
Se avete poco tempo da trascorrere a SoBe, visitate Ocean Drive per uno spuntino veloce in uno dei caffè all'aperto o nei ristoranti con l'ingresso sul marciapiede, e accertatevi di attraversare la strada verso la spiaggia di Lummus Park e mettere i piedi in acqua, se non altro per provare la tiepida Corrente del Golfo. Ci vuole meno di un'ora per camminare nella fila di dieci isolati di creazioni art déco di Ocean Drive, partendo dal **Bentley Luxury Suites Hotel** del 1939 tra la Fifth e Ocean.

I caffè di Ocean Drive: Dire che qualsiasi caffè di Ocean Drive garantisca una vaga idea degli archetipi di SoBe sarebbe poco sincero, ma un tè freddo e un panino fuori dal **Colony Hotel** *(736 Ocean Dr., tel. 305/673-0088)* vi da buone probabilità di osservare una di quelle donne slanciate e di quegli uomini dalle guance scavate delle pubblicità di moda. Il **News Café** *(800 Ocean Dr.;* vedi p. 250*)* è stato descritto come un caffè per le celebrità e i suoi tavoli sono spesso prenotati dai turisti alla ricerca di visi famosi. Ma il News è anche un'eccellente trattoria, una delle migliori di SoBe. Tra la Eighth e Ninth c'è **Larios on the Beach** *(820 Ocean Dr.;* vedi p. 249*)*, un ristorante cubano di proprietà della cantante

DA PROVARE: allenamento *boot camp* a South Beach

Il South Beach Boot Camp *(www.thesouthbeachbootcamp.com)* di Viktoria Telek è il posto giusto per provare la quintessenza dell'allenamento. Ne è la prova il fatto che questa istruttrice, nonché modella di fitness, nel 2009 ha vinto il concorso Hot Body Model Search dell'agenzia Wilhelmina Models ed è successivamente apparsa più volte su riviste e in spettacoli televisivi.
Il mattino, e in alcuni giorni anche alla sera, Telek tiene allenamenti di *boot camp* per i suoi allievi di vecchia data e per gli avventori occasionali in vari punti lungo la spiaggia, privilegiando l'esecuzione di esercizi per migliorare la flessibilità, l'equilibrio, la frequenza cardiaca e la forza fisica. Le lezioni prevedono esercitazioni di agilità, corsa veloce, training di base, *burpee* (combinazione di piegamento, flessione, ritorno e salto), *squat* e *crunch* a bicicletta.
Per conoscere gli orari aggiornati e i luoghi in cui si tengono le lezioni (il costo varia in base alla location) visitate il sito. Se Telek non è disponibile farete lezione con Keith Darby, suo partner al South Beach Camp Boot.

Per gli appassionati di beach volley Miami Beach offre diversi campi da gioco, per esempio quelli di Lummus Park.

di Miami Gloria Estefan. Un altro bistrò in stile cubano, **Mango's Tropical Café** *(900 Ocean Dr.;* vedi p. 249*)*, all'angolo tra la Ocean e Ninth, pulsa di notte a ritmo di musica caraibica.

SoBe's Club Scene

Arrivata sera, la scena dei locali notturni di South Beach rivolta ai giovani ha inizio. I buttafuori faranno entrare solo i più belli e trendy e, se vi è concessa l'entrata, ciò che spesso si trova sono atteggiamenti forzati, pose egocentriche, musica assordante e un disordinato (e costoso) servizio al bar. Il SoBe ha comunque alcuni posti dove l'eleganza è reale, tra loro c'è l'**Escopazzo** *(1311 Washington Ave.;* vedi p. 248*)*. Se proprio dovete sottoporvi al crudele darwinismo sociale della scena delle discoteche, fatelo a pochi passi più in là, al **Mynt** *(1921 Collins Ave., tel. 305/532-0727)*, considerato come uno dei club più per adulti in cui festeggiare fino all'alba. Jazz e alcoolici sono serviti con pari impeto al **Jazid** *(1342 Washington Ave., tel. 305/673-9372)*, un bar dall'atmosfera cordiale, stimato sia dagli abitanti locali sia dai turisti. Con musica dal vivo ogni sera, questo è uno dei posti migliori e più tranquilli di South Beach. Il bar dell'**Hotel Astor** *(956 Washington Ave.;* vedi p. 247*)*, dall'eleganza non ostentata e dalla graziosa linea aerodinamica, è difficile da eguagliare in questa zona.

Perché i mari della Florida del sud sono così azzurri

Nei climi freddi, dove l'acqua del mare con una temperatura più bassa trattiene più ossigeno e anidride carbonica dissolti, le sostanze nutritive danno luogo a dense fioriture di minuscole piante (*fitoplancton*) che nutrono microscopici animali (*zooplacton*). Questo ricco brodo, base della catena alimentare dell'oceano, spesso fa apparire torbide le acque gelate degli altri luoghi. Le correnti calde del sud della Florida contengono concentrazioni molto inferiori di gas dissolti, che le rendono inospitali al plancton. L'assenza di materia sospesa non lascia niente che possa filtrare l'intensa luce blu del sole che ricade su un mare cristallino.

Le spiagge di Miami Beach

Prima di diventare Miami Beach questa zona era Ocean Beach, dove gli abitanti di Miami arrivavano per un picnic rinfrescato dagli alisei e per nuotare nella calda Corrente del Golfo. Le spiagge che si estendono per circa 26 km dal confine di Dade County a Miami Beach hanno dato vita alla fama di questo luogo come Costa del Sol dell'America orientale. Da 5th a 15th Street, l'ampia sponda atlantica di South Beach è una zona ricreativa pubblica chiamata **Lummus Park,** un'estensione di sabbia bianca che corre verso una garbata risacca e un fondale che si inclina lentamente. Vicino a Ocean Drive, Lummus ha panchine

(continua a p. 90)

0
500 metri
0
500 iarde
Fontainebleau & Eden Roc
Bass Museum of Art
Miami City Ballet
MIAMI BEACH GOLF COURSE
ALTON ROAD
DADE BOULEVARD
Holocaust Memorial
21ST STREET
Plymouth
WASHINGTON
AVENUE
Mynt
19TH STREET
STREET
18TH
JEFFERSON
New World Center
17TH STREET
Books & Books
Lincoln Theatre
LINCOLN ROAD MALL
Ritz-Carlton Hotel
COLLINS
WEST
ALTON
Britto Central Art Gallery
MERIDIAN
EUCLID
PENNSYLVANIA
AVENUE
16TH STREET
A1A
OCEANO ATLANTICO
15TH STREET
ESPAÑOLA WAY
Clay Hotel
LENOX
MICHIGAN
Cameo Theater
14TH STREET
FLAMINGO PARK
Jazid
Escopazzo
AVENUE
DRIVE
13TH STREET
907
12TH STREET
LUMMUS PARK
11TH STREET
Wolfsonian-FIU Museum
Biscayne Bay
10TH STREET
AVENUE
Hotel Astor
Art Deco Welcome Center
9TH STREET
Mango's Tropical Café
Larios on the Beach
8TH STREET
News Café
7TH STREET
Colony Hotel
ROAD
6TH STREET
Bentley Hotel
5TH STREET
41
'The Paper Boy'
4TH STREET
Jewish Museum of Florida
3RD STREET
WASHINGTON
2ND STREET
Miami Beach Marina
1ST STREET
OCEAN
BISCAYNE ST.
NIKKI BEACH
SOUTH POINTE PARK

Itinerario a piedi: Art Déco District

Se non fosse per la Miami Design Preservation League, un gruppo per la salvaguardia dei tesori architettonici di Greater Miami, non ci sarebbe alcun Art Déco District (che va dalla 6th Street alla 23rd Street), né così tanti esempi sopravvissuti.

Numerosi hotel art déco, come il Cavalier, costeggiano il lungomare Ocean Drive, a South Beach.

Un modo per vedere alcune delle 800 strutture art déco del quartiere è partecipare a un itinerario a piedi di 90 minuti *($$$$)* guidato da un volontario dell'associazione. La visita ha inizio dall'Art Déco Welcome Center *(1001 Ocean Dr., tel.. 305/672-2014, www.mdpl.org, visite mar.-mer., ven.-dom. alle 10.30 e gio. alle 18.30)*. Potete anche percorrere l'itinerario da soli noleggiando un iPod *($$$$)* presso il centro fra le 9.30 e le 17, o usando il vostro telefono cellulare *($$$)*. In alternativa, seguite un itinerario a piacere, come quello di seguito.

Ocean Drive

Si inizia su Ocean Drive, tra Sixth e Seventh Street, per poi dirigersi a nord. Tra i più affascinanti edifici qui c'è il **Park Central**

DA NON PERDERE:

Park Central Hotel • Miami Beach Main Post Office • Hotel Astor • The Hotel

Hotel ❶ *(630 Ocean Dr.)*, completato nel 1937. I suoi piani con pavimenti alla veneziana e i gradini frontali, il vasto ingresso e i dettagli del vetro intagliato richiamano i lussuosi fondali dei musical di Hollywood del periodo antecedente alla Seconda Guerra Mondiale (la moda trasse ispirazione dai film di quell'epoca). Avventuratevi nello stupendo ingresso del piccolo **Colony Hotel** ❷ *(736 Ocean Dr.)*,

Vedi anche cartina p. 87
➤ Park Central Hotel, 630 Ocean Dr.
1-2 ore
3,2 km
➤ The Hotel, 801 Collins Ave.

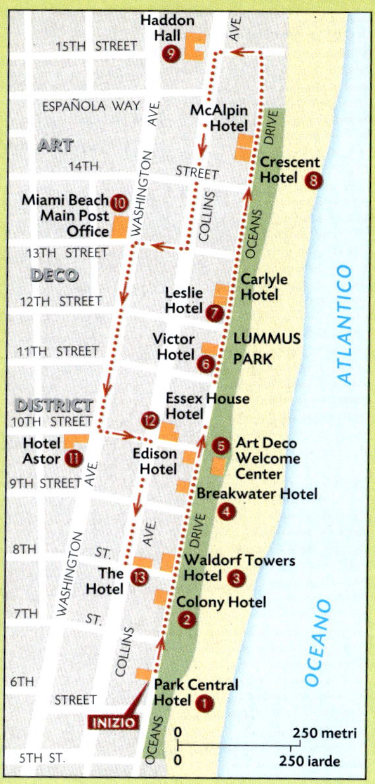

che ha un caminetto rivestito di Vitrolite verde e un murale di Ramon Chatov che romanzeggia la vita rurale dell'America meridionale. Non perdete l'incantevole piano con il pavimento alla veneziana, le lavorazioni sagomate del soffitto e le bellissime illuminazioni fisse nell'ingresso del **Waldorf Towers Hotel** ❸, situato più avanti, lungo Ocean Drive al n. 860.

Nell'isolato successivo, al n. 940, la facciata del 1939 del **Break-water Hotel's** ❹ imita un tempio maya dell'America centrale. Di notte le luci al neon sulla sua guglia di cemento portano la scritta BREAKWATER in blu intenso. Esso condivide una piscina con l'adiacente **Edison Hotel,** in revival mediterraneo, aperto nel 1935. A questo punto avrete raggiunto l' **Art Déco Welcome Center** ❺, dove potete prendere delle cartine e richiedere informazioni. Passeggiate per il centro, il cui retro si ispira al ponte di un transatlantico.

Il cubismo ha ispirato il **Victor Hotel** ❻ *(1144 Ocean Dr.)*. I puristi apprezzano il **Leslie Hotel** ❼ *(1244 Ocean Dr.)* a tre piani per la sua semplicità. Il **Carlyle** *(1250 Ocean Dr.)* fu eretto nel 1941, e il suo architetto usò l'ampio terreno per estendere lo stile déco orizzontalmente. Affiancati nei 1440 isolati ci sono due esuberanti espressioni di questo stile: il **Crescent Hotel** ❽, edificato nel 1932, e il **McAlpin Hotel,** lì accanto, completato nel 1940.

Collins e Washington Avenue

Continuate verso l'incrocio con 15th Street e girate a sinistra. Dall'altra parte di Collins Avenue, un isolato più avanti, ci sono i tre piani dell'**Haddon Hall** ❾ *(1500 Collins Ave.)*, il più bell'edificio aerodinamico della spiaggia. Camminate verso sud su Collins e girate a destra verso 13th Street. Dalla parte opposta, al n. 1330 di Washington Avenue, c'è il **Miami Beach Main Post Office** ❿, raro esempio di déco federal, che fu aperto nel 1939. I dettagli all'interno della spaziosa rotonda circolare includono un bel murale storico. Girate a sinistra e continuate per Washington Avenue. Un'altra bellezza slanciata, l'**Hotel Astor** ⓫ *(956 Washington Ave.)*, è più essenziale. Prendete Tenth Street di ritorno verso Collins Avenue. Il moderno design nautico dell'**Essex House** ⓬ *(1001 Collins Ave.)* del 1938 rappresenta l'intensa infatuazione dell'art déco per i viaggi oceanici sulle grandi navi moderne dell'epoca.

Terminate la passeggiata un po' più a sud lungo Collins al **The Hotel** ⓭ *(801 Collins Ave.)*. Con le sue guglie di metallo e i suoi neon, è una delle più riuscite espressioni dello spirito art déco sull'isola. Di recente ha riaperto come alberghetto di lusso.

South Pointe Park
Vedi cartina p. 87

Española Way
Vedi cartina p. 87

SOUTH BEACH LOCAL
Il South Beach Local, gestito dal Miami-Dade Transit, è un servizio circolare a due direzioni che serve l'intera area di South Beach.

accoglienti da cui potete osservare partite di pallavolo, ascoltare il fruscio delle fronde delle palme o rilassarvi sotto una casupola col tetto di paglia. Il parco ha un vialetto di cemento ambito dai fanatici dei pattini. C'è poco nell'ambito delle attività organizzate di spiaggia, ma chiamate la direzione centrale del parco per informazioni sugli eventi principali *(tel. 305/673-7730)*.

SUGGERIMENTO:
Non mancate di trascorrere un po' di tempo a Española Way, il centro commerciale all'aperto che si distingue per il suo carattere bohémien, accentuato dai caffè in stile europeo, dai negozi esclusivi e dalle gallerie d'arte.

- SADIE P. QUARRIER
photo editor della rivista National Geographic

South Pointe Park

Il nome ne indica la dislocazione all'estremità sud dell'isola, in fondo a Washington Avenue.
I suoi 7 ettari sono un piacevole rifugio per famiglie. Dopo un importante intervento di restauro, il parco è stato riaperto nel 2009, con una nuova installazione artistica, "Obstinate Lighthouse", opera dell'artista tedesco Tobias Rehberger. Comprende anche un campo giochi per bambini e una fontana. I visitatori apprezzano gli ampi prati del parco, anche per la straordinaria varietà di piante e arbusti, e la spiaggia a dune, parte integrante dell'ambiente originario, con splendide vedute dell'oceano.
Durante la settimana, quando la spiaggia di Lummus Park è affollata, quella di South Pointe è in genere più tranquilla, ma nei weekend diventa anch'essa una meta privilegiata per le famiglie. Incamminandovi a ovest del parco verso la Miami Beach Marina vedrete alcuni dei più incredibili yacht e megayacht che riusciate a immaginare. Qui potete anche trovare dei charter per la pesca e le immersioni.

Española Way

L'architetto Robert Taylor definì il suo complesso del 1925, in revival mediterraneo, "un rifugio per artisti e trasgressivi". Casomai, si trattava di raffinati bohémien, poiché questa fantasiosa Alhambra di vicoli privati e cortili illuminati da lampade a gas, studi di artisti, portali ad arco e strette strade è davvero elegante. Troverete i tendoni e i balconi del "villaggio spagnolo" di Taylor tra Washington e Pennsylvania Avenue, tra la 14th e la 15th Street. Sorprendentemente, i loft dei piani più alti sono davvero occupati da artisti. Sotto, a livello della strada, ci sono caffè, negozi, boutique e diverse gallerie di belle arti.
La Miami Beach Preservation League (vedi p. 102) organizza di tanto in tanto, il sabato pomeriggio, escursioni della zona della durata di 45 minuti, che di solito partono alle 14 dal **Clay Hotel** *(1438 Washington Ave., tel. 305/534-2988;* vedi p. 247*)*, del 1925.

Qui Al Capone gestiva il suo famigerato circolo di giochi d'azzardo e Desi Arnaz creò la mania della rumba. Negli anni recenti, Don Johnson, Sylvester Stallone ed Elton John hanno girato film e video in questo luogo. Per esplorare la zona, iniziate col dare un'occhiata all'ingresso del Clay, che si trova al 406 Española Way, poi gironzolate nei paraggi. Quando aprì il sipario per la prima volta nel 1938, il vicino **Cameo Theater** *(1445 Washington Ave., tel. 305/532-2667, www.cameomiami.com)* proiettava film stranieri. La facciata curva dell'edificio, con cornici scolpite a incorniciare un muro con blocchi di vetro, è puro modernismo. Di recente esso è stato utilizzato come discoteca e locale per concerti rock, attirando una folla giovane e di tendenza.

Lincoln Road Mall

La storia di Lincoln Road Mall è una classica fiaba degli inizi imprenditoriali di Miami Beach: una strada sterrata che attraversava una palude di mangrovie trasformata da un visionario operatore del settore edilizio in una passeggiata chic che ora è occupata da oltre 300 ristoranti, bar, gallerie d'arte, negozi di specialità, boutique di abbigliamento e gallerie-studio. Quando Carl Fisher, il quale si affermò come il creatore della Indianapolis Speedway, annunciò i progetti per costruire la "Fifth Avenue del sud", Miami Beach non aveva un quartiere commerciale. I residenti dovevano percorrere il lungo tragitto attraverso il vecchio ponte levatoio per fare acquisti nei

(continua a p. 94)

Lincoln Road Mall

Vedi cartina p. 87

www.nws.org

Artisti di strada intrattengono regolarmente i passanti nello spazio aperto del Lincoln Road Mall.

Art déco

Lo stile prende il nome dalla Paris Exposition Internationale des Arts Décoratifs et Industriels Modernes del 1925, una mostra di opere che rappresentava la modernità dell'epoca delle macchine. Un gruppo di designer americani, architetti e industriali applicarono di lì a poco gli ornamenti modernisti alle automobili (come la Chrysler Airflow, che fu un fallimento), agli aeroplani (come il DC-3, che volò) e persino agli accessori per cucina.

L'elegante espresso Manhattan-Chicago della New York Central, battezzato "20th-Century Limited", sembrava l'espressione della fede nazionale nel progresso. I progettisti descrissero le loro slanciate creazioni con espressioni quali moderno, aerodinamico, grattacielo e "Jazz Age", un termine coniato da F. Scott Fitzgerald. Nel contempo "art déco" rimase un termine francese, usato più spesso in riferimento ai geometrici basso-rilievi: linee parallele dritte, zig-zag, galloni a V e motivi floreali stilizzati.

Per ironia della sorte, fu la Grande Depressione che diede alla moda art déco la sua spinta maggiore. I fallimenti delle banche, le file per il pane e le chiusure delle fabbriche avevano scosso la fede degli Americani nelle istituzioni. Essi volevano che l'architettura, specie quella pubblica, i palazzi per uffici, gli uffici postali, le stazioni ferroviarie, ispirassero un'idea di miglioramento e fossero incoraggianti. Questa fu la sfida lanciata all'architetto Howard Cheney, a cui fu assegnato l'incarico di costruire il nuovo ufficio postale di Miami Beach, al 1300 di Washington Avenue, nei tardi anni '30. Ci riuscì magistralmente.

Ma cosa giustificò la straordinaria popolarità dell'art déco a Miami Beach? Alcuni dicono che la sua aria di benessere attraeva i villeggianti di Miami che lavoravano sodo ed erano stanchi dell'inverno. Altri suppongono che i classici fondamenti dello stile affascinassero gli ex-europei che erano la maggioranza dei visitatori e degli abitanti della zona, mentre l'aspetto americano ricordava loro di essere lontani dagli orrori del fascismo europeo.

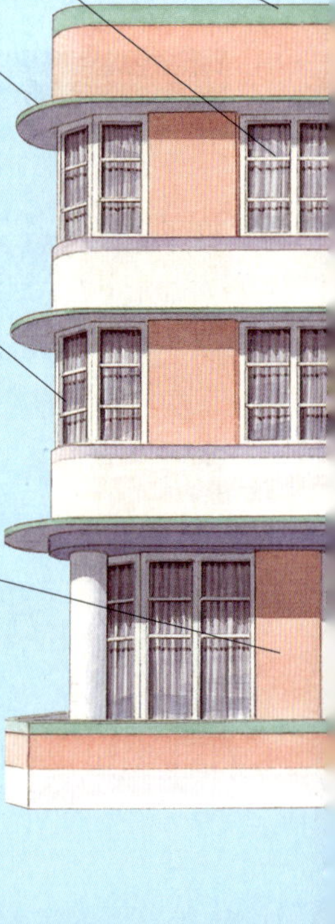

Terrazzo alla veneziana

Realizzato con granulati di marmo e pietra, questo tipo di pavimentazione fu utilizzato da gran parte degli architetti che hanno operato qui con gli stili art déco per creare pavimenti e scalinate decorate (altrove l'effetto è riprodotto qualche volta usando intarsi in linoleum). Gli storici dell'architettura ritengono che l'Art Déco District di Miami Beach contenga la più ricca collezione al mondo di questa arte decorativa.

L'art déco possiede una bellezza assertiva che molti associano a verve e fiducia in sé stessi. La teatralità persino del più piccolo degli hotel, come il "marittimo" Essex *(1001 Collins Ave.)* e il "maya" Breakwater *(940 Ocean Dr.)*, ciascuno sovrastato da una guglia che li pubblicizzava con il neon, trasuda un'attraente aria di giovanile vivacità. Nel 1940, mentre l'ingegneria sociale di Franklin Roosevelt sembrava stesse dando una svolta alle cose, l'architetto Anton Skislewicz adottò gli eroici piloni del futuro, templi che veneravano le fiere internazionali della decade per il suo albergo di Plymouth *(336 21st St.)*. Cosa importava non essere una star se potevate vivere in un edificio come l'Helen Mar *(2421 Lake Pancoast Dr.)* di Robert Collins, che si affaccia su Lake Pancoast, così chic a Hollywood, su un'oceano più azzurro e caldo del Pacifico che spazza le coste della California? Nonostante le finzioni l'art déco era pratica. Data l'umidità della Florida meridionale che fa marcire il legno, il ricorso a cemento, pietra liscia e metallo come copertura architettonica esterna consentì agli edifici art déco di resistere meglio al clima sub-tropicale. I suoi elementi - accenti creati con terracotta colorata, specchi a rosone, acciaio inossidabile, vetro in lastre, bachelite, vitrolite, vernici trasparenti, alluminio e acciaio tubolare - erano durevoli. I costruttori di Miami avevano una ricca tavolozza da cui scegliere, e la usarono per costruire inestimabili espressioni dello stile.

Stile art déco

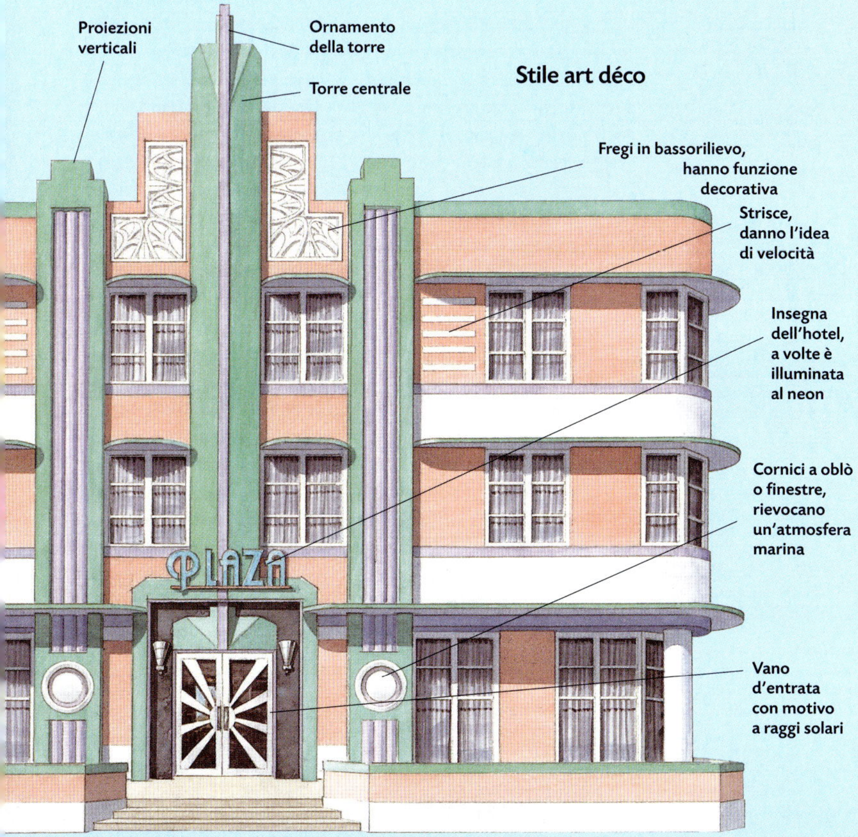

Romero Britto

Le vibranti e coloratissime opere pop e neocubiste di Romero Britto riflettono il volto multiculturale di Miami. L'artista visivo più famoso della città arrivò qui dal Brasile nel 1988 e l'anno successivo fu scelto, insieme a Andy Warhol e altri, per ideare le nuove etichette delle bottiglie di Absolut Vodka per una campagna pubblicitaria. Da allora, i dipinti e le sculture di Britto sono state esposte in tutto il mondo, persino al Louvre. A Miami le sue opere si possono ammirare al Miami Children's Museum (vedi p. 102) e sulla facciata di un palazzo multipiano visibile da I-95, nonché in abitazioni private e gallerie.

Britto Central Art Gallery
- Vedi cartina p. 87
- 818 Lincoln Rd.
- 305/531-8821

www.britto.com

New World Center
- Vedi cartina p. 87
- 500 17th St.
- 305/673-3331

www.newworldcenter.com

grandi magazzini di Downtown Miami. Il luogo scelto da Fisher per la sua nuova mecca dello shopping aveva lo svantaggio di essere sotto il livello del mare. Imperterrito, egli lo fece costruire con la sabbia drenata da Biscayne Bay, allargò e pavimentò la strada, e la chiamò col nome del suo eroe, Abraham Lincoln. Fisher sostituì le palme di cocco (che a volte facevano cadere i frutti sulle persone ignare) con palme reali. Vendette spazio territoriale a prestigiosi locatari come Saks Fifth Avenue, Bonwit Teller, Packard e Chrysler, e Lincoln Road acquisì in breve la reputazione di luogo snob.

Lo è ancora visto che il suo bazar arriva da Alton Road alla costa atlantica (la zona pedonale va da Washington a Lenox Avenue). Lasciate l'auto al parcheggio di 17th Street e passeggiate. Se vedete una folla accalcata di fronte al **Regal South Beach 18** *(1100 Lincoln Rd., tel. 305/674-6766)*, un gigantesco teatro dalle mura di vetro, è dunque l'ora dei film. Lo straordinario **Lincoln Theatre** *(541 Lincoln Rd.)*, aperto nel 1936 dalla Wometco come sala cinematografica, è oggi un teatro polifunzionale. Tra un evento e l'altro l'edificio rimane solitamente chiuso, ma la sua facciata è piacevole da contemplare.

Per un'avventura più cerebrale, visitate **Books & Books** *(933 Lincoln Rd., tel. 305/532-3222)*. Questa libreria molto popolare ospita discorsi degli autori, firma dei libri quasi ogni sera, e ha anche un invitante bar più che meritevole di una visita, il Russian Bear. È il posto ideale per sorseggiare la vostra bevanda preferita e curiosare fra le opere di scrittori del posto o di altre parti del mondo.

Per includere le arti visive, fate un salto alla **Britto Central Art Gallery.** Le gioiose opere di Romero Britto (vedi box in questa pagina), artista pop contemporaneo del Brasile, sono state esposte ovunque dalla casa Bianca alle bottiglie di Absolut Vodka. Una piccola fiera dell'antiquariato viene installata di sabato e un mercato di frutta e verdura apre ogni domenica mattina.

New World Center

Inaugurato nel 2011, il New World Center è la sbalorditiva sede della New World Symphony, l'accademia sinfonica americana. L'edificio, l'unico costruito dall'architetto Frank Gehry in Florida, accoglie posti a sedere per 756 spettatori e ospita molte sale per i concerti e per le prove.

A proposito della sua inaugurazione, il *Miami Herald* ha scritto: "Dietro una vetrata di 24 m di altezza incredibilmente trasparente, le sinuose forme firmate da Gehry, slanciate su sei piani di imprevedibili volute,

fluttuavano nella luce dei led bianchi ricordando dall'esterno le evoluzioni dei ballerini sul palco di un quadro di Picasso". Ogni giorno, dal tramonto a mezzanotte, sulla parete di 650 mq della facciata frontale dell'edificio viene proiettato un video, che può essere la diretta di concerto suonato all'interno, o un film o una video-performance artistica. Le proiezioni dei concerti del New World Symphony hanno attratto 2000 appassionati nell'adiacente **parco SoundScape**, dove la gente si gode il concerto seduta su coperte o sedie a sdraio, facendo un picnic e sorseggiando vino.
Il New World Center offre visite guidate di mezz'ora (*prenotazione richiesta, $*) il martedì e il giovedì alle 16, il venerdì e il sabato alle 12.
Il fiore all'occhiello del centro è la New World Symphony (*www.nws.org*), che ha debuttato nel 1987. Con più di 60 concerti annuali, l'orchestra porta a Miami molti musicisti rinomati quali solisti classici, compositori e direttori d'orchestra.
Fondata dal direttore artistico Michale Tilson Thomas, che è anche direttore d'orchestra, compositore e pianista, la NWS si è esibita nella Carnegie Hall di New York, nel Barbican Centre di London e nel Teatro Colon in Argentina. L'orchestra ha lavorato con direttori famosi quali Leonard Bernstein, Sir Georg Solti e Marek Janowski, come anche con i violinisti Anne-Sophie Mutter e Gil Shaham e con musicisti poliedrici come Yo-Yo Ma and Gloria Estefan.

Wolfsonian - FIU Museum

Molti trovano questo insolito museo molto affascinante. Ufficialmente il Wolfsonian esamina le "arti decorative e propagandistiche" e la "cultura materialista", un'affermazione non particolarmente significativa. Occupa un imponente edificio di sette piani in stile ispano-moresco e contiene oltre 70.000 oggetti, in prevalenza del Nord America e dell'Europa, i quali "riflettono i cambiamenti culturali, politici e tecnologici

"Lottatore", opera in alluminio di Dudley Vaill Talcott (1929), Wolfsonian-FIU Museum.

Wolfsonian - FIU Museum

Vedi cartina p. 87

Washington Ave. e 10th St.

305/531-1001

Chiuso al mattino e mer.

$$

www.wolfsonian.org

Bass Museum of Art
83 C3
2121 Park Ave.
305/673-7530
Chiuso lun.-mar.
$$

www.bassmuseum.org

che si diffusero in tutto il mondo nel secolo precedente alla Seconda Guerra Mondiale". Mitchell Wolfson Jr., erede del patrimonio della catena Wometco Theater, passò anni ad accumulare questo tesoro di mobilia, dipinti, sculture, modelli architettonici, poster, libri, oggetti di vetro, ceramiche, oggetti in ferro battuto e vari articoli effimeri, un grafico che rappresenta la febbre della psiche moderna e traccia le sue oscillazioni tra la bellezza dell'umanità e la natura bestiale. I reperti sono sensazionali ed eclettici: elettrodomestici da cucina della Jazz Age dalla forma affusolata; un adulatorio busto in bronzo di Mussolini; un flipper che esorta i ragazzini americani a uccidere i signori della guerra dell'Asse; e una versione in braille realizzata a mano del *Mein Kampf* di Hitler.

SUGGERIMENTO:
Al Bass Museum of Art potrete ammirare l'unica mummia e l'unico sarcofago egizio di tutto lo Stato della Florida.

- SILVIA KARMAN CUBIÑA
direttore esecutivo e curatore capo del Bass Museum of Art

L'edificio di 4830 mq fu eretto nel 1927 per accogliere i possedimenti dell'esclusivo gruppo aristocratico di Miami Beach durante la bassa stagione. All'interno tutto è ora moderno, con l'umidità e la temperatura attentamente controllate per preservare le migliaia di rari volumi e di fragili documenti.

Bass Museum of Art

Come l'insolito edificio del Wolfsonian (vedi p. 95), la struttura con influenze maya che ospita la collezione d'arte europea della famiglia Bass era in origine destinata a un altro uso, ossia a fungere da biblioteca e centro d'arte di Miami Beach. È costruita con "keystone", la stessa ruvida roccia grigia macchiettata, creata da eoni di sviluppo dei coralli, che giacciono sotto gran parte della Florida meridionale.
Il Bass è il depositario delle belle arti sull'isola e i suoi possedimenti includono alcuni **vecchi maestri** e un'interessante schiera di **manufatti ecclesiastici** ritenuti tra i più pregiati del loro genere nel sud-est della Florida. Non aspettatevi di vedere dipinti di fama internazionale. Troverete però opere interessanti di Peter Paul Rubens, Albrecht Dürer e Henri Toulouse-Lautrec, tra gli altri artisiti importanti. Particolarmente insoliti e rari sono il paio di immensi **arazzi fiamminghi** risalenti al 1500. Questa istituzione, curata con sollecitudine, fa un uso intelligente dei propri spazi limitati ma interessanti, con l'allestimento di varie esposizioni temporanee integrate da proiezioni di film e documentari, collegati alle esposizioni stesse, nel proprio auditorium. Il Bass si trova su un appezzamento di terreno donato a Miami Beach molto tempo fa da uno dei fondatori della città, John Collins (a cui fu dedicata Collins Avenue); il nipote architetto, Russell Pancoast, progettò l'edificio, completato nel 1930.
Osservate da vicino il trio di **bassorilievi intagliati** sopra

i portali del museo, tutti di Gustav Bohland, un membro del gruppo di architetti locali di spicco le cui opere spesso riflettono la fantasia delle mode dei prosperi anni del boom d'inizio secolo della Florida. Il rilievo centrale è il più interessante, che ritrae un pellicano stilizzato su uno sfondo di palme, foresta di mangrovie e oceano in stile art déco, meravigliosamente resi. Osservate anche da vicino, il muro esterno della costruzione e nella roccia corallina, e vedrete fossili di antiche creature marine.

Jewish Museum of Florida

Il Jewish Museum of Florida, è un archivio di notevole importanza dedicato alla sfaccettata storia della popolazione ebraica della Florida, la cui lunga storia risale a circa 250 anni fa. Il museo occupa due edifici art déco, che nel 1980 sono stati inseriti nel National Register of Historic Places.

Il suo corpo principale, che risale al 1936, era in origine una sinagoga ortodossa per la prima congregazione ebraica di Miami Beach, la Beth Jacob, e fu reinaugurato nella sua funzione attuale nel 1995 (il pavimento inclinato, che migliorava l'acustica e permetteva ai rabbini di essere ascoltati meglio, è rimasto.) Otto vetrate colorate inondano l'interno di luce sanguigna. La seconda sinagoga restaurata, costruita nel 1928-1929, fu la sede originale della Congregazione Beth Jacob. L'ex tempio è ora sede di un secondo luogo di esposizioni dove si tengono programmi per il pubblico. La mostra permanente del museo, **"MOSAIC: Jewish Life in Florida"**, è il punto focale del suo documentario culturale. Fra le avvincenti vicende rivelate vi è la poco conosciuta saga del popolo ebraico a Cuba. Non bisogna essere ebrei per apprezzare l'approccio personale del museo, che comprende fotografie di famiglia (per esempio, il bambino "Felix Glickstein su un alligatore imbottito a Jacksonville, nel 1916" e "Miss Florida, Mena Williams, a Tallahassee, nel 1885"); cimeli di famiglia come un servizio di porcellana per la Pasqua ebraica di metà XIX secolo; toccanti documenti come il passaporto cubano di Elisa Gerkes, che emigrò dalla Polonia all'Havana nel 1917 quando era bambina; e le solite bizzarrie della Florida, come il vestito ricoperto da conchiglie di mare di Fannie Moss realizzato per una festa del Purim nel 1916. Altri ricordi vi potrebbero rattristare, incluse le vecchie fotografie delle insegne d'albergo "Gentiles Only" ("solo per i non ebrei") di Miami Beach, dato che in seguito Miami Beach divenne la comunità ebraica più ampia e più piena di vitalità del Sud-Est americano. Fate in modo di non perdere i tre video storici.

Diventare parte della storia

Il Jewish Museum of Florida colleziona materiale dell'esperienza ebraica in Florida per tramandarlo alle generazioni future. Per questo il museo produce mostre che cambiano tre volte all'anno. Gli abitanti ebrei della Florida che volessero avere cimeli, manufatti e/o fotografie che fanno parte della documentazione e sono conservate al museo devono contattare il conservatore del registro *(tel. 305/672-5044 int. 3167)*.

Jewish Museum of Florida

- 83 C2
- 301 e 311 Washington Ave.
- 305/672-5044
- Chiuso lun. e festività ebraiche
- $$

www.jewishmuseum.com

Holocaust Memorial

83 C3

1933-45 Meridian Ave., tra 19th St. e Dade Blvd.

305/538-1663

www.holocaustmmb.org

Holocaust Memorial

Miami Beach, che ha una delle più estese enclave di sopravvissuti all'Olocausto in America, possiede un monumento commemorativo ai sei milioni di ebrei che perirono in Europa durante il regime nazista. Consacrato nel 1990 in una cerimonia che ospitò il premio Nobel Elie Diesel, il monumento è carico di simbolismi e ha la funzione di commemorare le vittime, confortare i sopravvissuti e assicurare che le future generazioni non dimentichino. Situato nei pressi dell'incrocio tra Dade Boulevard e Meridian Avenue, e costituito in gran parte da pietre di Gerusalemme in tinta rosata, è circondato da un vasto laghetto. A un accurato esame, i dettagli concepiti dall'architetto e scultore Kenneth Treister si impongono per creare un monumento interpretativo. Un trio di pannelli, che forma la parte di un muro semicircolare in granito nero, descrive gli eventi dall'ascesa al potere di Hitler, nel 1933, al suo suicidio a Berlino.
Seguendo questi avvenimenti si è attirati verso uno spazio chiuso che porta a un tunnel confinante con muri su cui sono incisi i nomi dei campi di sterminio. Il soffitto si abbassa man mano che si avanza a simboleggiare il senso della diminuzione di sé provato dalle vittime. Si riemerge all'aperto in una piazza circolare dove un grande **avambraccio di bronzo** alto 13 m si innalza verso il cielo: guardando attentamente vedrete come sia avvolto in un fregio di circa 100 tormentate persone ammassate in gruppi familiari. Sulla mano vi è un numero tatuato, che sulla pelle vera era una chiazza di inchiostro blu. Avventuratevi oltre e arriverete al muro del monumento con i nomi delle vittime, che ha l'intento di creare un legame tra i sopravvissuti e coloro che sono scomparsi. ■

Particolare dell'Holocaust Memorial: sculture di bronzo disposte intorno a una piazza circolare.

L'eredità ebraica di Miami

Miami ha la seconda più vasta comunità ebraica d'America dopo New York. Gli ebrei arrivarono in Florida per motivi simili a quelli che attiravano altri: tempo clemente e la possibilità di trasferirsi in una giovane economia in via di formazione. Alcuni si stabilirono nella Key West del XIX secolo, trovando opportunità nel settore del salvataggio marittimo; altri trovarono rifugio a Cuba dai progrom europei, fondando poi una compatta comunità a Miami.

Tra i primi ad arrivare furono i mercanti dal Nord-est, che videro Henry Flagler e i suoi rivali che costruivano le ferrovie sulla costa del golfo della Florida come un segno di un'economia destinata a espandersi. Nel 1912 Miami aveva un'enclave ebraica sufficientemente estesa da fondare la prima sinagoga della città, la Beth David (originariamente B'nai Zion).
La migrazione da Nord-est che creò la reputazione di Miami Beach come zona per pensionati ebrei culminò negli anni tra le due guerre. La spirale vertiginosa verso l'alto dei prezzi delle proprietà immobiliari attrasse molti e un'economia crescente creò posti di lavoro e opportunità per chi aveva un'istruzione.
Alla base di qualsiasi cosa c'era l'aura di Miami come di una città "tropicale" dal clima salubre. L'inclemente clima invernale che c'era nell'Est garantiva l'industria del turismo di Miami. Gli ebrei che provenivano dalla vasta metropoli New Jersey - New York e dall'urbanizzazione selvaggia di Chicago crearono una tradizione di soggiorni invernali, che diede vita al boom delle costruzioni di Miami Beach nei piccoli alberghi residenziali. Nel 1927 il Reform Temple Israel, tra i più belli del Paese, aprì qui, seguito nel 1929 dalla Congregation Beth Jacob, una delle prime sinagoghe di Miami Beach, oggi sede del Jewish Museum of Florida (vedi p. 97).
Con la fioritura arrivò anche l'antisemitismo: c'erano leggi restrittive che proibivano agli ebrei di affittare o comprare abitazioni in certe zone (varate dalla Corte Suprema negli anni '50); c'erano insegne di ristoranti che vietavano l'ingresso a ebrei (e a neri). I circoli sociali delle classi abbienti fecero sapere che gli ebrei non dovevano fare domanda di iscrizione. Ma le

Bimah (altare) di marmo, Jewish Museum of Florida.

famiglie ebraiche arrivarono ancora a migliaia, registrandosi negli hotel art déco di Miami Beach. La conversione di Miami in centro di addestramento militare durante la Seconda Guerra Mondiale portò migliaia di soldati da tutto il Paese. I soldati (molti non ebrei) si trovarono invitati nelle case ebraiche nei giorni di festa, e i ricordi di questa comunanza fece ritornare migliaia di loro dopo la guerra per stabilirsi qui e metter su famiglia. Intanto la popolarità di Miami Beach come luogo di villeggiatura per l'inverno continuò a crescere, e negli anni '50 le famiglie ebraiche iniziarono ad avventurarsi lontano nei quartieri di Miami e su per la costa. In un'annotazione storica poco nota, dopo l'ascesa al potere di Fidel Castro, circa 10.000 membri della comunità ebraica di Cuba abbandonarono l'isola e molti si stabilirono a Miami e Miami Beach. Oggi la comunità ebraica di Miami condivide Greater Miami con Cubani e altri immigrati caraibici. Le generazioni passano, ma gli ebrei anziani sono consapevoli di essere scampati a un passato che molti non sono riusciti a evitare e sono determinati a ricordare e ringraziare.

Strutture alberghiere e torri

Distinguendosi dal resto degli hotel a torre degli anni '50 e '60, allineati su Collins Avenue a nord di 23rd Street, nel centro di Miami Beach, ci sono i vistosi Fontainebleau e Eden Roc. Queste icone dell'epoca del boom turistico crearono e definirono uno stile architettonico americano che non può essere descritto con il lessico abituale dei critici. A contendere l'attenzione con queste stelle di lunga data c'è il nuovo sfavillante Ritz-Carlton Hotel, circa 1,5 km più a sud.

La lobby dell'Eden Roc riflette lo stile inimitabile di Morris Lapidus.

Fontainebleau
83 C3
4441 Collins Ave.
305/538-2000 o 800/548-8886
www.fontainebleau.com

Fontainebleau

Le stanze con i ghirigori di questo hotel sono state fotografate da alcuni dei documentaristi più pungenti d'America. Gli scrittori si sono sforzati di spiegare ciò che rappresenta (una cultura decadente in declino? Un'epoca americana la cui morte dovrebbe essere rimpianta? Il Cheope del kitsch?). Costruito nel 1954, rinnovato e ampliato di recente, il Fountainbleau è ancora in auge. Costoso, ben gestito e mantenuto in buone condizioni, suscita ancora l'ammirazione della gente come l'icona di un'America del dopoguerra, sicura di sé e non incline alle scuse. Altri dicono che il colosso a due torri con 17 piani, 1504 camere e suite, e un'estensione di 9 ettari sia solo un grande albergo propenso all'eccesso decorativo. Forse la creazione dell'imprenditore edile Ben Novak e dell'architetto Morris Lapidus è tutto ciò insieme:

SUGGERIMENTO:

Il Fontainebleau e l'Eden Roc si trovano parecchio a nord rispetto al fulcro della vita notturna di SoBe, ma i loro bar e locali notturni sono incredibili (e costosi). Sicuramente vale la pena di affrontare il tragitto anche per trascorrervi solo una serata.

- MATT PROPERT
fotografo di National Geographic

vistosa, splendida e sfrontata. Nonostante le critiche, Lapidus è stato soprannominato l'Architetto del Sogno Americano. Nell'avvicinarvi al Fontainebleau, passerete "in mezzo" ai campi da golf di Miami Beach e alle residenze esclusive allineate lungo il canale di Indian Creek, al di là di Collins Avenue, lungo il quale sono ormeggiati yacht e barche a vela. Se non riuscite a trovare parcheggio, usate il garage dell'albergo e girate attorno per un po', iniziando dall'ingresso con la firma di Lapidus, elementi decorativi dalla forma bizzarra che egli chiamò *woggles*. L'interesse visivo sta in queste zone, dove la moda della cultura americana del passato attira oggi una folla più giovane in un hotel tradizionalmente associato agli anziani vacanzieri. La laguna finto-tropicale compare nella scena d'apertura del film di James Bond del 1964 *Goldfinger*, in cui Sean Connery contempla il divertimento e dice: "Questa sì che è vita".

Eden Roc Renaissance Beach Resort & Spa

Altra creazione di Morris Lapidus, contemporanea e rivale dell'adiacente Fontainebleau, l'Eden Roc, con i suoi 18 piani, ha sempre dovuto sopportare il fatto di essere in qualche modo meno popolare del suo appariscente vicino. Le ripide curve del Roc saranno testimonianza perenne della sua origine di metà secolo, ma lo schema di colori brillanti, risultato di una ristrutturazione multi-miliardaria con lo scopo di attrarre una nuova generazione di fedeli, gli conferisce un fascino che va ben oltre la pura ostentazione. Al Fontainebleau, i buchi intagliati nel soffitto e le colonne a svolazzi attirano l'attenzione; nell'Eden Roc c'è la tavolozza caraibica che si nota appena entrati nell'atrio grande come una sala da ballo. In tutte le 535 camere incontrerete esuberanti spruzzi d'acqua ed esplosioni di colore.

Ritz-Carlton, South Beach

La catena Ritz-Carlton vanta adesso tre alberghi a Miami, sebbene nessuno di essi sia di classe come quello che si trova al numero 1 di Lincoln Road, a South Beach. Questa imponente struttura alberghiera ha debuttato dopo il profondo rinnovamento del DiLido, un hotel creato da Lapidus. Ma invece dell'art déco d'obbligo, esso fu progettato nello stile art moderne con linee pulite e decorazioni minime. Il Ritz-Carlton comprende un terrazzo alla veneziana nero, un "muro a bolle" nell'ingresso e inferriate in alluminio lungo le scale. ■

Eden Roc Renaissance Beach Resort & Spa

83 C4
4525 Collins Ave.
305/531-0000
www.edenrocmiami.com

Ritz-Carlton, South Beach

Vedi cartina p. 87
1 Lincoln Rd.
786/276-4000
www.ritzcarlton.com

Altri posti da visitare a Miami Beach

Bal Harbour

Fate un assaggio degli stili di vita qui presenti curiosando fra i negozi di Bal Harbour *(9700 Collins Ave.)*, un centro commerciale scintillante, aristocratico, costruito su di un sito che inizialmente non prometteva niente di buono: quello di un quartiere militare della Seconda Guerra Mondiale. Oggi il luogo è dominato da nomi della moda e gioielleria internazionale fra cui Hermes, Prada, Jimmy Choo e Tiffany. Oltre a tutte le marche dei designer tipicamente associate all'idea di ricchezza, potete divertirvi nella miriade di ristoranti.

www.balharbourshops.com 83 D5
305/866-0311

Haulover Beach Park

Non costa nulla godersi la soffice sabbia, la tiepida acqua e le vedute appartate giù lungo la costa di South Miami Beach all'Haulover Beach Park, subito a nord di Bal Harbour. La vegetazione nasconde le costruzioni degli appartamenti nell'entroterra, creando un senso di fuga. Potete noleggiare dei kayak per risalire pagaiando il fiume Oleta River lì vicino. Dal 1991, è permesso prendere il sole nudi all'estremità settentrionale del parco (le persone si comportano abbastanza decorosamente, anche se talvolta il fenomeno attira guardoni indiscreti).

83 D5 10800 Collins Ave.
305/ 947-3525

North Shore State Recreation Area

Vicino a Surfside tra la 79th e 87th Street, la North Shore State Recreation Area è una riserva di 16 ettari con dune e *sea grape* (*Coccoloba uvifera*) locale. Le passerelle portano agli spogliatoi, ai tavoli da picnic, alle buche per i barbecue e ai percorsi per le bici.

83 D5 305/993-2032

Surfside e le Sunny Isles

Nel quartiere vecchio stile di Surfside c'è l'**Harding Townsite Historic District,** sede del defunto scrittore Isaac Bashevis Singer, che apprese del suo premio Nobel per la letteratura del 1978 a colazione allo Sheldon's Drugstore, ormai chiuso. Uno sguardo al passato aleggia anche a Sunny Isles Beach, i cui alberghi d'epoca sul lungomare sono preferiti dai visitatori abituali più maturi, specie quelli provenienti dalla comunità russa di Miami (vedi box a p. 74).

83 D5

Watson Island

Sulla Watson Island, cercate la **Jungle Island** *(1111 Parrot Jungle Trail, tel. 305/400-7000, www.jungleisland.com, $$$$$)*. Il parco, parte del quale è occupato da una voliera con pennuti espatriati dalle giungle di tutto il mondo, accoglie mammiferi, primati, rettili e pesci. Ogni giorno gli animali sono protagonisti di diversi spettacoli. Di fronte alla Jungle Island c'è il museo dei bambini di Miami il **Children's Museum** *(980 MacArthur Causeway, tel. 305/373-5437, www.miamichildrensmuseum.org, $$$)*. Tra le altre cose, la struttura offre dodici gallerie, aule e un auditorium da 200 posti.

83 A2

DA PROVARE: tour architettonici

La Miami Design Preservation League offre speciali escursioni verso quartieri unici come Surfside. Ci sono tour in autobus incentrati sui dettagli degli interni e sui sottogeneri art déco, incluso il tropical déco, bizzarro richiamo alle stupende aerodinamiche navi di linea oceaniche come le ormai superate *Bremen*. Alcune escursioni vi portano all'interno di edifici con appartamenti e case private; altre visitano il mondo nascosto dei giardini tropicali privati del quartiere con le loro piante rigogliose. Per descrizioni, orari e costi dei tour speciali, andate sul sito web *www.mdpl.org*.

Spiagge disseminate di conchiglie, parchi rigogliosi e località turistiche solo a pochi minuti da Downtown Miami.

Key Biscayne e Virginia Key

Vele e bandiere dei piccoli catamarani Hobie Cat, Hobie Beach.

Key Biscayne e Virginia Key

La veduta di Miami dalla Rickenbacker Causeway è una delle migliori, anche se forse non ve la godrete finché non avrete superato il ponte e vi troverete su Virginia Key, dove una svolta sulla sinistra vi conduce a un panorama con la città al di là del mare. Ancora meglio è la lunga distesa delle Keys verso Biscayne Bay che, nonostante lo sviluppo verificatosi lungo le coste, rimane una fertile culla di flora e fauna allo stato naturale. Avventurarvi in direzione del mare, passando attraversando questa strada rialzata, vi costerà $1,50 (andata e ritorno).

Ombreggiata dalle palme, la spiaggia di Key Biscayne, nel Crandon Park, è tra le più belle d'America.

DA NON PERDERE:

- L'ecosistema della baia in mostra al Marjory Stoneman Douglas Biscayne Nature Center, Crandon Park 107
- La pesca nel Crandon Park Marina 107
- Il faro nel Bill Baggs Cape Florida State Park 109
- Windsurf sull'Hobie Beach a Biscayne Bay 110
- Lo spettacolo delle orche al Miami Seaquarium 111
- Il salmone affumicato al Jimbo's Shrimp 112

Questo tratto di circa 9 km prende il nome dal suo costruttore, l'asso dell'aviazione statunitense Eddie Rickenbacker, medaglia d'onore per la Prima Guerra Mondiale. Egli portò la sua esperienza di volo a Miami, fondò la Florida Airways Corporation nel 1926 e poi lanciò la Eastern Airlines, per quasi 60 anni una delle maggiori aziende di trasporto d'America. Anch'egli faceva pagare il pedaggio e, oggi come allora, molti lo considerano un affare perché consente l'accesso alle migliori spiagge di Greater Miami e ai principali parchi della costa oceanica.

Virginia Key

La strada che conduce verso nord dal viale del ponte fino a Virginia Key, tuttavia, non è molto invitante. Pochi cartelli indicano dove vi trovate, e avrete l'impressione di oltrepassare proprietà governative o private. Non appena raggiungete Virginia Key, noterete la lunga Hobie Beach, che prende il nome dal fabbricante dell'Hobie Cat, il veloce e piccolo catamarano. La spiaggia è amata da chi pratica il windsurf e lo stand-up paddle surf. Questo litorale è in gran parte artificiale e la "sabbia" di corallo frantumato è ghiaiosa. Nel 1992 l'Uragano Andrew colpì in modo violento la sponda sud-orientale di Virginia Key, di fronte all'Atlantico, ma le opere di restauro hanno condotto a una rinascita della zona. L'estremità meridionale dell'isola è sede dello storico Virginia Key Beach Park, fondato nel 1945, un tempo la sola spiaggia aperta agli Afroamericani a Miami. Fu chiuso dagli anni '80 del XX secolo e riaperto all'inizio del 2008, dopo ampi lavori di rinnovo.

Key Biscayne

Proseguite verso sud per visitare le spiagge pubbliche e l'area di parchi di Key Biscayne. Per prima cosa vedrete il complesso di strutture ricreative e spiagge riparate all'interno di Crandon Park, che una volta era una piantagione di cocco e ora vanta uno fra i più importanti centri di tennis e uno stadio. Poi arriva la vera Key Biscayne, località turistica un tempo frequentata dal presidente Richard Nixon. All'estremità più a sud dell'isola vi addentrerete in spiagge piene di dune e bassi boschetti del Bill Baggs Cape Florida State Park, il ritiro più remoto di Greater Miami raggiungibile via terra. ■

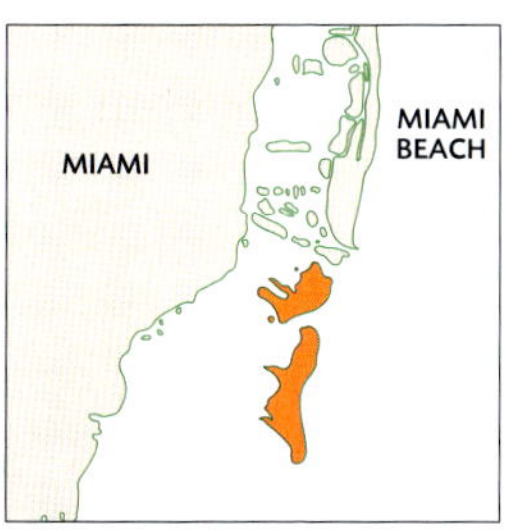

Biscayne Bay

I primi europei che visitarono queste isole furono gli spagnoli di Juan Ponce de León, le cui navi fecero rifornimento di acqua potabile nei dintorni nel 1513. Intorno al 1700 gli indiani tequesta erano stati decimati dalle malattie e i pirati, che si accampavano qui, furono sgominati dalla marina militare degli Stati Uniti solo nel decennio 1820. I cacciatori di testuggini e i pescatori di spugne operarono nella baia per il resto del secolo, mentre gli agricoltori ebbero un certo successo nella coltivazione di ananas, *key lime*, pomodori e uva. Il mogano locale fu abbattuto nei primi del 1900.

Un disastroso uragano pose fine all'agricoltura nel 1906, lasciando gli isolotti in mare aperto come luoghi di fuga per i proprietari di yacht di Miami e, durante il proibizionismo, come nascondigli per i contrabbandieri di rum cubano. Dopo la Seconda Guerra Mondiale, mentre lo sviluppo edilizio raggiungeva le Keys, qualcuno si fece portavoce della preoccupazione che le barriere coralline della baia, le creature marine, gli uccelli e la vegetazione costiera indispensabile alla loro sopravvivenza fossero in pericolo. Le cose andavano così male che una discarica lungo la costa della baia arrivò fino a un'altezza di 48 m. In pochi si resero conto che la baia era un ecosistema il cui splendore celava una delicata costituzione. In pochi notarono il diradarsi delle sue 175 specie di uccelli, in particolare dei cormorani e dei pellicani. Marjory Stoneman Douglas, giornalista e scrittrice, dedicò la sua vita alla lotta per preservare le Everglades. Nel 1947 pubblicò *The Everglades: River of Grass*, un libro che allertava sui danni provocati dallo sviluppo e sugli insensati progetti per il controllo delle alluvioni. Si mobilitarono gli ambientalisti. Quando morì nel 1998, a 108 anni, i quotidiani la consacrarono santa patrona delle Florida Everglades.

L'osservazione di una conchiglia durante il Seagrass Adventure al Marjory Stoneman Douglas Biscayne Nature Center.

Crandon Park

La Douglas manifestò anche preoccupazione per la Biscayne Bay, a nord, che definì "una delle più importanti collezioni

DA PROVARE: pagaiare in una canoa a bilanciere

Se cercate nuove opportunità per fare esercizio fisico, fermatevi al Kana Lui Miami Outrigger Canoe Club *(www.kanaluimiami.com)*, un club senza scopo di lucro di Virginia Key che invita i partecipanti occasionali a prendere parte gratuitamente alle loro uscite in canoa. È un'iniziativa che vi consentirà anche di godere del panorama del centro cittadino di Miami e della natura circostante mentre si pagaia tra gli spruzzi dell'acqua fresca dell'oceano. In diverse occasioni i canoisti hanno avuto la fortuna di avvistare squali, delfini e lamantini, ma di sicuro vedrete varie specie di uccelli e pesci. Durante le escursioni conoscerete uomini e donne locali di ogni estrazione: medici e cuochi, giovani e pensionati, tutti intenzionati a trarre beneficio da questo sport acquatico proveniente dalle Hawaii. I canoisti che frequentano regolarmente il club partecipano a gare in tutta la Florida. Le esercitazioni si svolgono due sere a settimana e il sabato mattina, con sessioni di circa due ore (ma non si pagaia per tutto il tempo). Il sito riporta gli orari prestabiliti. Per unirsi a una sessione di allenamento, indossate abiti e calzature impermeabili e presentatevi vicino al Miami Rowing and Watersports Center (3601 Rickenbacker Causeway), dove ha sede il Kana Lui. Tutti sono i benvenuti: anche i bambini, a condizione che sappiano nuotare.

di habitat naturali del Paese". Ecco perché il **Marjory Stoneman Douglas Biscayne Nature Center** di Crandon Park porta il suo nome. Il parco illustra ai visitatori l'ecosistema della baia. Una delle sue apprezzate esposizioni è il Seagrass Adventure *($$$)*, un'escursione naturalistica guidata lungo la costa atlantica di Key Biscayne. I partecipanti trascinano reti sui bassi fondali di fieno di mare catturando una serie di creature marine: gamberetti, granchi, cetrioli marini e cavallucci marini, che vengono esaminati e rimessi in acqua sani e salvi. Accanto c'è il **Crandon Park Marina** *(tel. 305/361-1281)*, un porto per barche da pesca con negozi di attrezzature per subacquei. Lungo la strada c'è il **Crandon Golf Key Biscayne** da 18 buche e par da 72 colpi *(6700 Crandon Blvd., tel. 305/361-9129, www.crandon golf.net, $$$$$ quota per il campo)*. Sette laghi salati, molti bunker, boschetti di mangrovie, una buca a pelo d'acqua su par da 5 colpi con curve brusche e una fiancheggiata dall'acqua creano sufficienti difficoltà per classificarlo tra i migliori campi di golf della Florida e farne una tappa del Senior PGA Tour. Affermati professionisti teste di serie frequentano lo stadio da 7500 posti con 27 campi del **Crandon Park Tennis Center's.** La principale attrazione è una spiaggia di 3 km *(tel. 305/361-5421)* classificata tra le dieci migliori d'America. La sabbia è soffice, l'acqua calma; tra gli altri aspetti positivi: un sinuoso lungomare, aree per picnic, ampio parcheggio. La spiaggia è del tipo laguna o con frangenti a basso impatto, con una costa che digrada, da una profondità guadabile fino a 19 m, a seconda della marea. Tredici postazioni per i bagnini vigilano su di voi. Al **Crandon Family Amusement Center** c'è una giostra del 1949 ristrutturata, una pista di pattinaggio vecchio stile e altri divertimenti d'epoca. ■

Crandon Park

Cartina p. 105
Key Biscayne

Marjory Stoneman Douglas Biscayne Nature Center

Cartina p. 105
6769 Crandon Blvd., Key Biscayne
305/361-6767
Parcheggio $

www.biscaynenaturecenter.org

Bill Baggs Cape Florida State Park

Nessuno sa quante navi giacciono sui fondali al largo di Cape of Florida, il nome che Ponce de León diede alla distesa meridionale di Key Biscayne. Bassa, sabbiosa e tranquilla, non mostra segni dei pericoli che si trovano al largo, responsabili di centinaia di disgrazie: barriere sommerse e secche, correnti impetuose, venti variabili, uragani. Nel 1825 fu costruito un faro e, sebbene i marinai sostenessero che la fievolezza della lampada a petrolio aumentasse il rischio di naufragio, la luce segnò l'inizio della transizione della Florida meridionale dall'essere una frontiera pericolosa.

Costruito nel 1825, il faro di Cape Florida è sopravvissuto alla guerra, agli incendi e agli uragani.

Il faro appare e scompare sopra gli alberi mentre vi avvicinate al parco. La sua vista è ancor più affascinante per il fatto di essere una deviazione così brutale dalla cultura dei condomìni di Key Biscayne. La politica di Stato è di gestire le riserve pubbliche in modo che appaiano, per quanto possibile, come le videro i primi europei. Oggi, passerelle in legno scolorite si insinuano tra la vegetazione verso spiagge che si estendono per oltre 1,5 km e un sentiero naturalistico che si snoda attraverso l'alta sterpaglia.

Cosa fare e cosa vedere

Un **percorso naturalistico** per camminare/andare in bicicletta

si estende ad anello attraverso bucolici boschetti tra i parcheggi e l'argine sul margine della baia che protegge la bassa lingua di terra dalle mareggiate. Partendo dalla zona di parcheggio più settentrionale del parco, esso si snoda a ovest e segue l'argine sud per ritornare vicino a un parcheggio e a un molo per la pesca a poca distanza dal faro. È una gradevole passeggiata che richiede non più di 30 minuti per completare il percorso.
Il **faro** - una bianca torre di mattoni di 153 m - tiene ancora lontani i naviganti da questo insidioso tratto di mare, ma rimase spento per alcuni anni. Nel 1836, Key Biscayne aveva attratto numerosi coloni. Quell'estate, durante la seconda guerra seminole - una rivolta contro l'invasione dei coloni e il trasferimento forzato nelle riserve dell'Ovest - i seminole colpirono come un commando, arrivando con le canoe e assediando il faro, che tentarono di incendiare, e uccidendo uno dei suoi due guardiani.
Il faro venne riacceso solo nel 1842 e chiuso nuovamente dai confederati durante la guerra civile fino al 1866. Visite guidate due volte al giorno *(alle 10 e alle 13)* dal giovedì al lunedì, limitate alle prime dieci persone che si presentano (è necessario avere più di 8 anni); arrivate 30 minuti prima per salire in cima al faro.
La **spiaggia** termina vicino al vecchio pilastro di mattoni. A est, oltre una bassa cresta di onde battenti, si estende l'Africa; a sud, le isole di mangrovie in gran parte disabitate del Biscayne National Park sembrano basse sagome all'orizzonte. Come la riva di Crandon Park, 3 km a nord (vedi p. 107), questa spiaggia di 2 km ha un posto quasi permanente tra quelle più altamente considerate d'America nei sondaggi turistici. Alcuni fanno snorkeling in mare aperto sotto lo sguardo vigile dei bagnini, i subacquei emergono e si inabissano più avanti e le famiglie si riuniscono per i barbecue all'ombra dei 18 padiglioni coperti per picnic. Se non disdegnate uno spuntino senza troppe pretese, provate il bar del faro nel parco, una trattoria con tavoli all'esterno da cui si gode una piacevole vista sull'oceano. Nello stabile a fianco si noleggiano biciclette, roller, pedalò, kayak, tavole da windsurf, sdraio e ombrelloni.
Se arrivate al parco sotto vela, potete gettare l'ancora nella **No Name Harbor,** dov'è disponibile l'ormeggio per la notte *($$$$)*, e fare visita al faro. ■

SUGGERIMENTO:

Assaggiate i *majuas* del Lighthouse Café. Sono dei pesciolini che vengono passati nella farina piccante, fritti interi e serviti con lime e tabasco. Sono favolosi, ma non li trovate sul menu: dovete chiederli!

- JOHN DUFRESNE
autore e docente della Florida International University

Bill Baggs Cape Florida State Park

Cartina p. 105
1200 S. Crandon Blvd.
305/361-5811
$$

www.floridastateparks.org/capeflorida

Da Hobie Beach a Key Biscayne

Sebbene Hobie Beach non sia né isolata né particolarmente bella, la sua comodità la rende una meta affermata per le famiglie e ne attira a centinaia sui suoi tavoli da picnic. Uno dei risultati è che il tratto di terra tra la Rickenbacker Causeway e la zona residenziale in mezzo a Key Biscayne è una baraonda di attività di noleggio. Troverete concessionari ansiosi di noleggiarvi una bicicletta, un windsurf, uno stand-up paddleboard o una moto d'acqua e, più avanti lungo la strada verso la Key Biscayne Marina, una barca a vela in grado di ospitare per la notte un seguito di amici.

Le acque aperte ma riparate di Biscayne Bay si prestano a uscite in barca quando soffia il vento.

Hobie Beach
Cartina p. 105

Brezze costanti fanno di Hobie Beach, su Virginia Key dal lato di Biscayne Bay, un luogo ideale per il windusrf. Nessuno dice che questo meraviglioso passatempo sia facile da imparare, ma il bello è che non è pericoloso, e anche se si cade (il che succede spesso) c'è sempre qualche sostegno a cui aggrapparsi.

Il fondale del mare qui è un cimitero marittimo e le sue basse acque calde rendono le immersioni alla ricerca di relitti tranquille e sicure. A Key Biscayne, le immersioni per cercare relitti sono il piatto forte nel menu delle escursioni di una sola giornata del Divers Paradise *(4000 Crandon Blvd., tel. 305/361-3483, www.keydivers.com)*, un negozio di attrezzature per l'immersione subacquea che opera fuori dalla Crandon Park Marina (vedi p. 107). Biscayne Bay, le cui isole della

SUGGERIMENTO:

Percorrete in bici o in moto la Rickenbacker Causeway fino a Key Biscayne, fermandovi a mangiare il gelato e a osservare la gente a Hobie Beach. Dista solo pochi chilometri e la vista è incantevole.

- SADIE P. QUARRIER
photo editor della rivista National Geographic

barriera bloccano le ondate dell'Atlantico, è l'ideale per prendere qualche lezione di vela: dopo un'ora di introduzione alla navigazione a vela, sarete al timone. Un'ottima scuola, per disabili e non, è Shake-A-Leg Miami *(2620 South Bayshore Dr., tel. 305/858-5550, www.shakealegmiami.org)*, che opera a Coconut Grove proprio al di là di Biscayne Bay. Insegna i rudimenti, comprese le dinamiche dell'imbarcazione, la sicurezza della barca, il viramento e la strambata, e l'interpretazione del tempo. Lezioni individuali sono disponibili su prenotazione e sono fatte su misura a seconda dei bisogni specifici e degli orari dei partecipanti.

Miami Seaquarium

Quando le orche - creature carnivore bianche e nere note anche come balene assassine - che risiedono nel Seaquarium saltano su dalle enormi piscine di acqua salata su ordine dei giovani addestratori, si inarcano nell'aria con grazia, e ricadono pesantemente col ventre nel loro mondo blu, ci si rende immediatamente conto di quanto incutano timore, siano possenti ed estremamente intelligenti. Sono le star, insieme a un cast di contorno formato da otarie, delfini e un gruppo di trichechi, di questa attrazione di lunga data. Il complesso di oltre 15 ettari comprende alcune interessanti esposizioni sulla vita dell'ambiente marino, fra cui un habitat di barriera corallina. Durante la bassa stagione, umida e afosa, valutate se non sia meglio assistere a uno spettacolo serale.

Virginia Key Beach Park

Miami è una delle città più eterogenee degli Stati Uniti, pertanto è difficile credere che qui una volta fosse in vigore la segregazione razziale. Virginia Key Beach aprì nel 1945 come l'unica spiaggia della città "a uso esclusivo dei Negri", dove gli Afroamericani potevano nuotare, prendere il sole, fare grigliate e organizzare giochi e gare. All'inizio degli anni '60 ai neri fu permesso di far visita a qualsiasi spiaggia di Miami, e negli anni '80 la cosiddetta"Spiaggia di Colore" venne chiusa. Per decenni, solo pochi residenti e turisti che percorrevano guidando velocemente la Rickenbacker Causeway verso Key Biscayne si sono resi conto che Virginia Key era un tesoro culturale. Nel 2002, è stata aggiunta al National Register of Historic Places. La spiaggia è stata riaperta nel 2008. Oltre a potersi rilassare sotto il sole, gente di tutte le razze può fare una passeggiata sulla passerella in riva al

Miami Seaquarium

Cartina p. 105
4400 Rickenbacker Causeway, Virginia Key
305/361-5705
$$$

www.miamiseaquarium.com

Virginia Key Beach Park

Cartina p. 105
4020 Virginia Beach Dr., Virginia Key
305/960-4600
$ (fine settimana e festivi)

http://virginiakey-beachpark.net

Al Jimbo's Shrimp sono state girate varie scene di film e serie televisive.

Jimbo's Shrimp
Cartina p. 105
Duck Lake Rd., Virginia Key
305/361-7026
www.jimbosplace.com

mare fino a una delle più antiche comunità di mangrovie costiere sopravvissute. Nei weekend e nei periodi di vacanza, i visitatori del parco possono fare un giro sulla vecchia giostra e su una copia dell'antico trenino.

Jimbo's Shrimp

I pescatori sono fra le persone che lavorano più duramente sull'isola. E, fra loro, nessuno trascorre una giornata più lunga dei pescatori che scandagliano le acque della Florida in cerca dei gamberetti. Uno degli esponenti più insigni nella società di cercatori di gamberetti di Miami è James Luznar, soprannominato Jimbo, che da oltre mezzo secolo è il proprietario di Jimbo's Shrimp. Il luogo ebbe origine come una base per scaricare le prede catturate nella pesca a strascico; in seguito divenne una birreria con campo per giocare a bocce e un affumicatoio di salmone. Comprate un pezzo di salmone insieme a una birra per smorzare il suo retrogusto oleoso, sedetevi fuori, al tavolo da picnic, e godetevi una conversazione con Jim e i suoi amici intimi coi visi segnati dagli agenti atmosferici. ■

In mountain bike a Virginia Key

Il **Virginia Key North Point Trails**, un complesso di itinerari per le mountain bike (*4201 Rickenbacker Causeway, www.virginiakeybicycleclub.com, $$*), si trova all'estremità nord nel territorio del Virginia Key Park. Aperto nel 2011, è subito diventato un luogo di tendenza per fare sport all'aperto a Greater Miami. Gli 11 km di percorsi sono stati concepiti per ciclisti principianti, intermedi e per i professionisti. Le dieci piste sono in gran parte protette da fitto fogliame, che avvolge i ciclisti in un'altra dimensione, anche se di tanto in tanto attraverso qualche spiraglio s'intravedono scorci della giungla urbana dall'altra parte della Biscayne Bay. Le chiome degli alberi offrono anche protezione dal caldo intenso del sole e riparo temporaneo dagli scrosci della pioggia. I ciclisti potranno apprezzare i saliscendi delle colline, rari in una città per il resto pianeggiante.
Anche se non andrete in bici, guidando dalla città all'acquario di Miami sulla Virginia Key, vedrete gente che corre e che va in bici. Risalgono la Rickenbacker Causeway, il punto più alto della città, per un corroborante "allenamento in collina".

È il primo sobborgo di Miami, creato nel 1873 dai pionieri attratti dall'offerta di terreni agricoli gratuiti lungo Biscayne Bay.

Coconut Grove e dintorni

Tromba delle scale, Vizcaya Museum & Gardens.

Coconut Grove e dintorni

Nel 1873, i pionieri attratti dall'offerta di terreni agricoli gratuiti si stabilirono lungo Biscayne Bay e fecero domanda per la concessione di un ufficio postale con il nome di Coconut Grove: nacque il primo sobborgo di Miami. Il torpore rurale caratterizzò la vita del luogo fino all'arrivo dei treni di Henry Flagler a Miami, che portarono numerosi turisti, molti dei quali tornarono per viverci. Le loro case furono edificate da una comunità di operai e artigiani delle Bahamas, da cui portarono, oltre alla famiglia, il mestiere di costruttori di navi e falegnami.

Una coppia di inglesi, Charles e Isabella Peacock, aprirono il primo hotel di Cocoanut Grove, il Bay View House, nel 1884. Entro la metà del decennio 1890 Cocoanut Grove aveva uno yacht club, che ancora oggi dà alla comunità un tono di opulento ozio, mentre nel contempo acquisiva uno spaccato di popolazione cosmopolita: industriali del Nord, nobili europei espatriati, sudisti perseguitati desiderosi di riaffermarsi dopo la Guerra civile, e una comunità di pescatori delle Bahamas che con i conterranei muratori fondarono un quartiere a Little Bahama: Kebo. Cocoanut Grove perse la sua "a" nel nuovo secolo, ma mantenne la natura di paesino che lo distingue dallo stile mercantile della Miami del centro. Questa distinzione è forse la ragione principale per cui i residenti del Grove - come lo chiamano i locali - diranno di vivere a Coconut Grove invece di Miami, anche se il Grove fu incorporato nella Greater Miami nel 1923. I confini del Grove sono indistinti, ma il suo segno visuale specifico comprende affascinanti vecchie abitazioni in roccia corallina arretrate rispetto a Brickell Avenue su ampi prati; la lussureggiante vegetazione che conferisce alle strade residenziali laterali un'aria di isolamento abbellita da interventi di architettura del paesaggio; e i lussuosi condomìni sotto forma di templi maya che si affacciano su foreste d'alberi di barche a vela al Dinner Key Marina, dove gli ultimi idrovolanti "clipper" della Pan Am si alzarono in volo verso l'America meridionale.

DA NON PERDERE:

- Una passeggiata nei magnifici Vizcaya Museum & Gardens, lascito di John Deering **116-119**
- Le esposizioni interattive del Miami Science Museum **120**
- Un giro per acquisti e una cena al CocoWalk **121**
- Miami City Hall, storica base marina della Pan American **123**

Il più pittoresco itinerario di accesso da Downtown Miami è o attraverso Brickell o South Miami Avenue partendo dal centro dopo l'entrata per la Rickenbacker Causeway, dove le due strade si fondono nella South Bayshore. L'itinerario vi porta lungo un viale curvo, fiancheggiato da palme con vedute sui prati del parco verso Biscayne Bay. I palazzi a più piani verso la parte interna di Bayshore comprendono alcuni degli alloggi più ambiti di Miami: appartamenti in condominio dalla raffinata architettura la cui qualità di progettazione ha stabilito gli standard per i proprietari di case di lusso in comproprietà di tutta l'America.

Un giro al Grove

Se visitate Coconut Grove in auto troverete inevitabilmente la strada verso il suo indaffarato quartiere dei centri commerciali, dominato da un complesso di tre livelli, con struttura a corte, pieno di negozi, bar, boutique e bistrò noto come CocoWalk. Lo spettro qualitativo è ampio, dal kitsch

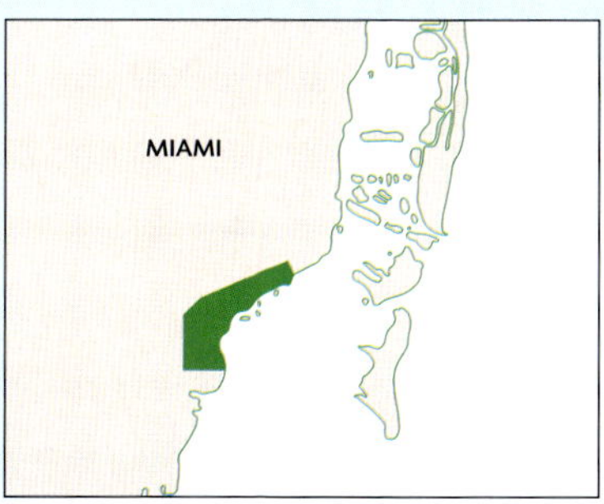

al collezionabile, con l'alta moda come norma nell'altro centro commerciale, il Mayfair in the Grove. I ristoranti di CocoWalk riflettono la varietà di Greater Miami, offrendo menu di pietanze caraibiche, cubane e del Centro e Sud America, tradizionale cucina francese e italiana. In fin dei conti, è la miscela di ozio e il languore della varietà della vegetazione del Grove che risulta più seducente. Tra i facoltosi nordisti che furono presi dall'entusiasmo di costruire dimore lungo Brickell Avenue alla fine del secolo scorso, nessuno fu più estasiato dalla vita nella Florida meridionale dell'industriale James Deering. La sua villa Vizcaya con i giardini è l'espressione del desiderio di un'esotica fuga tropicale, che ha portato milioni di persone in Florida. ■

Vizcaya Museum & Gardens

Un tempo rifugio di un uomo solitario, Vizcaya apre i suoi cancelli a circa 185.000 persone l'anno. Nel 1994 accolse 34 governatori che partecipavano al summit delle Americhe, sfoggiando un'opulenza in grado di competere con i palazzi di stato di tutte le nazioni presenti. Ciò nonostante questa tenuta rimane un posto personale, una fantasia come nessun'altra, eccetto forse per Enchanted Hill di William Randolph Hearst a San Simeon in California.

Vizcaya Museum & Gardens

- Cartina p. 115
- 3251 S. Miami Ave.
- 305/250-9133
- Chiuso mar.
- $$$

http://vizcaya.org

James Deering era un vice presidente in pensione della International Harvester Company, i cui trattori e macchinari agricoli sferragliavano attraverso i terreni delle fattorie americane a decine di migliaia. Egli era anche un erede della compagnia, che fu fondata da suo padre. Scapolo immerso in un'irresistibile passione per l'Europa rinascimentale, James era abbastanza ricco per fare ciò che desiderava. Acquistò 73 ettari sull'acqua nella parte nord di Coconut Grove e ingaggiò tre architetti di cultura classica perché costruissero una villa rinascimentale italiana e un giardino tradizionale come quelli che aveva visto nelle sue odissee europee, insieme a un paesino sullo stile di quelli dell'Italia settentrionale, funzionante per dare alloggio al suo personale. Egli voleva che la villa desse l'impressione di essere lì fin dal XVI secolo, occupata da generazioni successive di una nobile famiglia italiana. Come nome egli scelse una parola basca che descrivesse il luogo, che declinava dolcemente per affacciarsi sulla baia da una piccola altura: Vizcaya ("un posto elevato").

La costruzione iniziò nel 1914, e quando fu completata due anni dopo i suoi ospiti furono strabiliati da ciò che un esercito di mille lavoratori, il 10 per cento della popolazione della Miami dell'epoca, aveva costruito. Deering li condusse attraverso un palazzo di tre piani con 34 stanze piene di tesori che spaziavano dal XV al XIX secolo: mobilia, arazzi, tappeti, dipinti su legno, soffitti, mensole, cornici delle porte, oggetti in ferro battuto, sculture e dipinti. La massiccia struttura di cemento armato della villa fu nascosta sotto stucco dipinto e pietra calcarea. All'esterno, tagliato da una giungla di mangrovie e legno duro, c'era un giardino a terrazze di 4 ettari che mescolava gli stili delle

Vizcaya Museum & Gardens

proprietà italiane del XVI e XVII secolo sui pendii, con quelle della Francia del XVII secolo, un posto sereno di fontane sgocciolanti, con una stagno riflettente e sentieri con statue che non sarebbero stati finiti fino al 1921. Al largo, fiancheggiata da due moli (uno per lo sbarco degli yacht, l'altro una casa da tè), c'era un'isola scolpita in modo elaborato, chiamata Great Stone Barge, che ricordava le gondole per l'incoronazione dei dogi veneziani. Per la manutenzione c'era uno staff di domestici che vivevano nelle camere del secondo piano e nel villaggio italiano, con una fattoria e del bestiame. Un sistema telefonico privato nascosto permetteva al magnate e ai maggiordomi di coordinare il suo elaborato mondo di finzione quasi reale.

Ermita de la Caridad

Poco più a sud dell'ingresso, vicino al Mercy Hospital, troverete uno dei monumenti più commoventi della città per la "perdita" di Cuba, un punto panoramico che persino dopo più di 50 anni desta negli esuli cubani di Miami il desiderio di tornare immediatamente sull'isola per rivendicare la restituzione delle proprietà confiscate. Essi furono la forza motrice di questo santuario conico di 27 m, chiamato Ermita de la Caridad (Eremo della Carità; *cartina p. 113, 3609 S. Miami Ave., tel. 305/854-2404*), che dovrebbe ricordare un faro ed è progettato affinché coloro che qui assistono alla messa siano rivolti verso Cuba. Un murale sovrastante la base circolare del santuario ritrae la tormentata storia di Cuba. Il santuario occupa una graziosa e tranquilla parte dell'ex rifugio di Deering, e si affaccia su un lembo di terra particolarmente bello di Biscayne Bay - che lo rendono un punto incantevole per fare una pausa di meditazione.

La salute di Deering, tuttavia, era cagionevole ed egli di rado partecipava alle cene servite agli ospiti con la porcellana rifinita d'oro di Vizcaya. La sua amata baronia era a malapena completata quando egli morì nel 1925, lasciando alcuni membri dello staff a prendersi cura di essa per i suoi eredi. Un violento uragano colpì Miami l'anno seguente, devastando la città e danneggiando la villa e i suoi giardini. Col tempo la proprietà divenne troppo impegnativa e gli eredi vendettero tutto tranne 11 ettari. Nel 1952 essi la diedero alla Dade County in cambio di un milione di dollari in obbligazioni a redditività, e regalarono alla contea gli oggetti d'arte e l'arredamento della villa. Le decadi successive portarono rilevanti opere di restauro, inclusa una recinzione di vetro per isolare la corte aperta della villa in modo che la casa e il suo contenuto potessero essere preservati da un sistema di controllo del clima e dell'umidità. Nel 2005 gli uragani Katrina e Wilma devastarono Vizcaya, anche se la ripresa è stata davvero notevole.

Esplorando Vizcaya

Il miglior modo per esplorare l'enorme dimora e i giardini è con la compagnia di una guida *(visite quattro volte al giorno)* esperta del luogo, in grado di trasmettervi non solo le informazioni ma anche lo spirito che ne ispirò la creazione, tutto in una vivace visita di 45 minuti. Se preferite girovagare da soli, prendete una copia del "Museum and Gardens Guide & Map," con le planimetrie dei piani, di un itinerario suggerito per una visita e di descrizioni dettagliate.

Gli arredi sontuosi della Music Room, dove si tenevano numerosi concerti per gli ospiti.

Ecco le cose da non perdere: la **Entrance Hall** (sala d'ingresso), le cui strisce di carta da parati furono stampate con blocchi di legno e dipinte a mano a Parigi nel 1814, e il soffitto della **Reception Room's** (salone), con intonaco tinto, di un palazzo veneziano. Nella **Living Room** (soggiorno) il camino del XVI secolo, il tripode romano in marmo vecchio di 2000 anni, e un rarissimo tappeto spagnolo del XV secolo. Nella **East Hall** c'è un soffitto a cassettoni italiano del XV secolo e tegole araldiche in terracotta. Mura dipinte e pannelli sul soffitto della **Music Room**, con decorazioni dal palazzo della nobile famiglia milanese, i Borromeo, il cui membro Carlo, è un santo.
I due arazzi del XVI secolo nella **Dining Room** (sala da pranzo), un tempo appartenenti ai poeti Robert ed Elizabeth Barrett Browning, che ritraggono la vita di Mercurio, messaggero delle divinità romane. La tavola di marmo nella sala è dell'epoca romana, del I secolo d.C. Nella **Tea Room**, cancelli di bronzo e ferro battuto si aprono sul cortile, un altro tesoro che faceva in origine parte di un palazzo veneziano. Il **Butler's Pantry** (ripostiglio del maggiordomo), in cui sono esposti la porcellana e i cristalli da cerimonia di Vizcaya. La **Manin Room**, che è decorata nello stile dell'Austria del XIX secolo. La **Pantaloon Room**, che rispecchiava gli allegri stili bucolici della Venezia del XVIII secolo.
Il **Vizcaya Café**, moderna amenità con poca dell'opulenza della villa, è un posto gradevole in cui riposarsi dopo la visita. Il negozio degli articoli da regalo vende prodotti artigianali italiani fra cui ceramiche e gioielleria. Talvolta il giardino è aperto per visite al chiaro di luna, dalle 18. ■

Miami Science Museum

A Miami i genitori che cercano di introdurre i figli alle novità del mondo li portano al Miami Science Museum, un doppio spettacolo di storia naturale e misteri cosmici situato nei pressi della tenuta di Vizcaya, poco più sud dell'entrata alla Rickenbacker Causeway.

Un'aquila testabianca al Falcon Batchelor Bird of Prey Center.

Miami Science Museum

Cartina p. 115
3280 S. Miami Ave.
305/646-4200
$$$
www.miamisci.org

Le esposizioni itineranti sul territorio nazionale iniziano dalle basi: gravità, luce e suono, e si muovono gradualmente dalle tecnologie elementari all'high-tech. È pensato per i giovani; gli adulti senza bambini al seguito potrebbero trovarlo banale. C'è comunque parecchio materiale interessante per chiunque.

Il rilevatore di energia

Al Miami Science Museum troverete delle mostre interattive che mettono in scena l'energia. Una della più popolari è la "Energy Dance Floor" la pista da ballo dell'energia. Quando ragazzi e adulti ci saltano sopra, il pavimento assorbe e converte l'energia in elettricità che alimenta le luci colorate che lampeggiano attorno a loro. L'installazione comprende un'altra pista da ballo con una videocamera termica che mostra come i corpi dei ballerini emanano energia in forma di calore.

Una delle esposizioni permanenti del museo è quella delle "Smithsonian Expeditions: esplorando l'America Latina e i Caraibi", nella quale i bambini scoprono rari tesori. I bambini possono essere attratti anche dalla seconda mostra permanente, la "Newton's Notions: forza, movimento e tu". Il **Miami Planetarium** prevede proiezioni giornaliere riguardanti le stelle nella sua cupola di 20 m, dove potete inclinarvi nell'oscurità e osservare il movimento delle costellazioni e l'evolversi dell'universo. Il primo venerdì del mese è previsto uno spettacolo di luci con in sottofondo brani di Pink Floyd, Beatles, Bob Marley e altri musicisti. Al venerdì sera, tempo permettendo, il museo ospita osservazioni al telescopio gratuite (chiamate in anticipo per sapere qual è l'obiettivo celeste, dato che cambia regolarmente). Il museo concentra anche l'attenzione sul mondo naturalistico della Florida meridionale, accogliendo un serraglio di creature esposte nella piccola recinzione di vita allo stato naturale. In aggiunta il **Falcon Batchelor Bird of Prey Center** ospita e riabilita aquile, falchi pescatore, gufi e falconi feriti che sono stati salvati dalla foresta. All'inizio del 2015 il museo sarà trasferito in una nuova sede attualmente in costruzione nel centro di Miami, il Museum Park. ■

Nei dintorni di Coconut Grove

Chiedete indicazioni per il centro del Grove, e se la persona è beninformata vi indirizzerà a South Bayshore verso la rotonda che la unisce con la Main Highway a Grand Avenue. Questo distretto centrale ha una densa concentrazione di ristoranti, negozi e piccole attività commerciali che è facile da esplorare a piedi. Chi ama il CocoWalk, il grande magazzino all'altezza di Virginia Street e Grand Avenue, ritiene questo complesso multipiano ricco di locali e negozi alla moda il vero centro del Grove. La pensano così anche gli affezionati frequentatori del Mayfair in the Grove.

Lontano dal centro dei negozi al dettaglio del Grove, potrebbe essere più pratico esplorare la zona in auto.

Siti interessanti

Visitate il quartiere Silver Bluff lungo South Bayshore Drive, dove gli isolati numerati dal 1600 al 2100 possiedono residenze che spiccano dal punto di vista architettonico, progettate nella decade successiva alla Prima Guerra Mondiale. Cercate la pietra calcarea che affiora, una sporgenza del crinale costiero dell'Atlantico un tempo calpestato dalle creature le cui ossa giacciono nella Deering Estate (vedi p. 138). A poca distanza, verso sud, al 2484 South Bayshore, c'è una dimora in stile revival mediterraneo costruita nel 1923, ora di proprietà del Coral Reef Yacht Club.

Andate alla ricerca dei cottage edificati durante la fioritura del XIX secolo della comunità Bahamiana di Coconut Grove, che sopravvivono a **Charles Avenue** *(tra S.W. 37th Ave. e Main Hwy.)*. Hanno una struttura lunga e stretta, con le camere che si aprono su un atrio laterale che va dalla parte anteriore alla posteriore.

DA PROVARE: correre o camminare alla 5 km o alla Maratona di Miami

Per mantenervi in allenamento in vacanza, non c'è posto migliore di Miami-Dade County per trovare una 5 km da percorrere camminando o di corsa. Negli ultimi anni qui si sono moltiplicate le gare di resistenza e le camminate/corse a fini benefici. Dato che in questa regione è l'inverno la stagione secca e fresca, la maggior parte delle competizioni è organizzata da novembre ad aprile e quasi ogni fine settimana ce n'è una.

Se preferite qualcosa di più impegnativo, pianificate la vacanza a gennaio, quando si tengono la maratona e la mezza maratona (con cadenza annuale). Nel 2011 in 17.000 si sono cimentati sul tragitto che passava per Coconut Grove, il centro di Miami e Miami Beach. Per ulteriori informazioni e gli orari visitate il sito *www.active.com* (cercando Miami) o *www.runmiami.com*.

Recatevi a uno degli edifici del passato più splendidi di Grove, la **Plymouth Congregational Church** in pietra, in stile missione vicino alla Main Highway *(3400 Devon Rd., tel. 305/444-6521, www.plymouthmiami.com)*. È opera di un muratore spagnolo, terminata nel 1917 quando la moda di ispirazione californiana dilagava nel Paese. Notate la porta della chiesa, intagliata a mano da tavole di noce disposte su quercia,

Mayfair in the Grove

Cartina p. 115

Mary St. e Grand Ave.

Barnacle Historic State Park

- Cartina p. 115
- 3485 Main Hwy.
- 305/442-6866
- Chiuso mar.-gio.
- $

www.floridastateparks.org/thebarnacle

prese da un monastero del XVII secolo nei Pirenei. I giardini di 4 ettari includono una canonica, completata nel 1926, e il primo edificio scolastico di Dade County, con un'unica stanza costruita nel 1887 con legno recuperato da relitti. Essa fu trasferita qui nel 1970 dal sito originale vicino a Peacock Inn (che non sopravvisse).

Visitate il **Barnacle Historic State Park,** un terreno di 2 ettari con piante dal legno duro della Florida che circonda la casa del 1891, prodotta a mano dal pioniere e maestro costruttore di barche Ralph Middleton Munroe, il cui nonno fabbricò le prime matite di grafite d'America. Munroe ancorò la casa contro gli uragani scavando fondamenta di tronchi di pino a prova di termiti, in profondità nel terreno, e la rafforzò con robuste travi recuperate da relitti e imbullonate alle fondamenta. Le visite *(ore 10, 11.30, 13 e 14.30, $)* rivelano che la casa a due piani era originariamente un bungalow, fino a quando Munroe la sollevò nel 1908 e aggiunse un piano sotto di essa. Fate caso all'insolita struttura del tetto, i cui lucernari sono aperti da corde e pulegge per aumentare la circolazione e dare sfogo all'aria calda; essa ricordava al fondatore del Biscayne Bay Yacht Club un'oca attaccata a uno scafo.

Dall'altra parte della strada, in diagonale rispetto al Barnacle, si trova un altro stabile degno di nota. L'edificio dal sapore spagnolo iniziò nel 1927 come sala cinematografica, ma negli anni '50 alcuni appassionati di teatro lo convertirono nella **Coconut Grove Playhouse** *(3500 Main Hwy.)*, dove nel 1956 fu allestita la prima statunitense dell'opera *Aspettando Godot*, di Samuel Beckett. Il teatro ha chiuso nell'aprile del 2006 a causa di debiti considerevoli. Si discute se riportarlo a nuova vita, ma il suo destino resta incerto. ■

Malgrado l'abbondanza di negozi e ristoranti, Coconut Grove conserva l'atmosfera di piccola cittadina.

Miami City Hall

La sede del municipio di Miami si trova nell'antico idroscalo di Dinner Key della Pan American, vestigio di una delle epoche più romantiche nella storia dell'aviazione americana, quella dei grandi idrovolanti. Costruito in stile art déco, l'edificio rappresenta nella maniera più tipica l'atmosfera romantica e il lusso che la Pan American Airways prometteva ai passeggeri dei suoi "clipper".

Il fondatore della Pan American, Juan Trippe, determinato a costruire una linea aerea internazionale che si distinguesse per lusso, eleganza e qualità del servizio, commissionò alla società di architetti Delano&Aldrich di New York, autori dell'idroscalo La Guardia della Grande Mela, di creare un altro capolavoro di art déco al Dinner Key. L'idroscalo fu inaugurato il 27 maggio del 1934 e i giornalisti si affrettarono a dichiararlo "la più bella stazione aeromarittima del mondo".

Salto nel passato

Anche se per arrivare all'idroscalo (sede del comune di Miami dal 1954) ora si gira sulla South Bayshore Drive e si prosegue sulla Pan American Drive, il Dinner Key, come suggerisce il suo nome (*key* significa isolotto) una volta era un'isola. Nel 1917 gli ingegneri della marina riempirono in canale che lo separava dalla costa per costruire una base per idrovolanti. Parcheggiate al fondo della rotonda e attraversate il prato per raggiungere il pannello esplicativo che racconta la storia di Dinner Key. Guardate gli hangar dall'altra parte del canale che un tempo ospitavano i *clipper* e che oggi sono un piccolo cantiere navale, ammirate le linee orizzontali dell'edificio della stazione. La fila di mappamondi che una volta incorniciavano la Pan American World Airways ora ornano il municipio di Miami. Entrate nell'atrio del municipio, un tempo sala d'attesa, e notate il pavimento a mosaico che rappresenta il globo terrestre. Tra il 2001 e il 2003 l'edificio è stato sottoposto a un ampio restauro che ha riportato la vecchia stazione agli splendori dei primi giorni dell'aviazione degli anni '20 e '30. Al fondo della sala c'è un orologio originale della Pan Am. Dietro l'edificio, lo stormire delle palme e il luccichio dell'acqua azzurra del canale che si apre sul Mare dei Caraibi creano un'atmosfera senza tempo. ■

SUGGERIMENTO:

La lobby restaurata è incredibile. Ora si può vedere come appariva nel 1934, con i murales che rappresentano uccelli, i primi idrovolanti e la nave volante di Leonardo da Vinci. Ammirate il soffitto affrescato.

- PAUL GEORGE
docente di storia del Miami-Dade College

Miami City Hall

Cartina p. 115
3500 Pan American Dr.
305/250-5300
Chiuso sab.-dom.

Verso Old Cutler Road

Il viaggio a sud partendo da Vizcaya è memorabile per i suoi panorami subtropicali: quartieri residenziali immersi nelle viti e traboccanti di bouganvillea; canali di mangrovie che si allungano nell'entroterra come dita deformi, nascondendo lungo la riva piccoli porti turistici e abitazioni; albereti meravigliosamente rigogliosi quali il Fairchild Tropical Botanic Garden; e parchi pubblici splendidamente progettati sulla riva della baia come il Matheson Hammock, dove potete fare un picnic all'ombra di una palma.

La guglia centrale del Biltmore è ispirata alla Torre della Giralda di Siviglia.

Verso Old Cutler Road
Cartina p. 115

Anche se è difficile perdersi se costeggiate la baia, portate con voi una cartina stradale che vi avvertirà delle svolte e vi permetterà di pianificare la vostra esplorazione. Da Vizcaya prendete la South Bayshore Drive a sud verso il centro di Coconut Grove, dove si immette in una specie di carosello di strade e diventa Main Highway.

Vicino al confine meridionale di Coconut Grove, accanto a una laguna al 4013 Douglas Road, c'è una casa costruita nel decennio 1870 per emulare un ritiro indonesiano. Nota come **Kampong,** secondo l'ispirazione del fratello del primo proprietario alberghiero di Coconut Grove, Charles Peacock, in seguito passò nelle mani di David Fairchild, fondatore del Fairchild Tropical Botanic Garden, che abbellì l'esterno della casa con vegetazione esotica. Oggi Kampong funge da sito di ricerca delle piante tropicali. Sebbene sia privato, è possibile visitarlo con l'accompagnamento di una guida ogni mercoledì e sabato *(tel. 305/445-8076)*.

Continuate lungo l'Ingraham Highway finchè non si congiunge con Le Jeune Road, passando per un incantevole quartiere residenziale. Svoltate in qualsiasi direzione e troverete abitazioni che riassumono un immagine ideale della vita nella Florida meridionale, molte nascoste al di là di mura ricoperte da piante. Ingraham diventa Old Cutler Road, che porta a **Matheson Hammock Park** *(cartina 135 D4;* vedi p. 137) e al **Fairchild Tropical Botanic Garden** *(cartina 135 D4;* vedi p. 136). Appena a sud Old Cutler arriva a un incrocio a T a Red Road (anche Fla. 959).

Questo è un buon posto da cui riprendere la via del ritorno. Girate a destra (a nord) verso Red Road, e lasciate che vi porti indietro di 8 km nel cuore di Coral Gables, dove la guglia del **Biltmore Hotel** *(cartina p. 127;* vedi p. 129) si erge sopra il City Beautiful. ■

Nel 1921 la mente geniale di George E. Merrick trasformò un ex boschetto di agrumi in un lotto di case da sogno in stile mediterraneo.

Coral Gables

Dettaglio di un trittico di Edouard Duval-Carrié, Lowe Art Museum.

Coral Gables

Il boom immobiliare raggiunse il suo culmine negli anni '20 e nel giro di cinque anni la Coral Gables di George Merrick vantava 4000 ettari. Egli aprì il lussuoso Biltmore Hotel, che con la grande torre ispano-moresca si ergeva imponente come un palazzo reale su Anastasia Avenue. Un edificio turrito con un arco di 12 m fu eretto all'inizio di Douglas Road, all'ingresso della città, così da dare l'impressione che si entrasse in un posto speciale.

Merrick chiamò la sua creazione City Beautiful, e lo era davvero: ampie strade collegavano enormi piazze e strutture pubbliche come la Venetian Pool a De Soto Boulevard e una fantasia di cascate e grotte abbelliva il paesaggio. Coloro che acquistavano casa qui diventavano apostoli zelanti, mantenendo i loro prati ben curati, le piante tagliate e i marciapiedi puliti, mentre sollecitavano gli amici a unirsi a loro. Era una fantasia utopica eppure reale, e durò, sopravvivendo al collasso dei terreni della Florida direttamente fino ai giorni nostri.

Merrick sarebbe orgoglioso. Le case di Coral Gables sono ancora tanto desiderabili, ricercate dagli acquirenti che compongono il nucleo opulento dei 46.500 abitanti della città. I suoi residenti aziendali includono oltre 140 tra le più importanti imprese e istituzioni finanziarie della Florida meridionale. Il campus di 105 ettari della University of Miami di Coral Gables conta circa 15.500 studenti e una facoltà di 1500 persone, e possiede un deposito eccezionalmente ricco di belle arti e antichità nel suo Lowe Art Museum.

DA NON PERDERE:

Alla scoperta di Coral Gables

I 3100 ettari di Coral Gables sono circoscritti a est da Douglas Road (S.W. 37th Ave.) e a ovest da Red Road (S.W. 57th Ave.). La sua linea di confine settentrionale è costituita dal Tamiami Trail (S.W. 8th St.), e quella meridionale segue le tracce di Sunset Avenue (S.W. 72nd St.) e Old Cutler Road, avvicinando l'angolo sud-orientale di Coral Gables a Biscayne Bay e ai suoi giardini tropicali sulla costa.

Le strade di Coral Gables sono note per essere disorientanti. Probabilmente vi perderete, quindi munitevi di una cartina. La camera di commercio *(224 Catalonia Ave., tel. 305/446-1657, chiuso sab.-dom.)* ha a disposizione una serie di opuscoli, compresa la cartina ufficiale della città. Un'eccellente fonte di informazioni e consigli su cosa fare e vedere è il personale al Department of Historic Preservation *(405 Biltmore Way, tel. 305/460-5216)*, che occupa un piccolo ufficio al municipio negli orari d'ufficio dei giorni feriali. Richiedete i depliant e gli opuscoli sull'architettura.

L'architettura revival mediterraneo domina a Coral Gables, ma anche altri stili esotici sono fioriti qui. Tetti spioventi con tegole caratterizzano il Chinese Village a Riviera Drive all'incrocio con Menendez Avenue. Le residenze di campagna del XVII secolo dei coloni olandesi del Sud Africa sono ricreati a Maya Street e Le Jeune Road. Il carattere urbano dell'antica Francia rivive a Hardee Avenue all'incrocio con Maggiore Street, e i gusti della Normandia rivestono Le Jeune Road, all'incrocio con Vizcaya Avenue. La vita dei paesini italiani è il tema di Altara Avenue all'incrocio con Monserrate Street, e a Santa Maria Street, le abitazioni del Colonial Village celebrano il retaggio yankee. ■

0
1 chilometro
0
1/2 miglio
41
S.W. 8TH STREET / TAMIAMI TRAIL
GRACELAND MEMORIAL PARK
Douglas Road Entrance
VENETIA AVENUE
MADEIRA AVENUE
GRANADA BOULEVARD
LE JEUNE ROAD
DOUGLAS ROAD
Coral Gables Merrick House
ALHAMBRA CIRCLE
GRANADA GOLF COURSE
SOUTH GREENWAY DRIVE
STREET
BOULEVARD
Books and Books
Poinciana Place
Venetian Pool
S.W. 24TH STREET / CORAL WAY
MIRACLE MILE
Casa Azul
S.W. 57TH AVENUE / RED ROAD
SEVILLA AVENUE
DE SOTO BLVD.
City Hall (Municipio)
De Soto Plaza and Fountain
Biltmore Hotel
SEGOVIA
S.W. 42ND AVENUE
PONCE DE LEÓN
S.W. 37TH AVENUE
ANASTASIA AVENUE
RIVIERA DRIVE
CORAL GABLES BILTMORE GOLF COURSE
959
Coral Gables Canal
UNIVERSITY DRIVE
VISCAYA AVENUE
S.W. 40TH STREET / BIRD ROAD
976
Douglas Road Station
DRIVE
CIRCLE
SANTA MARIA ST.
RIVIERA GOLF COURSE
ALTARA AVENUE
MONSERRATE ST.
953
Chamber of Commerce
VILABELLA AVENUE
BLUE ROAD
1
ALHAMBRA
SAN AMARO
UNIVERSITY
Chinese Village
Lowe Art Museum
PONCE DE LEÓN BOULEVARD
SOUTH DIXIE HIGHWAY
GRANADA
University Station
STREET
RIVIERA DRIVE
MAGGIORE STREET
LE JEUNE ROAD / S.W. 42ND AVENUE
MIAMI
HARDEE ROAD
MAYNADA
BOULEVARD
MAYA ST.
ALFONSO AVENUE
ALHAMBRA CIRCLE
S.W. 72ND STREET / SUNSET DRIVE

Coral Gables Merrick House

Il XIX secolo volgeva al termine e Solomon Merrick, un ministro congregazionalista del New England poi diventato proprietario di una fattoria della Florida - e padre di George Merrick, la mente visionaria dietro Coral Gables - voleva una vera abitazione per la sua famiglia. I loro frutteti di avocado e agrumi stavano prosperando, per cui c'era denaro disponibile per far le cose a dovere.

Il nome per la città da sogno di George Merrick derivò da quella che un tempo era la casa di famiglia.

Coral Gables Merrick House

Cartina p. 127

907 Coral Way, tra Toledo St. e Granada Blvd.

305/460-5361

Aperto mer. e dom. 13-16 o su appuntamento

$

La moglie di Solomon, Althea, abbozzò il progetto della casa: un tetto inclinato con copertura a tegole e frontoni prominenti, sostenuto da colonne e mura in legno di pino della Dade County e in *keystone*, la roccia corallina diffusa in questa zona. L'edificio fu poi circondato da una veranda. Un volta completata, nel 1906, la casa fu chiamata Coral Gables. Fu l'inizio di una delle prime comunità pianificate d'America. Oggi la dimora dei Merrick è un luogo cult per la cittadinanza, usato per incontri, conferenze e discorsi di benvenuto. È l'edificio in sé, non i suoi pochi mobili, che vale una visita. Alcune piante da frutta originali dei Merrick crescono ancora nel giardino. Potete girare per conto vostro, o unirvi a una visita organizzata *(ve ne sono ogni ora).* ■

SUGGERIMENTO:

La casa in cui è cresciuto George Merrick, una bella struttura di roccia corallina, vi trasmetterà la sensazione di come doveva essere la vita nel sud della Florida agli inizi del XX secolo.

- THOMAS SWICK
scrittore di viaggio

Biltmore Hotel

Fin dalla sua infanzia George Merrick voleva diventare uno scrittore, per vivere una vita da artista tra i castelli iberici che aveva visto nei libri illustrati. Egli ottenne il suo castello spagnolo nel 1926 quando aprì il Biltmore. Rifiutò tegole per tetti in stile spagnolo che avrebbero potuto essere realizzate negli Stati Uniti per importarne di autentiche dalla Spagna e mise la stessa attenzione ai dettagli in tutto il resto, deciso a far sì che il suo hotel non avesse rivali fra quelli d'Europa.

Già nell'enorme ingresso si percepisce la sua ambizione: una stanza di 790 mq, con soffitti alti 14 m e gigantesche colonne di pietra. Anche i particolari sono di pari livello: uccelli canterini tropicali in una gabbia decorata, fattorini che trasportano silenziosi i bagagli, telefoni dal suono smorzato.

Il castello di Merrick, però, traballò ben presto a causa di un brutale uragano, del collasso del boom edilizio in Florida, del crollo della borsa nel 1929 e della Depressione. Nel 1941, l'esercitò vi si trasferì, e le suite dove avevano soggiornato Bing Crosby, Judy Garland e i duchi di Windsor furono trasformate in corsie per i feriti. Il Biltmore rimase un ospedale militare fino agli anni '60, sfuggendo per poco alla demolizione. Aggiunto infine al National Register of Historic Places, è stato riaperto nel 1992 dopo una ristrutturazione multimilionaria. Due anni dopo ospitò presidenti e primi ministri partecipanti al Summit delle Americhe con egregi risultati, annunciando che la vita può davvero cominciare a 70 anni.

Le meraviglie del Biltmore

Concedetevi il *brunch* domenicale nel ristorante centrale Fontana, un locale sontuoso con chitarristi di flamenco e fontane perfette nel loro genere. Immergetevi nell'immensa piscina (1580 mq) o ancora meglio fate un salto al centro fitness al piano terra per controllare le opzioni comprese nei pacchetti per gli ospiti esterni, che comprendono l'accesso all'acqua. Divertitevi sul campo da golf regolamentare con 18 buche, a 71 par, e rilassatevi nelle numerose sale di ritrovo dell'hotel, pervase di lusso e atmosfera.

Di notte, la torre di 18 piani del Biltmore è illuminata di luce soffusa e si erge su Coral Gables come un benevolo castello feudale. Guardandolo ci si chiede chi possa costruire posti simili. La risposta è: nessuno, ormai. ■

L'ambizione di Merrick

Richiamato a casa dal college dopo la morte del padre per amministrare i 3000 acri di terreno coltivato ad agrumi e ricoperto di pinete, George Merrick sposò Eunice Peacock, con cui diede vita a un salotto di artisti. Sognavano di costruire una città sofisticata e bella come i luoghi dell'Europa che infiammavano la loro fantasia.

Biltmore Hotel

Cartina p. 127

1200 Anastasia Ave.

305/445-1926 o 800/915-1926

www.biltmorehotel.com

Venetian Pool

Ci sono piscine e piscine con la "p" maiuscola. Questa è una di quelle che appartengono alla seconda categoria, anche se i suoi inizi furono da "brutto anatroccolo": un semplice buco nel terreno lasciato dagli scalpellini che cavavano pietra calcarea per la costruzione di Coral Gables.

Una cava abbandonata nel centro di Coral Gables divenne la piscina più fantasiosa di Greater Miami.

Venetian Pool

Cartina p. 127
2701 De Soto Blvd.
305/460-5306
Chiuso dic.-gen.
$$-$$$

www.thevenetianpool.com

NOTA: Non sono ammessi bambini di età inferiore ai 3 anni.

L'artista e designer Denman Fink e l'architetto Phineas Paist, che costruirono gran parte della città, avevano due possibilità: o riempirlo oppure trovare per esso un valido utilizzo. Il creativo duo escogitò una fantasia veneziana di piattaforme per tuffi, cascate, grotte, lampioni che riproducevano fedelmente quelli nella famosa città dei canali, una torre di osservazione e un'isola collegata alla piattaforma della piscina tramite un grazioso ponte ad arcata. La piscina fu aperta nel 1924 e tutto è ancora incantevole, compreso il rivestimento a mattonelle e la loggia in stile italiano ornata di viti.

Durante gli anni '20, la piscina era usata come vetrina per concorsi di bellezza e feste in maschera. C'è un bell'assortimento di fotografie d'epoca a testimoniarlo. Fino al 1986, veniva prosciugata ogni sera e poi riempita con 3.100.000 litri di acqua fresca estratta dai pozzi artesiani. Oggi l'acqua viene riciclata attraverso un sistema di filtraggio. Anche se lo sentirete dire di quasi tutte le piscine di Greater Miami, l'impareggiabile Esther Williams, campionessa di nuoto e attrice, qui si esibì per davvero, come anche Johnny Weissmuller (tuffatore e campione di nuoto), il primo Tarzan di Hollywood. ■

Coral Way

Fiancheggiata da alberi e aiuole fiorite per gran parte della sua lunghezza, Coral Way fu all'epoca di George Merrick la strada principale di Coral Gable. Oggi resta la via più importante del distretto commerciale del centro, dove scorre il tratto compreso tra la 37th e la 42nd Avenues, noto come Miracle Mile.

Miracle Mile

Alcuni sostengono che il vero miracolo lungo questa estensione di attività al dettaglio di Coral Gables, tra la 37th e 42nd Avenue, è che sia sopravvissuto così a lungo. L'arrivo delle catene nazionali fa temere che gli insuperabili negozi originali di Coral Gable siano sul viale del tramonto.

Siti interessanti

L'architettura di Coral Gable è piacevole da guardare, la bellezza fondamentale della City Beautiful. Ci sono splendidi esempi lungo Coral Way, comprese **De Soto Plaza and Fountain**, dove Sevilla Avenue, De Soto e Granada Boulevard si incontrano. Merrick progettò 14 di queste piazze e questa è tra le più incantevoli. **Casa Azul,** una casa privata al 1254 Coral Way *(tra Madrid St. e Columbus Blvd.)*, deve il suo nome a un tetto di tegole vetrificate azzurre. L'architetto, H. George Fink, era talmente stimato in Spagna per il suo utilizzo ampiamente pubblicizzato dello stile spagnolo a Coral Gables che il re Alfonso XIII lo convocò per un'udienza e lo nominò Don Jorge. **Poinciana Place** *(937 Coral Way, tra Toledo St. e Granada Blvd.)* fu la prima dimora di George e Eunice Merrick, eretta prima che Merrick iniziasse a costruire la sua città. Questa è il tipo di casa in cui viveva l'élite di coltivatori d'agrumi della zona prima che Coral Gables trasformasse tutti in finti mediterranei.

La **Merrick House** *(832 S. Greenway Dr. incrocio con Castile Ave.)*, da non confondere con la casa d'infanzia di Merrick (vedi p. 128), ora è un museo privato. Merrick decise di aver bisogno di una dimora più grande per far colpo sui potenziali acquirenti delle case. Suo cugino Don H. George progettò una Alhambra in roccia e stucco per lui, che si estendeva in modo caotico sulla città nascosto dietro un muro con un caratteristico cancello coperto. ■

Coral Way

Cartina p. 127

Coral Gables City Hall

George Merrick voleva un quartier generale cittadino degno della sua idea di ciò che la City Beautiful sarebbe diventata e per realizzarlo era pronto a investire $200.000 (circa 160.000 euro), una bella somma nel 1928. Visto da ogni angolazione, il municipio semicircolare *(405 Biltmore Way, tel. 305/446-6800, chiuso sab.-dom.)* - con i suoi tre livelli, l'orologio, il campanile in stile rinascimentale spagnolo e l'imponente serie di colonne - è impressionante, tanto da essere stato incluso nel National Register of Historic Places. I blocchi grigi nei muri sono di pietra calcarea oolitica, cavata localmente da antiche barriere di corallo abbandonate sopra il livello del mare millenni fa. Dai primi scavi all'inaugurazione trascorsero quattro mesi, un vero record.

Lowe Art Museum

In disparte nel campus della University of Miami c'è il primo museo d'arte della Florida meridionale, noto soprattutto per le sue collezioni di arte rinascimentale, barocca, americana, nativa americana, pre-colombiana e asiatica, ciascuna delle quali renderebbe orgoglioso qualsiasi museo. Potreste passare un giorno intero qui senza riuscire a vedere tutto.

L'installazione di Sandy Skoglund "Breathing Glass" è molto apprezzata dai visitatori.

Lowe Art Museum

Cartina p. 127

1301 Stanford Dr., University of Miami Campus, vicino alla US 1/ S. Dixie Hwy.

305/284-3535

Chiuso lun. e dom. mattina

$$

www.lowemuseum.org

C'è la giada dall'antico Giappone, antichità ecuadoregne e colombiane, e tela intessuta nel Sud-ovest americano dai popoli navajo, pueblo e del Rio Grande prima che arrivassero gli europei. Potreste non ricordarvi cosa c'era nelle opere astratte di Frank Stella, o quale ragazza nel dipinto di Lichtenstein diceva: "C'è proprio troppo da comprendere", ma non dimenticherete i velati arcobaleni di Bierstadt, la sanguigna tavolozza yankee di Rembrandt Peale, i visi dal sorriso gentile di Tintoretto che fissano intensamente da un periodo fuori dal tempo, i ruvidi lavoratori del XX secolo di John Sloan, la tristezza di Claude Monet, e le tonalità scure di Paul Gauguin. Conservate sotto vetro si trovano le antichità egizie del Lowe, quelle divinità dagli occhi a mandorla che stringono verghe e serpenti con un mezzo sorriso, quasi divertite dallo scherzo cosmico di aver comandato un tempo un antico regno ed essere poi finiti a Coral Gables.

Acquistate un catalogo della mostra dalla magnifica libreria per portarvi a casa il ricordo di opere di Picasso che avete visto solo nei libri d'arte, e le immagini di maschere africane, tessuti e guarnizioni di perline che non possono essere venduti ma solo dati in prestito ad altri musei. ■

Chiamata South Dade dagli abitanti di Miami, questa terra di pianure agricole secolari ha un fascino storico e naturalistico al contempo.

South Miami

Gli abitanti della Florida amano i fenicotteri, ma quelli di plastica sono ben più numerosi di quelli veri!

South Miami

Nonostante lo sviluppo residenziale e commerciale, specialmente dei piccoli centri commerciali pedonali spuntati dal giorno alla notte come funghi, gran parte di South Dade resta ciò che era un tempo: una zona rurale del sud dove tutto, dagli avocado alle zinnie, cresce nel fertile e profumato suolo. E il ritmo è più lento, in particolare nella vasta pianura agricola che si estende a ovest, verso la grande zona incolta delle Everglades.

Gran parte delle persone guida in direzione delle Everglades, attraverso il Biscayne National Park, o le Keys, lasciando scorrere via distese di campi e boschetti di frutti, con i finestrini chiusi e l'aria condizionata al massimo. È un peccato, una delle cose che la gente dice di questo interludio rurale tra la Miami urbana e le Upper Keys è che ha un ottimo profumo: di fiori, di fresca acqua stagnante, dell'odore oleoso di un barile di legno per i chiodi in una vecchia ferramenta. Inevitabilmente, questo è già stato notato dai cittadini alla ricerca di un cambiamento. Le case coloniche lasciate a marcire una generazione fa sono ora messe in ordine e trasformate in rifugi rurali per il weekend. L'agricoltura - con fragole, rape, agrumi, cipolle, pomodori, zucche e zucchine, erbe, avocado e molti altri vegetali - stabilisce il tono di South Dade. Le orchidee proliferano nella loro inarrestabile fecondità, risultato del fertile e nutriente terreno, dell'abbondanza d'acqua e di un sole che fa da serra. Le fattorie specializzate in cibi biologici forniscono i ristoranti e le cucine dei buongustai della Greater Miami.

DA NON PERDERE:

La ricchezza floreale del Fairchild Tropical Botanic Garden **136**

Le opportunità di svago del Matheson Hammock Park **137**

Un'escursione guidata in canoa a Deering Estate **138**

Un assaggio di sapori tropicali alla Schnebly Redland's Winery **139**

Gli animali dello Zoo di Miami **140**

Il fascino e la stravaganza di Coral Castle **141**

Il Fruit & Spice Park, per apprendere qualche nozione sull'agricoltura della Florida meridionale **141-142**

Alla scoperta di South Miami

Potete accelerare passando dalla zona della Greater Miami sulla US 1, la South Dixie Highway, ma se non siete a corto di tempo fareste meglio a prendere il percorso più lento ma più spettacolare lungo la costa atlantica: da South Bayshore Drive verso Main Highway, passando da Coconut Grove, continuando a sud sulla Ingraham Highway e poi su Old Cutler Road, famosa per i rigogliosi ficus e le esclusive residenze recintate. L'itinerario è più bello, più rilassante e rivela maggiormente la natura subtropicale della Florida meridionale e come essa influenzi il modo di vivere e di lavorare delle persone. Il tragitto vi porta anche a uno dei parchi pubblici sulle rive dell'oceano più belli di Greater Miami, il Matheson Hammock Park, e al Fairchild Tropical Botanic Garden, una splendida riserva botanica. Delimitando la frangia meridionale malridotta dall'uragano di South Dade, la città di Homestead patisce per il fatto di essere trattata da zimbella e denigrata per la sua disavvenenza e mancanza di raffinatezza (né il buon cibo né la vita notturna sono fra i suoi punti forti). Come implica il suo nome, i suoi primi coloni erano in gran parte agricoltori che piantarono avocado, arance, limoni e limette. Gli operai delle ferrovie assunti da Henry Flagler fecero di Homestead la loro

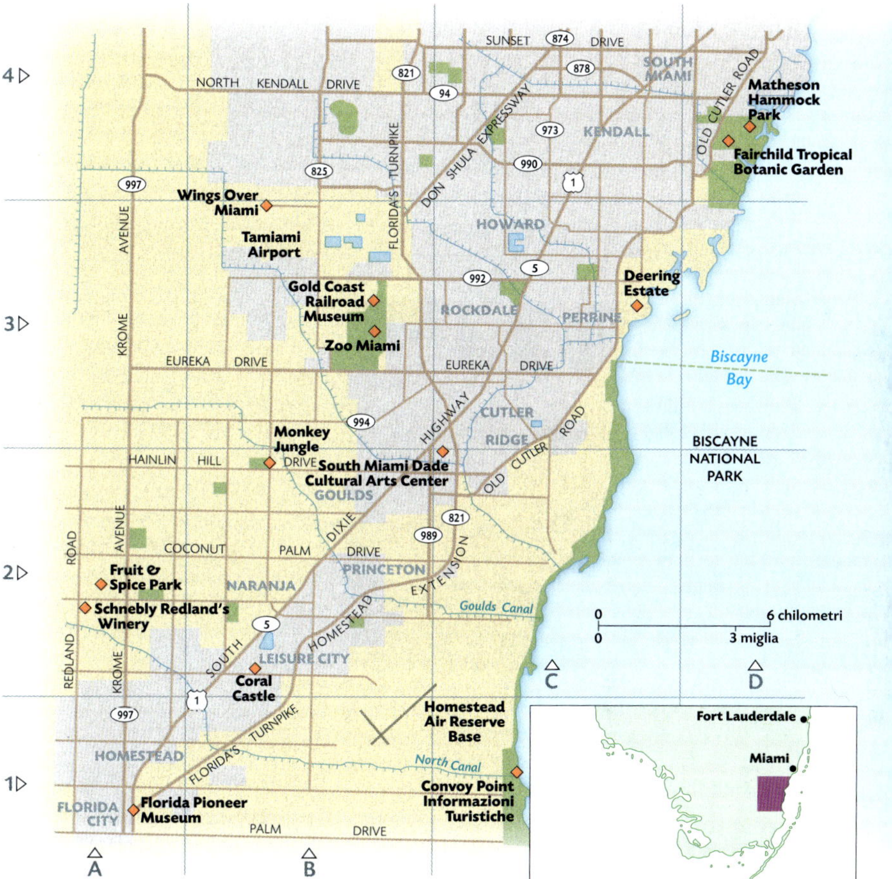

base nella Florida meridionale, e occuparono la comunità delle casette di campagna, comprando il cibo nei mercati agricoli e facendo vita da piccolo paese rurale. Florida City non se la passa molto meglio, con i suoi modesti viali costruiti con un assegno paga dopo l'altro e non tramite grandiosi schemi come la Coral Gables di George Merrick.

Nel 1992 l'uragano Andrew assestò un colpo catastrofico a entrambe le città, lasciandole cosparse di macerie delle case distrutte e denudando il fogliame naturale fino all'osso. Il recupero è stato lento, ma gran parte del danno è quasi cancellato.

Con una buona cartina in mano, vale la pena mettersi in marcia per esplorare questa griglia rurale completamente aperta di strade e viali, alcune numerate, altre con i nomi, molte con entrambi. Scoprirete un angolo appartato della vera Florida che si estende da est a ovest partendo da Biscayne Bay fino alle Everglades, un angolo all'interno del quale sorgono perle quali il Fruit & Spice Park, dove apprenderete tutto sull'agricoltura della Florida meridionale, e lo Zoo Miami, l'unico zoo tropicale degli Stati Uniti. ■

Fairchild Tropical Botanic Garden

La Florida meridionale è la sola regione degli stati continentali dove le piante tropicali e subtropicali possono sopravvivere tutto l'anno. Per questa ragione, a sud-est di Coral Gables, a Biscayne Bay, troverete il più grande giardino botanico tropicale al di fuori delle Hawaii: un'area di vegetazione di 83 acri, che da 70 anni rappresenta uno dei principali centri mondiali per la ricerca botanica.

Lungo il sentiero dei giardini botanici si possono ammirare orchidee e altre specie floreali dai colori vivissimi.

Fairchild Tropical Botanic Garden

- 135 D4
- 10901 Old Cutler Rd.
- 305/667-1651
- $$$$$

www.fairchildgarden.org

Potete meditare sull'esistenza presso gli undici laghi e stagni di gigli presenti in questa prosperosa oasi di orchidee, felci e alberi in fiore. Il luogo vi permette di esplorare gli antichi ambienti naturali della Florida meridionale, come una riserva di mangrovie incontaminata e di alberi robusti: la Florida del popolo tequesta.
I bambini vanno in estasi di fronte ai pergolati di calcare drappeggiati di viti, simili a gallerie, e ai passaggi nascosti attraverso le volte di foresta tropicale.
La struttura del giardino crea un'atmosfera di magia. Aperto nel 1938, è intitolato al Dr. David Fairchild, un botanico e scrittore le cui avventure in luoghi remoti gli valsero la fama di scopritore di piante. La sua biografia, *The World Was My Garden*, è per alcuni botanici una vera e propria bibbia. Felci, piante e orchidee di ogni sorta crescono intorno ai laghi della zona: il *fire tree* (Morella faya) australiano, l'*Aristolochia* del Brasile, la *Bauhinia galpinii* del Sudafrica, il fiore della passione di Nicaragua e Venezuela, la *Beaumontia grandiflora* del Vietnam e una profusione di orchidee dalla Birmania e dalla Thailandia. La varietà è enorme, un ottimo motivo per unirsi a una visita a piedi con guida lungo il percorso tematico. Escursioni in tram con guida, incluse nel prezzo del biglietto, partono ogni ora. ■

SUGGERIMENTO:

Non lasciatevi scoraggiare dalla calura della vasta e rigogliosa varietà di flora tropicale del Fairchild: ci sono molte panchine affacciate su scorci che vale la pena di soffermarsi a rimirare. Vengono anche organizzati tour in tram.

- CHRISTINA WOOD
scrittrice freelance

Matheson Hammock Park

Il vialetto di accesso al parco più vecchio di Dade County fa pensare di essere arrivati nel ritiro di qualche miliardario a Biscayne Bay, con i prati curati e l'elegante porticciolo. È l'eredità del commodoro W.J. Matheson, un fabbricante di coloranti e prodotti chimici, un tempo proprietario di Key Biscayne, il cui testamento lasciò in eredità i primi 40 dei 210 ettari del parco alla contea nel 1930.

Circa 400.000 visitatori l'anno fanno del dono di Matheson uno dei luoghi all'aperto più frequentati di Greater Miami, e ciò non stupisce data la struttura del sito, con una laguna artificiale per nuotare (Atoll Pool) rinfrescata dalle maree, un ristorante, padiglioni per picnic e con griglie per cucinare e una splendida visuale su Biscayne Bay. Percorsi naturalistici si snodano attraverso la palude di mangrovie del parco, un angolo di antica Florida che occupa gran parte della superficie complessiva. Un'incantevole **spiaggia** con acqua bassa e secche, sicura per i bambini e per chi non sa nuotare, si trova procedendo verso l'area parcheggio 5; per raggiungerla svoltate verso il porticciolo turistico e lo yacht club e passate la rampa delle barche a sud lungo la riva. Quest'area è una meta molto in voga per le visite naturalistiche guidate che hanno come tema la vita marina nei bassi fondali. La biforcazione a nord della strada d'ingresso procede oltre il porticciolo turistico e i vicoli ciechi accanto alla **laguna per il nuoto,** dove troverete un bagnino, uno snack bar e le toilette. Un sentiero asfaltato gira intorno alla spiaggia sabbiosa della laguna; ci sono delle panchine nel parco che si affaccia su Biscayne Bay.
Una cartina del parco vi mostrerà i sentieri attraverso i boschi e i percorsi in bicicletta. ■

Matheson Hammock Park

- 135 D4
- 9610 Old Cutler Rd.
- 305/665-5475
- $

Dal Matheson Hammock Park si gode una vista spettacolare dei grattacieli del centro di Miami.

Deering Estate

Nel 1913 Charles Deering comprò 170 ettari a Biscayne Bay, a sud di Coconut Grove (poi chiamata Cutler). Mentre il fratello James si godeva la sfarzosa Vizcaya (vedi pp. 114-117), egli si accingeva a costruirsi un rifugio invernale. La proprietà comprende due delle più vecchie strutture di Cutler, una fattoria e una locanda in stile cottage, rari esempi delle prime strutture architettoniche native della Florida.

Una delle sale principali della Stone House.

SUGGERIMENTO:

Percorrendo la passerella di legno che si snoda tra le mangrovie, potrebbe capitarvi di scorgere ragni che sembrano aver assunto degli steroidi! C'è anche qualche zanzara, quindi portatevi del repellente per insetti.

- CHRISTINE CRUZ
conduttrice di, WSVN-7

Deering Estate

- 135 C3
- 16701 S.W. 72nd Ave.
- 305/235-1668
- $$$. Tariffe aggiuntive per alcune escursioni

www.deeringestate.org

Un collezionista al pari del fratello, Charles costruì qui una casa in stile revival mediterraneo di roccia corallina, la riempì di quadri, arazzi, oggetti antichi, libri rari e vino, e la battezzò **Stone House.** Si fece poi scavare un bacino per le barche per poter guidare lo yacht fino a casa. Negli anni '80 la proprietà fu venduta allo stato della Florida e alla Miami-Dade County.

Oltre a dimore storiche, il parco comprende uno scavo fossile di ossa e denti appartenenti a mammuth, cavalli della taglia di un cane, tapiri, giaguari, bradipi e bisonti che risalgono a 50.000 anni fa. Di maggior interesse forse sono i resti di paleoindiani, che si ritiene siano arrivati qui circa 10.000 anni fa. Tracce dei tequesta rilevate nel sito risalgono all'epoca di Cristo.

Fate una passeggiata lungo uno dei tanti sentieri naturalistici e non perdetevi i 60 ettari di boschetto di pini nella foresta di terreno roccioso, uno degli ultimi di questi ecosistemi primordiali che si sviluppano negli Stati Uniti continentali. Questa insolita radura è circondata da rare orchidee native, bromeliacee, elci *Quercus virginiana*, felci, abelmosco e *Coccoloba diversifolia*, e da altre 35 specie. La tenuta comprende anche 52 ettari di mangrovie della baia e palude salmastra - una passerella in legno fiancheggia la costa frastagliata - e al largo l'isola **Chicken Key,** di mangrovie, che potete visitare con un'escursione in canoa (richiesta prenotazione anticipata). ■

Gold Coast Railroad Museum

Le locomotive e i lussuosi vagoni letto dell'epoca d'oro delle ferrovie sono finiti nei depositi rottami, ma il fato ne ha salvati alcuni. Ne troverete 30 in questo scalo aero-navale in pensione della Seconda Guerra Mondiale che comprende una *Silver Crescent dome car* del 1949 e il pezzo di materiale rotabile più carico di storia che abbia mai viaggiato sulle strade ferrate della nazione: il *Ferdinand Magellan*, un vagone letto del 1928 riprogettato nel 1942 per il presidente Roosevelt.

Franklin Delano Roosevelt era lieto di viaggiare su una normale carrozza pullman, ma la guerra era in corso e i suoi addetti alla sicurezza temevano gli assassini nazisti, così il *Magellan* fu acquistato e dotato di corazza più vetro anti-proiettile spesso 8 cm. La sala da pranzo fu allargata e fu aggiunta una sala studio, insieme a boccaporti di sicurezza e dotazioni che consentivano a Roosevelt, semi-invalido per la polio, di muoversi più facilmente. Il peso della carrozza aumentò da 72 a 130 tonnellate. Era il più pesante vagone passeggeri mai utilizzato in America, ed è l'unico designato fra i pezzi storici pregiati della nazione. Roosevelt e Winston Churchill lavorarono sul suo tavolo da riunioni di solido mogano nei giorni più bui della guerra. Il presidente viaggiò per circa 80.500 km a bordo del *Magellan*, a una velocità di 56 km/h, compreso il suo viaggio finale a Warm Springs, in Georgia, nell'ultimo giorno della sua vita. Harry Truman, che usò il vagone per il suo giro di comizi, percorse 45.000 km, stabilendo l'andatura a 128 km/h. Anche Dwight Eisenhower lo utilizzò mentre era in servizio. Il futuro presidente optò per i viaggi aerei, ma nella campagna presidenziale del 1984, Ronald Reagan prese a prestito il pulpito di Truman per i discorsi tra Dayton e Toledo, in Ohio. Un viaggio in treno è compreso nel prezzo d'ingresso. ■

Gold Coast Railroad Museum

- 135 B3
- 12450 S.W. 152nd St.
- 305/253-0063 o 888/608-7246
- $$

www.gcrm.org

DA PROVARE: visita di un'azienda vinicola

Nelle zone rurali nei pressi di Homestead si trova una cantina che basa la produzione vinicola sui frutteti invece che sui vigneti. L'azienda vinicola Schnebly Redland *(30205 S.W. 217th Ave., Homestead, tel. 305/242-1224, http://schneblywinery.com)*, 20 km a sud ovest del Gold Coast Railroad Museum, è stata avviata nel 2003 quando Peter e Denisse Schnebly, proprietari di una azienda agricola che produceva frutta tropicale, decisero di cimentarsi nella produzione del vino: vini da tavola, da dessert e spumanti a base di mango, guava, litchi, frutto della passione e carambola.

Il sabato e la domenica i Schnebly offrono la possibilità di effettuare tour della cantina ($$) della durata di mezz'ora durante i quali si assiste a ogni fase del processo di vinificazione. L'ampia e sontuosa sala degustazione e il lussureggiante cortile dell'azienda sono aperti tutti i giorni. Di tanto in tanto alla sera si suona dal vivo: musica latina o i successi pop del momento. Alla fine del 2011, i Schnebly si sono avventurati anche nella produzione di birra, usando i frutti tropicali con cui fanno già il vino. Anche le birre sono a disposizione per la degustazione e l'acquisto.

Zoo Miami

Zoo Miami non è una di quelle prigioni per animali vecchio stile, in tetro cemento, che ti fa venire voglia di liberare i reclusi. i suoi 117 ettari di giungla, terreno erboso e foresta compongono quello che è considerato uno dei parchi di animali selvaggi più belli d'America, e l'unico suo parco subtropicale, dimora di più di 500 specie di rare ed esotiche creature che vagano libere.

Un orso nero himalayano, in via di estinzione, visibile allo zoo.

Zoo Miami
135 B3
12400 S.W. 152nd St.
305/251-0400
$$$$
www.zoomiami.org

Non ci sono gabbie né sbarre; camminate tra gli animali lungo sentieri protetti e ben segnalati, o spostatevi sui carrelli monorotaia con aria condizionata. Rare tigri del Bengala regalmente adagiate sulle "rovine" di un finto tempio cambogiano del XIII secolo, fatto a imitazione di Angkor Wat, e gorilla dalla schiena d'argento vi scrutano da una giungla tropicale; giraffe reticolate, zebre, gazzelle e struzzi girovagano lungo una piana africana simile al Serengeti.

In un altro habitat, i rinoceronti neri e l'elefante africano, le cui popolazioni allo stato brado sono state decimate dal bracconaggio, si aggirano per l'assolata *veld*, mentre i facoceri corrono avanti e indietro sulle gambe ossute.

Per i bambini c'è il Wildlife Carousel, con una trentina di figure di animali in legno, e uno zoo di animali domestici. Da non accarezzare sono un paio di varani dell'Indonesia, lucertole carnivore lunghe 3 m, del peso di 136 kg. Nella mostra "Asian River Life" si cammina nella bruma delle cascate tropicali, circondati da lontre, leopardi nebulosi, varani del Nilo e un primitivo cervulo di Giava. Si incontrano i canguri, i wallaby e i koala che abitano l'entroterra australiano, a mezzo mondo di distanza. Cartelli segnalano gli orari dei pasti degli animali, che rivelano aspetti interessanti - anche se forse meno romantici - della loro personalità. ■

DA PROVARE: fare il guardiano dello zoo

Allo zoo di Miami il sabato e la domenica si può diventare "guardiano dello zoo per un giorno". Dalle 7 del mattino alle 4 del pomeriggio si lavora al fianco di un vero guardiano, dando una mano a nutrire gli animali e contribuendo alla manutenzione delle mostre. In questo modo si viene a conoscenza di tutti gli aspetti di questo lavoro. Il programma, aperto ai soli adulti (dai 18 anni in su), costa oltre i 100$, inclusi il pranzo e una T-shirt. La prenotazione *(tel. 305/251-0400, int. 84940)* è obbligatoria.

Altri luoghi da visitare a South Miami

Wings Over Miami espone una serie di antichi velivoli, fra cui questo North American AT-6G Texan.

Coral Castle

Ed Leedskalnin, minuto immigrato della Lettonia alto 1 metro e mezzo, passò 28 anni, a partire dal 1920, a costruire il suo bizzarro Coral Castle (un tempo chiamato Rock Gate Park). Egli lavorava spesso di notte in modo che nessuno potesse vedere come spostava gli enormi blocchi di oolite, che costituivano e arredavano la sua strana casa. Uno dei suoi originari 4 ettari sono aperti al pubblico. Si dice che egli lo costruì come monumento per un perduto amore di origine lettone: una ragazza sedicenne di nome Agnes Scuffs che ruppe il loro fidanzamento e, si suppone, spezzò anche il cuore a Ed. Questa non è proprio tutta la storia, e neanche questo posto è proprio un castello. Gli manca un tetto e ha più l'aspetto di un cortile pieno di sedie di corallo, di un tavolo da rinfreschi a forma della Florida, di sculture bizzarre, di una meridiana e di un "telescopio" di pietra puntato verso la Stella del Nord. Può darsi che Coral Castle non sia riuscito a far riconquistare a Ed la sua ragazza, ma, certamente, ha confermato la sua indiscussa reputazione di re del kitsch della Florida.

www.coralcastle.com 135 B2 28655 S. Dixie Hwy./US 1, Homestead 305/248-6345 $$

Florida Pioneer Museum

Questo piccolo ma istruttivo museo di pionieri locali e manufatti indiani è un esempio di architettura di South Dade - con verande ombreggiate, rivestimento esterno a doghe, tetto a punta e finestre ad abbaino - costruito nel 1904 per ospitare un agente della Florida East Coast Railroad Station. Fu spostato in questo luogo nel 1964. Questa fu l'ultima frontiera ferroviaria della nazione. Il vecchio vagone per il personale di servizio è probabilmente uno dei pochi modelli in legno ancora esistenti. Gli orari di apertura sono variabili, meglio chiamare per conferma.

www.pioneerfloridamuseum.org 135 A1 826 Krome Ave. 305/246-9531 Chiuso dom.-lun. $

Fruit & Spice Park

La fecondità agricola della Florida meridionale ha, a partire dall'Ottocento, ispirato gli

South Miami Dade Cultural Center

Nel 2011 è stato inaugurato il South Miami Dade Cultural Arts Center (*10950 S.W. 211 St., tel. 786/573-5300, www.smdcac.org*), una struttura luccicante che rappresenta simbolicamente due mani che applaudono. Il centro polifunzionale di Cutler Bay, costato 51 milioni di dollari, è stato progettato da Arquitectonica, società autrice di molti stupefacenti edifici di Miami. Questo centro culturale offre tra l'altro concerti di musica classica, jazz e blues, balletti classici, spettacoli di danza contemporanea e produzioni teatrali. Biglietti e informazioni sugli eventi si possono trovare sul sito web del centro.

agronomisti a sperimentare, spesso in modo sfrenato, e a volte con risultati commestibili. Circa 56 km a sud di Miami, vicino a Homestead, c'è un avamposto per la semina e la sperimentazione adatto ai non addetti ai lavori che è probabilmente il non plus ultra in materia: l'insolito Fruit & Spice Park, un parco rurale fondato nel 1944 per dimostrare ciò che la Florida meridionale era capace di produrre. Il giardino di 13 ettari coltiva circa 500 varietà di frutta, noci, piante aromatiche, insieme a molte varietà di erbe, e collabora con altri centri di studi vegetali in tutto il mondo per sviluppare nuove migliori varietà. Esiste persino una zona dedicata alle piante velenose.

Attività e programmi comprendono corsi e visite ai frutti e agli ortaggi che crescono nelle regioni vicine, e lezioni su giardinaggio e botanica. Il negozio degli articoli da regalo orientato ai buongustai vende conserve, salse piccanti, marmellate, marinate, spezie, semi e altri ingredienti esotici spesso difficili da reperire, insieme a libri di cucina regionali e alle guide culinarie, e trattati sulla propagazione delle piante. C'è anche storia qui, nei rustici edifici d'epoca in roccia corallina, che includono un edificio scolastico costruito nel 1912, che nelle Redlands si classifica come una reliquia pionieristica.

A meno che non conosciate bene i frutti e le spezie, vi divertirete probabilmente di più con una visita guidata *(11, 13.30 e 15)*. Non si può raccogliere dagli alberi, ma ciò che c'è in terra sì.

www.fruitandspicepark.org 135 A2 24801 S.W. 187th Ave./Redland Rd. incrocio con S.W. 256th St. 305/247-5727 $$

Monkey Jungle

Potrete vedere altrettante scimmie al vicino Zoo Miami (vedi p. 140) - ma lì non riuscirete ad avvicinarvi loro tanto quanto potete fare qui. In questo giardino di 12 ettari di giungla amazzonica corretta sotto il profilo botanico, voi, non i primati, siete in gabbia. Essi corrono liberi (o credono di esserlo), dondolandosi da un ramo all'altro e strillando selvaggiamente. La famiglia delle scimmie comprende qui babbuini, orangutan e macachi, fino alle specie più piccole e meno note. Se avete dei bambini piccoli, sicuramente qui si divertiranno.

www.monkeyjungle.com 135 B2
A ovest della US 1 al 14805 S.W. 216th St./Hainlin Mill Dr. vicino a S.W. 147th St.
305/235-1611 $$$$$

Wings Over Miami

Tra i patiti dell'aviazione, Miami gode di una reputazione mitica per aver assistito alla nascita della Pan American World Airways, uno dei motivi per cui il campione di volo acrobatico Kermit Weeks fondò un museo aereo nel vecchio Kendall-Tamiami Airport a sud-est di Miami. Chiamato oggi Wings Over Miami, ha raccolto un'impressionante flotta di velivoli d'epoca, molti in condizioni di volare, fra cui alcuni dei massicci uccelli da guerra che rovesciarono le sorti della Seconda Guerra Mondiale.

www.wingsovermiami.com 135 B3 14710 S.W. 128th St. Prendete la Florida Turnpike verso S.W. 120th St., andate a ovest verso S.W. 127th Ave. 305/233-5197
Chiuso dom. mattina e lun.-mar. $$

Le isole e le scogliere della Biscayne Bay, le paludi delle Everglades e gli alberi della Big Cypress National Preserve.

Escursioni da Miami

Un'aninga, uccello acquatico molto diffuso nelle paludi delle Everglades.

Escursioni da Miami

Immensi spazi di bellezza incomparabile e un'atmosfera vagamente surreale regnano al di là di Greater Miami, a cominciare dai parchi nazionali di Biscayne e delle Everglades. Il primo è un meraviglioso ambiente sommerso popolato da pesci e coralli, il secondo un "fiume d'erba" unico al mondo. Ci sono poi la riserva indiana miccosukee, la Big Cypress National Preserve e Fort Lauderdale, con le sue spiagge assolate, il surf e tante opportunità di svago.

Alligatori appena nati, Everglades.

Dire che l'Everglades National Park copre 607.000 ettari o che le sue paludi luccicanti (in realtà un fiume, a volte profondo pochi centimetri ma sempre ampio migliaia di metri) non sono presenti in nessun'altra parte del mondo non vi preparerà al suo inconsueto stato di landa incontaminata. Questo è l'unico luogo al mondo in cui gli alligatori e i coccodrilli convivono nel mezzo di un coro di uccelli (oltre 300 specie tra nidificanti e migratorie), miriadi di pesci, e una tavolozza di farfalle, lamantini e pantere della Florida, per citare alcuni esempi di fauna allo stato naturale. Se avete un giorno in più, potete guidare nelle sue regioni periferiche e camminare lungo i percorsi naturalistici e le passerelle, venire a contatto con le creature di questo brodo primordiale, e portare a casa impressioni indelebili di com'era il mondo prima che arrivasse l'uomo. Nonostante alcuni ritengano che danni irreparabili alle Everglades siano arrecati dall'agricoltura, dallo sviluppo e dai canali per prevenire le inondazioni e dagli argini che diminuiscono il flusso delle sorgenti d'acqua in queste paludi magnificamente placide, le loro aree protette appaiono ancora intatte e sono, per molti, un'affascinante traccia della grande e selvaggia America in via di estinzione.

Meno evidente, ma non meno vitale, è la natura incontaminata nascosta sotto le onde della protetta Biscayne Bay, in particolare i 72.850 ettari racchiusi dai confini del Biscayne National Park (di cui solo il 5 per cento è terra). Esso racchiude la porzione vitale dell'unica barriera corallina vivente all'interno degli Stati Uniti continentali, proteggendo non solo il mondo sottomarino ma tutti gli ecosistemi, dalla parte più a nord di Biscayne Bay alle Keys, che dipendono dallo stato di salute di questa barriera.

I miccosukee dipendevano da questi habitat naturali per la loro sopravvivenza, vivendo tra le Everglades nelle tradizionali abitazioni di legno col tetto di paglia chiamate *chickee*. Per questo gruppo di indiani creek, che nel XVIII secolo vivevano nell'Alabama del Sud e in Georgia, l'equilibrio più difficile da raggiungere non era ecologico ma

DA NON PERDERE:

politico: trovare un accordo con i seminole, i loro cugini creek di lingua muskogee. Le tensioni fra loro obbligarono i miccosukee a trasferirsi verso sud, un'odissea che iniziò alla fine del XVIII secolo e terminò nelle Everglades. Lì la tribù di 5000 persone si trovò ad avere a che fare con persone ancora più aggressive: i coloni spagnoli e anglo-americani, che richiesero la loro alleanza anche mentre spingevano i miccosukee fuori dai loro domini. Dopo la rivolta dei seminole vennero decimati finché non rimasero in 100. Questi scapparono nel profondo delle Everglades, mantenendo viva la loro cultura attraverso la devozione ai rituali e alla religione tradizionale, e nutrendosi con la caccia e la pesca.
Qui hanno vissuto in relativa tranquillità fino ai primi anni del XX secolo, quando gli appetiti del boom immobiliare della Florida li spinse lontano dal loro ambiente dal quale dipendevano. Strade attraversavano ormai le loro paludi e gli automobilisti fissavano a bocca aperta queste strane persone con il loro abbigliamento dai vivaci colori, chiedendosi come si potesse vivere in quel modo. Tenete a mente tutto ciò quando guidate verso ovest sul Tamiami Trail all'interno delle Everglades e della riserva indiana dei miccosukee, quasi 121.400 ettari, in gran parte sommersi dall'acqua, che si estendono per due contee verso Naples. Oggi la tribù conta 650 membri, un gruppo di persone determinate, in tutto e per tutto americane nella loro lotta per la collettività e per uno stile di vita accettabile, che mantenga la promessa di un futuro di rinnovamento e di crescita per le Everglades oltre che per sé stessi. Dopo aver fatto il pieno di piacevolezze acquatiche nella Florida meridionale, potrete dedicarvi al turismo culturale e alla vita da spiaggia a Fort Lauderdale, circa 40 km a nord di Miami. ■

Biscayne National Park

Biscayne è uno dei parchi nazionali più remoti. È necessario avere una barca: il 95 per cento del parco è sommerso e le circa 40 isolette della barriera che comprendono il suo appezzamento di terra sono fuori portata. Dovrete setacciare le sue spiagge e le frange di mangrovie o lasciare che un'imbarcazione a noleggio vi porti attraverso le acque verso il segreto splendore del parco: le barriere di corallo dai colori arcobaleno sotto le onde.

Biscayne National Park
- 145 D2
- 9700 S.W. 328th St., Homestead
- 305/230-7275

www.nps.gov/bisc

Arrivare a Biscayne da Miami è semplice. Il percorso più diretto è tramite la S. Dixie Highway (US 1), circa un'ora dal centro. Andate a sud per 40 km; passato Cutler Ridge verso Goulds (circa 24 km a nord di Homestead) cercate un cartello del parco. Svoltate a sinistra a S.W. 137th Avenue (Tallahassee St.) e procedete verso S.W. 328th Street (N. Canal Dr.). Girate a sinistra e continuate fino alla fine della strada 10 km più avanti. L'ingresso al Biscayne's Convoy Point, centro di gran parte delle attività del parco e sede del **Dante Fascell Visitor Center,** è sulla sinistra. Se ci andate tramite la Florida Turnpike, seguite l'allungamento di Homestead a sud dell'uscita Campbell Drive. Sulla rampa svoltate a destra e continuate verso est fino al prossimo incrocio (Kingman Rd.). Svoltate a destra e proseguite verso S.W. 328th Street seguendo il percorso indicato sopra.

Le barche con il fondo di vetro consentono ai visitatori di scrutare il mondo sommerso del Biscayne National Park.

Reef Cruise

L'escursione più popolare a Biscayne è la Reef Cruise, un viaggio di tre ore dal centro visitatori a bordo di un'imbarcazione con il fondo di vetro *(www.biscayneunderwater.com, $$$$$)*. A parte un cappellino, occhiali da sole e protezione solare, non c'è bisogno di equipaggiamento (ma portatevi macchina fotografica e binocolo). L'escursione inizia con alcuni ragguagli da parte del ranger su quello che vedrete. L'imbarcazione possiede una camera di osservazione con portelloni dagli spessi pannelli di vetro che si aprono verso il basso. La naturale gradazione dell'acqua è verde, cosa che sminuisce un po' i colori di pesci, coralli e altre forme di vita al di sotto di essa, ma la sua limpidezza consente di assistere a spettacoli incantevoli. Guardate in alto e vedrete i pellicani schizzare a pelo d'acqua, volando leggiadri. Tornate a guardar

SUGGERIMENTO:

Fate un'escursione lungo la Spite Highway a Elliott Key, un tratto di circa 10 km spianato con i bulldozer nel 1968 per tutta la lunghezza dell'isola e oggi di nuovo ricoperto dalla vegetazione, per esplorare un *hammock* di piante tropicali dal legno duro.

- JANE SUNDERLAND
collaboratrice di National Geographic

giù verso la piana sabbiosa di ondeggiante fieno di mare che si gonfia nella calda corrente, fra cui si muovono aragoste e granchi. Sprazzi di colore identificano alcune delle 500 specie di pesci che vivono in queste acque, che le isole coralline proteggono dalle onde dell'Atlantico. Aironi e cormorani si librano in alto, drizzando il capo per scrutare attraverso i riflessi della superficie alla ricerca di pesci. Una delle attrazioni dell'escursione è la veduta ravvicinata delle isole coralline in mare aperto, le Florida Keys, più a nord: orlate da mangrovie, all'interno sono ricche di foreste tropicali di legno duro che risalgono alla preistoria.

Family Fun Fest

Ai bambini di tutte le età piacerà il festival per famiglie al Biscayne National Park, organizzato ogni seconda domenica pomeriggio del mese presso il Fascell Visitor Center, da dicembre ad aprile. Ogni evento è caratterizzato da un tema riguardante diversi aspetti del parco, come le piante marittime, gli animali o i relitti delle navi. Sfrenatamente creativo, con laboratori straordinari e giochi a tema come ""Hairy Otter and the Magical Ocean" (sulle lontre e l'oceano) e "Biscayne Wrecktacular" (sui relitti delle navi), il festival ha vinto molti premi per le sue iniziative di carattere didattico e sociale.

Oltre, a circa 11 km, ci sono le barriere coralline, dove quasi 50 navi naufragate - scheletri arrugginiti fra i coralli cervello, i grandi tumuli di *Montastraea cavernosa* e le gorgonie - testimoniano il pericolo che si annida in questi bassi fondali.

Altre attività

Se non potete concedervi mezza giornata sull'acqua, perderete un'esperienza tanto memorabile quanto un'ora di cammino sul lungomare tra le mangrovie di **Convoy Point**. Benché sfuggenti, le aquile dalla testa bianca e i falchi pellegrini frequentano la zona, come pure i lamantini, per cibarsi e trovar riparo sotto la copertura. Al centro visitatori, controllate il programma degli eventi e informatevi sulle visite guidate dei luoghi naturali, comprese le escursioni in barca a **Elliott Key**. Chiedete sia dei tour in canoa e del noleggio di canoe, sia delle escursioni per lo snorkeling e le immersioni; potete anche prenotare *(tel. 305/230-1100)*. ■

Everglades National Park

L'Everglades National Park salvaguarda la più vasta zona subtropicale incontaminata negli Stati Uniti continentali ed è il terzo parco nazionale più grande al di fuori dell'Alaska. È stato dichiarato Patrimonio dell'Umanità, Riserva della Biosfera e zona paludosa di valore internazionale. Finché non vi avventurate all'interno e date un'occhiata alla palude di erba sega - il "fiume d'erba" - non potete immaginare quanto sia diverso da qualsiasi altra cosa in cui vi siete imbattuti.

Un labirinto di canali e isole di mangrovie lungo la Gulf Coast.

Everglades National Park

- 145 B2-C2 e B1-C1
- 40001 Fla. 9336, Homestead
- 305/242-7700
- $$ per automobile per accedere alla Shark Valley; non si pagano altre tariffe d'ingresso

www.nps.gov/ever

Programmate di passare una lunga giornata nel parco, sia che visitiate la regione della Shark Valley a ovest di Miami, sia che vi avventuriate a sud-ovest verso la metà meridionale del parco e la costa della Florida Bay. In entrambi i casi dovete indossare un cappello per proteggervi dai raggi solari e occhiali da sole, e ricoprirvi di insettifugo: nelle Everglades le zanzare sono una parte cruciale della catena alimentare. Il clima del parco è mite e gradevole da dicembre fino ad aprile, ma le estati sono calde e afose, con temperature sui 32 °C e percentuale di umidità intorno al 90 per cento con occasionali temporali pomeridiani. Indossate abiti comodi, camicie con maniche lunghe e pantaloni, e portate acqua potabile e spuntini. Sono disponibili informazioni sulla diffusione delle zanzare in estate *(tel. 305/242-7700)*.

Shark Valley

I visitatori della Shark Valley hanno l'opportunità di avventurarsi nel cuore delle Everglades. L'ingresso e il centro visitatori *(tel. 305/221-8776)* sono 40 km a ovest di Miami passando per S.W. Eighth Street (US 41/Tamiami Trail) al confine settentrionale del parco.

SUGGERIMENTO:
La visita a Shark Valley, la parte del parco più vicina a Miami, fa davvero vivere l'esperienza dell'ecosistema delle Everglades, soprattutto perché qui ci sono un sacco di alligatori.

- MATT PROPERT
fotografo di National Geographic

Al di là del cancello c'è il cuore del grande fiume, il cui flusso scorre impercettibilmente dal Lago Okeechobee al Golfo del Messico, a una distanza di soli 160 km. Il fiume è talmente largo, che il volume che si riversa nella Florida Bay è enorme. Parcheggiate l'auto e salite sui vagoncini aperti del servizio visitatori per un'escursione guidata di due ore *(tel. 305/221-8455, www.sharkvalleytramtours.com, $$$$)* lungo una strada ad anello di 24 km, uno dei modi migliori per vedere la flora e la fauna allo stato naturale del parco, alligatori compresi. A metà del percorso una torre di osservazione offre vedute panoramiche da 23 m d'altezza. Potete anche noleggiare delle biciclette presso i gestori del pulmino (i minori di 16 anni hanno l'obbligo di indossare il casco, acquistabile nell'ufficio degli stessi operatori) ed esplorare la strada da soli (in due-tre ore), ma se lo fate, portate dell'acqua e chiedete ai ranger consigli su come comportarsi se si incontrano alligatori. Vedrete anche trampolieri e testuggini e, sulle acque, tre isole chiamate *tropical hardwood-hammock* e isolotti cespugliosi noti come *bayhead*. Potete percorrere a piedi i 900 m del **Bobcat Boardwalk** e i 1600 m del **Otter Cave Hammock Trail,** presso il centro visitatori, che offrono splendidi scorci di queste zone erbose, che essendo alte sull'acqua sono simili ad arche di Noè in miniatura di flora e fauna locale.

Le Lower Everglades

Da Miami prendete la Florida Turnpike (Fla. 821) a sud verso l'uscita di Florida City. Girate a destra

DA PROVARE: in canoa sulla Wilderness Waterway

La Wilderness Waterway si snoda per circa 160 km punteggiati di mangrovie in una delle più ampie distese disabitate dell'Est, fra Everglades City sulla Costa del Golfo e Flamingo, all'estremità meridionale dell'Everglades National Park. Per immergervi nella natura della zona, attraversate i corsi d'acqua in canoa o kayak e trascorrete la notte nei *chickee* miccosukee, sorta di piattaforma di legno sollevata e coperta da un tetto. Il periodo migliore va da metà dicembre a metà aprile. Chi fornisce l'equipaggiamento può anche portarvi e venirvi a riprendere nel punto da cui siete partiti. I costi del viaggio includono: parcheggio *($$)*, tassa per il campeggio notturno *($)*, noleggio dell'imbarcazione e servizio di navetta (le ultime due voci variano a seconda del fornitore; informatevi sui vari prezzi). Presso il parco nazionale troverete guide, carte geografiche ed elenchi dei fornitori per l'attrezzatura. La Florida National Parks and Monuments Association *(tel. 305/247-1216, www.evergladesassociation.org)* offre carte nautiche dell'itinerario.

al primo semaforo a Palm Drive e seguite le indicazioni per l'Ernest F. Coe Visitor Center *(tel. 305/242-7700)* al confine del parco. Cartelli informano sulle camminate guidate dai ranger al Royal Palm Visitor Center, 6 km a ovest, e anche sulle crociere giornaliere da Flamingo sulla Florida Bay, 61 km a sud-ovest dell'ingresso, lungo un percorso panoramico nel parco da cui si gode uno spettacolo straordinario della flora e fauna locali.

Fate una sosta al **Royal Palm Visitor Center** per una passeggiata sull'**Anhinga Nature Trail**, sentiero di circa 1 km, e il **Gumbo Limbo Trail**, lungo circa la metà. L'Anhinga - che prende il nome dall'aninga, uccello nero dal lungo collo spesso avvistato da queste parti - è una passeggiata che si snoda su una passerella in legno lungo una palude d'acqua dolce, regno di una ricca fauna selvatica. Il sentiero Gumbo Limbo costeggia invece la distesa di erba sega, foreste di rampicanti e latifoglie e boschetti di gumbo limbo, gli alberi dalla corteccia rossa che danno il nome al sentiero (una particolare corteccia che si può staccare dal tronco come pelle cotta dal sole). Aggregatevi a una delle passeggiate guidate dai ranger.

Fermatevi per percorrere il **Pineland Trail,** sentiero ad anello di 800 m, 11 km lungo la strada, attraverso i residui della foresta di pini che un tempo coprivano la maggior parte del Sud-est della Florida. Per ammirare il mogano più grande degli Stati Uniti, fermatevi una ventina di chilometri più avanti presso il **Mahogany Hammock.** Vi troverete anche invitanti posti per il picnic a

Paurotis Pond, Nine Mile Pond e **West Lake.**

A **Flamingo,** prenotate un'escursione in barca *(www.evergladesnationalparkboattoursflamingo.com, $$$$$)* alla biglietteria del porticciolo vicino al centro visitatori. Vi condurrà nel profondo di luoghi selvaggi irraggiungibili via terra, posti impossibili da immaginare. ■

La flora e la fauna delle Everglades

Itinerario in auto: il Tamiami Trail

Il nome Tamiami Trail, US 41, fu coniato nel 1928 per indicare i punti finali, Miami e Tampa, ma è per i 170 km del suo tratto Miami-Naples che è più noto. L'apertura del percorso attraverso le Everglades non considerò troppo le conseguenze ecologiche e sociali della strada. Impedì lo scorrimento verso sud del grande fiume e costrinse a cambiare stile di vita i miccosukee, che si aggrapparono alle tradizioni ritirandosi sempre più all'interno della zona incolta.

DA NON PERDERE:

Shark Valley Visitor Center • Miccosukee Indian Village • Big Cypress National Preserve • Fakahatchee Strand State Preserve

Detto questo, il Tamiami si rivela un notevole esempio della selvaggia Florida. Il tratto orientale costeggia il confine nord dell'Everglades National Park (vedi pp. 148-151), consentendo di fermarsi allo **Shark Valley Visitor Center** ❶ e di camminare per un po', e magari intraprendere un'escursione sulla Tram Road, una strada a circuito chiuso di 24 km che si immerge a sud nelle paludi di erba sega e nei boschetti di piante dal legno duro della riserva, dove gli alligatori stanno sdraiati al sole.

Alcuni km a ovest, la tribù dei miccosukee preserva il **Miccosukee Indian Village** ❷, un ponte tra vecchie usanze e nuovi stili di vita dal mondo esterno. I punti vendita dell'artigianato rappresentano l'aspetto pubblico della vita degli indigeni, mentre le questioni di autonomia e benessere delle tribù sono discusse altrove da giuristi, funzionari di stati e rappresentanti delle stesse. I turisti si fermano al **Miccosukee Restaurant** *(tel. 305/223-8380, www.miccosukee.com)* per gustare pesce gatto preparato in casa e zampe di rana servite impanate e ben fritte, con contorno di pane di zucca.

A ovest c'è la **Big Cypress National Preserve** ❸ *(Ochopee, tel. 239/695-1201, www.nps.gov/bicy)*, quasi 303.500 ettari di zona paludosa, praterie bagnate e asciutte, boschetti di alberi dal legno duro, mangrovie, pini e, naturalmente, cipressi. Qui esiste un altro tipo di habitat naturale: lo illustra il documentario di 15 minuti dell'Oasis Visitor Center. Il percorso denominato **Tree Snail Hammock Nature Trail** vi presenta le creature che abitano in questi luoghi, fra cui la rara e sfuggente pantera della Florida. D'inverno i ranger guidano

- Vedi anche cartina p. 145
- Miami
- 1 giorno o più
- 170 km
- Naples

DA PROVARE: in bici nelle Everglades sotto la luna

Si parte dallo Shark Valley Visitor Center, dove ha inizio la Tram Road, una pista ad anello lunga circa 24 km.
Pedalando lentamente avrete la possibilità di avvistare le varie specie animali che si nascondono ai margini della strada.
Dopo circa 11 km, fermatevi alla Torre d'Osservazione e salite fino in cima per godere della vista panoramica sul parco.
È probabile che possiate vedere anche molti alligatori che si radunano nella vicina "buca dell'alligatore", mentre tutto intorno macchie di *hammock* di piante dal legno duro punteggiano la Shark River Slough.
Durante la pedalata nelle Everglades, tendete l'orecchio per ascoltare il canto notturno di rane, uccelli, insetti e tanti altri animali. È importante venire preparati: è utile avere una luce sulla bicicletta, nel caso in cui il cielo diventasse molto coperto, e portare parecchia acqua poiché lì non ne troverete; ricordatevi anche di indossare un caschetto.
Fondamentale infine avere del repellente per le zanzare.
Il noleggio di biciclette a Shark Valley è disponibile esclusivamente per uso diurno, per cui portatevi la vostra bici oppure affittatene una in un negozio di Miami tipo **Mack Cycle and Fitness** *(5995 Sunset Dr., tel. 305/661-8363, www.mackcycleandfitness.com)* e **Elite Cycling and Fitness** *(13108 S. Dixie Hwy., tel. 786/242-3733, www.elitecycling.net).*

gite a piedi lungo il sentiero. La strada ad anello di 42 km e due altri percorsi automobilistici sono panoramici ma più adatti a veicoli fuoristrada e a trazione integrale. Se avete con voi una bicicletta, chiedete dei percorsi nella zona di Bear Island. I tavoli da picnic rendono il posto piacevole per riposarsi. Una deviazione di 5 km a nord su Fla. 29, oltre la minuscola Ochopee, porta alla **Fakahatchee Strand State Preserve** ❹ *(Copeland, tel. 239/695-4593, www.friendsoffakahatchee.org)*, dove un sentiero elevato gira ad angolo attraverso un gruppo di cipressi gaggia davvero graziosi, una comunità di palme reali, esplosioni piene di colori delle orchidee selvatiche. Si ritiene che il gruppo di palme reali sia il più vasto dell'America settentrionale, l'**ufficio postale di Ochopee** il più piccolo d'America. Chiedete alla stazione dei ranger riguardo alla strada panoramica.

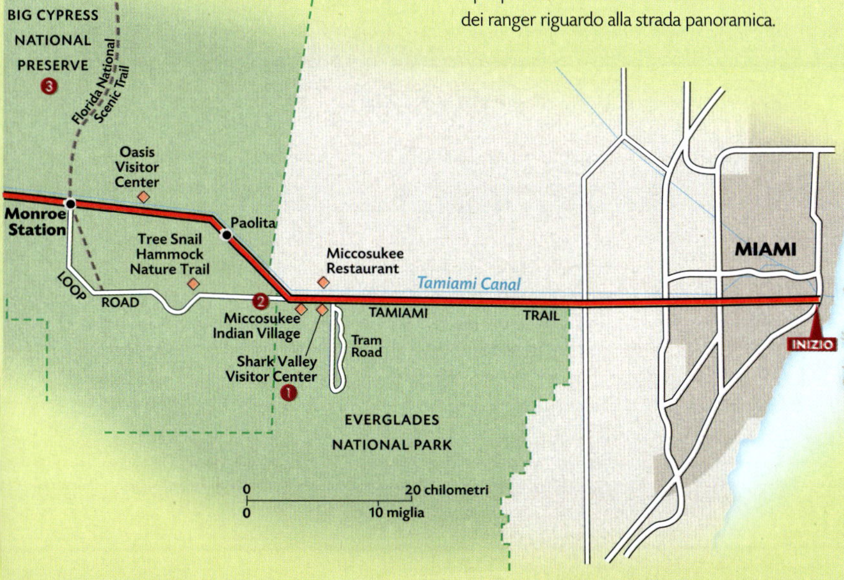

Fort Lauderdale

Durante la "pausa di primavera" migliaia di studenti del college vengono da lontano affollando i bar di Fort Lauderdale e Fort Lauderdale Beach per festeggiare, ma nel resto dell'anno, questa città, lontana da standard di comportamento di tipo militare, conduce uno stile di vita esente, per esempio, dalla consapevolezza di San Francisco di essere San Francisco, o dalla presunzione di New York, e raggiunge un livello di comfort e di bellezza raro tra le città americane.

Il sole e il surf richiamano migliaia di visitatori a Fort Lauderdale.

Fort Lauderdale
145 D3

Museum of Art Fort Lauderdale
1 E. Las Olas Blvd.
954/525-5500
Chiuso lun.
$$
www.moafl.org

Come Miami, Fort Lauderdale ha una storia di promozione sfrenata, con oltre 482 km di canali, condotte e fiumi, la maggior parte dei quali risalgono al Land Boom degli anni '20 del Novecento, serviti da taxi acquatici. Un abbonamento giornaliero consente imbarchi illimitato *(www.watertaxi.com)*.

Da Miami, prendete la I-95 north verso l'uscita di Broward Boulevard, girate verso l'Atlantico e seguite Broward fino alla N.W. First Avenue. Per girare la città, andate dritto sulla N.W. First e dirigetevi verso sud, finché non vi porterà a sinistra, nel Las Olas Boulevard.

Lo stimatissimo **Museum of Art Fort Lauderdale** rimane sull'angolo. Per gli studiosi e gli appassionati di arte, che trovano un fascino unico nelle opere prodotte durante quello che un tempo era il movimento d'avanguardia a Copenaghen, Bruxelles e Amsterdam, questo museo è un tesoro. Occupa un edificio di Edward Larrabee Barnes, ampliato nel 2001. La sua collezione permanente è nota per i maestri americani ed europei del XX secolo fra cui Alexander Calder, Salvador Dalí, Henry Moore, Pablo Picasso, Andy Warhol e Frank Stella.

Il New River scorre attraverso il distretto centrale di Fort Lauderdale, fiancheggiato da un distretto d'arte e spettacolo, dove potete applaudire i lavori teatrali di Broadway in tournée all'edificio in vetro del Broward Center for the Performing Arts. Se venite qui per lavoro, questo è un distretto gradevole in cui prenotare un hotel. È ricco di locali dove si suona, jazz, blues, rock e reggae, e di bar ideali per cene informali nelle notti calde. Dopo cena, fate quattro passi lungo il **Riverwalk,** una passeggiata sulla riva settentrionale del fiume, che attraversa e continua per altri 800 m sulla sponda meridionale, ammirando i paesaggi tropicali, manifestazioni esplicite che vi parlano di Fort Lauderdale e delle viste panoramiche del fiume.

Siti interessanti

Fra Las Olas Boulevard e la S.E. Sixth Avenue si trova la più antica struttura della città ancora in piedi, costruita nel 1901: la, **Stranahan House** *(tel. 954/524-4736, www.stranahanhouse.org),* che conserva ancora il suo arredamento originario.

Splendide gallerie di negozi in stile coloniale spagnolo ospitano boutique di capi firmati, gioiellerie e diverse altre gallerie di belle arti a Las Olas, tra la 6th e la 11th Avenue. L'Isles, alla fine di Las Olas, è noto come l'indirizzo più importante di Fort Lauderdale, dove lussuose dimore fiancheggiano la lingua di terra delle isole.

Il **Fort Lauderdale History Center** *(219 S.W. 2nd Ave., tel. 954/463-4431, www.oldfortlauderdale.org, chiuso lun.)* espone la storia di questa regione.

La magnifica **Broward County Main Library** *(100 S. Andrews Ave., tel. 954/357-7444, www.broward .org/library)* è un edificio progettato da Marcel Breuer.

SUGGERIMENTO:

Nell'area compresa tra l'aeroporto di Fort Lauderdale e l'Intracoastal Waterway vivono allo stato libero circa 40 cercopitechi gialloverdi africani. Li potete vedere da Taylor Road.

- CHRISTOPHER BOYKIN
coordinatore di progetto del Florida Dept. of Environmental Protection

Fort Lauderdale Beach può essere raggiunta seguendo Las Olas verso la sua strada chiusa, dove potete prendere l'Atlantic Boulevard lungo la riva in entrambe le direzioni. Questo è un mondo di ombrelloni da spiaggia reclamato dalle persone con voluminosi romanzi in brossura e sottili cellulari, specie tra Las Olas e Sunrise Boulevard.

La **Bonnet House Museum & Gardens** *(900 N. Birch Rd., tel. 954/563-5393, www.bonnet house.org, chiuso lun., $$$$),* una volta residenza invernale di 14 ettari di una

Broward Center for the Performing Arts

✉ 201 S.W. 5th Ave.

☎ 954/462-0222

www.broward center.org

Hugh Taylor Birch State Recreation Area

3109 E. Sunrise Blvd.

954/564-4521

$

www.floridastateparks.org/hughtaylorbirch

coppia di artisti, Frederic e Evelyn Bartlett, è nella zona della spiaggia. La loro proprietà sfoggia ancora lo stesso entusiasmo giovanile per l'arte, la bellezza e il romanticismo che spinsero George Merrick e la sua sposa a creare Coral Gables. L'**International Swimming Hall of Fame Museum** *(1 Hall of Fame Dr., tel. 954/462-6536, www.ishof.org, $$)* è forse l'unica piscina di grandi dimensioni della Florida meridionale che non sostiene di essere stata onorata da Johnny Weissmuller ed Esther Williams. Il museo, che comprende un complesso acquatico con due piscine da 50 m, celebra i conseguimenti dei due attori e ha una sala che proietta i loro film. L'archivio specializzato è stipato di trofei vinti da atleti ai quali viene qui reso omaggio.

La **Hugh Taylor Birch State Recreation Area** è ritenuto il più bel posto naturale lontano dalla costa di Fort Lauderdale: 72 ettari di esuberante panorama tropicale delineato da un sinuoso percorso naturalistico che è in realtà più una passeggiata poetica. Lasciate che gli altri giochino a pallavolo o al lancio dei ferri di cavallo, vadano pagaiando in canoe, pedalino in bici, facciano giri in monopattino elettrico *(M. Cruz Rentals, tel. 954/235-5082)*, o incollino il proprio naso ai vetri nel **Birch House Museum,** di impronta pionieristica. Fate la vostra camminata, godetevi il picnic e leggete *River of Grass* di Marjory Stoneman Douglas. ■

DA PROVARE: una giornata al Billie Swamp Safari

I seminole, i più antichi abitanti delle zone interne della Florida, custodiscono un'atavica conoscenza delle Everglades che oggi condividono con i turisti, continuando a sottolineare l'importanza della tutela del loro ambiente. Il **Billie Swamp Safari** *(30000 Gator Tail Trail, Clewiston, tel. 863/983-6101, www.billieswamp.com)*, che prende il nome di un membro storico della tribù, offre il Safari Swamp Day Package *($$$$$)*, un pacchetto che include giri in *airboat* o ecotour nella palude sui *buggy* per visitare la riserva seminole Big Cypress che le Everglades e le paludi mantengono isolata dalle altre comunità.

I mezzi di trasporto più noti sono gli *airboat*, con cui i passeggeri passano sopra l'erba sega gigante e si addentrano tra i cipressi calvi, dove è possibile avvistare parecchi alligatori e, con un po' di fortuna, tartarughe e serpenti. La corsa dura 20 minuti. Di tanto in tanto il capitano fermerà l'imbarcazione per darvi informazioni sulla fauna selvatica e sulla storia locale.

Durante i 45 minuti di ecotour nella palude sui *buggy*, invece, vi troverete a viaggiare in un alto veicolo aperto che percorre antichi sentieri accidentati passando per la boscaglia e spruzzando l'acqua ai lati quando attraversa gli acquitrini. Man mano che procederete all'interno delle paludi addentrandovi tra i cipressi e nell'*hammock* tropicale, la guida identificherà piante e animali autoctoni e specie esotiche aliene. A metà escursione vi sarà una fermata in un campo indiano preservato intatto.

Di ritorno al Billie Swamp Safari potrete assistere a un paio di spettacoli che vedono come protagonisti gli animali (uno con gli alligatori) o partecipare a un banchetto di crocchette di coda di alligatore e cosce di rana presso il ristorante. In alternativa potrete ordinare cheeseburger e hot dog. Ritornando verso l'autostrada fermatevi al **Ah-Tah-Thi-Ki Museum** *(www.ahtahthiki.com)*, che significa "luogo per imparare", al di là del quale parte una passerella di legno di 1,5 km che passa sulla palude.

Un basso arcipelago di isole coralline che forma un arco a sud-ovest della terraferma, uno dei luoghi naturali più esotici d'America.

Upper Keys

Antica tenuta da palombaro, Florida Keys History of Diving Museum, Upper Matecumbe Key.

Upper Keys

La panoramica strada d'oltremare, lunga 200 km, collega oltre 40 isole abitate, attraversa 42 ponti e lambisce acque tropicali, con il Golfo del Messico da una parte e l'Atlantico dall'altra. Si inarca sopra le barriere coralline, le foreste di mangrovie d'acqua salmastra, prati di fieno di mare e isolotti con selve in fiore che si estendono tra città turistiche e termina a Key West, la città più a sud dell'America continentale. Partendo da Florida City, i cartelli stradali verdi, noti come *mile markers* (MM), forniscono un conto alla rovescia dal MM 126 al MM 0 a Key West.

Anche quando inizia a fare buio, i barcaioli solcano le acque pescose delle Keys.

Storia delle Keys

Le Keys un tempo erano dominio dei calusa, a volte scritto caloosa, una tribù indigena. Gli europei posarono per la prima volta gli occhi sul loro mondo di domenica, il 15 maggio 1513. Erano guidati dall'ambizioso luogotenente spagnolo di Cristoforo Colombo, Juan Ponce de León, alla ricerca di una leggendaria Fontana della Giovinezza. Il cronista della spedizione, Antonio de Herrera, scrisse che "a tutta questa schiera di isole e isolette rocciose essi diedero il nome di Los Martires (I Martiri)". Agli Spagnoli le isole parevano sagome prostrate di uomini sofferenti. "Il nome rimase appropriato", scrisse Herrera,

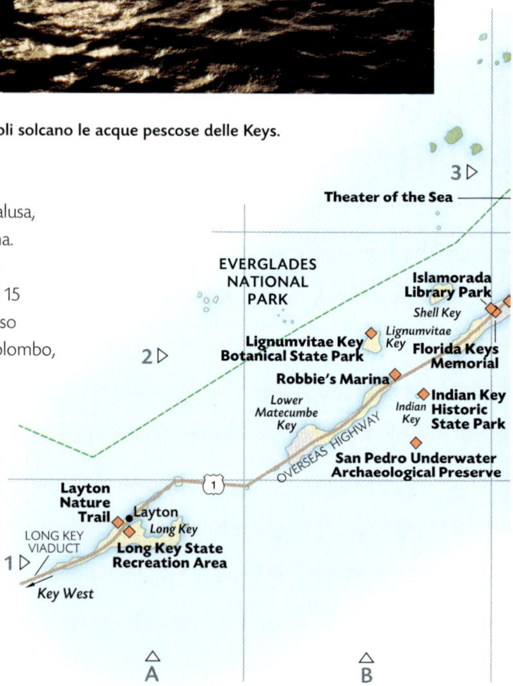

DA NON PERDERE:

La ricerca dei lamantini nelle basse acque costiere **160**

Un giro a bordo di una barca a fondo piatto nel John Pennekamp Coral Reef State Park, Key Largo **163**

Una nuotata con i delfini **166**

Una battuta di pesca nell'entroterra dell'Upper Keys Florida Bay **175**

Lo splendore di Lignumvitae Key **176-177**

Dar da mangiare ai tarponi atlantici nella Robbie's Marina, Islamorada **177**

"a causa dei tanti che da allora sono stati persi in questo luogo".
L'interesse dei conquistadores verso le isole si affievolì per l'assenza di oro e trascorsero tre secoli prima che i paletti del primo insediamento anglo-americano fossero piantati su ciò che oggi è Key West. Passò un altro mezzo secolo prima che i coloni arrivassero nelle Upper Keys. Costruirono case dai legnami trasportati dall'acqua e dai relitti galleggianti di navi sventratesi sulle scogliere sommerse. Prima dell'avvento dei fari, le disgrazie marittime erano talmente frequenti al largo dell'isola che molti "recuperatori di relitti" si arricchirono con l'attività del salvataggio, un'occupazione screditata da alcuni imprenditori senza scrupoli che installavano fari falsi per attirare gli sfortunati marinai fuori rotta.
Molti dei nuovi arrivati nelle Upper Keys erano contadini che, per un certo periodo, carpirono raccolti di limoni, limette, meloni, pomodori e ananas dalla misera superficie del suolo per spedirli a nord via mare. Essi applaudirono quando la ferrovia di Henry Flagler raggiunse Key West nel 1912, pensando che il collegamento con i mercati della terraferma assicurasse prosperità. Ma furono subito messi da parte dai prodotti agricoli più economici spediti a Key West dall'America centrale e meridionale.
L'abbattersi di uragani assestò poi il colpo di grazia alle speranze agricole delle Keys.
Il XX secolo portò tempi duri, durante i quali molti si guadagnarono da vivere con il commercio di pesce. I sogni di una forte economia locale perirono definitivamente con la Depressione, quando gli isolani, grazie a programmi federali, iniziarono lo sviluppo del turismo.

Un paesaggio unico

Ciò che sopravvive, tuttavia, è la promessa delle isolette di una fuga verso la pace e lo svago. Le stesse Upper Keys cominciano in modo misurato quando la US 1 attraversa il canale tra Barnes Sound e Blackwater

DA PROVARE: alla ricerca dei lamantini selvaggi

Uno degli abitanti più affascinanti della Florida è il lamantino, ma dovrete ritenervi fortunati se riuscirete a scorgerne uno non in cattività. Il nome ufficiale è lamantino delle Indie Occidentali, ma è anche soprannominato mucca di mare poiché è un erbivoro di mezza tonnellata che pascola in acque sia dolci sia salate. Nonostante la mole, questo mammifero baffuto nuota con eleganza grazie all'ausilio di due pinne anteriori e di una coda simile a una pagaia. In media un adulto raggiunge i 3 m di lunghezza e vive fino a 60 anni.
Siccome i lamantini sono animali migratori in pericolo di estinzione risulta difficile seguirne gli spostamenti, anche se periodicamente si radunano in certi luoghi. In inverno, ricercano acque calde come quelle nei pressi della centrale nucleare di Turkey Point a Homestead. A Miami i lamantini appaiono improvvisamente nelle marine e altrettanto improvvisamente scompaiono, mentre a Coral Gables è possibile vederli nuotare nei canali del campus della University of Miami. Cercateli nelle acque basse delle zone costiere o lungo fiumi e canali: fate attenzione all'apparizione di masse indistinte. Se l'acqua è torbida, cercate di scorgere increspature improvvise.
In alternativa, prendere parte a un tour di avvistamento dei lamantini aumenterà le probabilità di vederli nel loro ambiente naturale. A Key Largo, la, Everglades Eco-Tours del Capitano Sterling *(tel. 888/224-6044, http://floridakeys.homestead.com, $$$$$, prenotazione obbligatoria)* organizza, da inizio dicembre a inizio marzo, tre escursioni al giorno, con partenza dal Sundowners al MM 104. Sebbene anche altri tipi di escursione siano interessanti, i tour dei lamantini a bordo della barca del capitano Sterling, che può ospitare un massimo di sei persone, vi condurranno in quelli che lui definisce i "posti segreti dei lamantini".

Una casetta a Tavernier, tranquilla e pittoresca cittadina all'estremità inferiore di Key Largo.

Sound passando dai 358 m di lunghezza del Jewfish Draw Bridge al MM 106, diventando l'Overseas Highway. L'attraversamento, che richiede pochi secondi in auto, vi porta in una regione senza eguali nel Nord America.

Nelle Upper Keys, il trucco è di ripromettersi di uscire dalla strada principale per andare in esplorazione. Troverete ancoraggi pieni di barche da pesca attrezzate per i marlin e i focenidi, negozi di subacquea ansiosi di mostrarvi le scogliere, dimora di oltre 600 specie di pesci, e concessionari desiderosi di affittare qualsiasi tipo di trasporto acquatico desideriate.

I pescatori vengono per gli sfuggenti *Albula vulpes* e *Trachinotus falcatus*, e l'energico tarpone atlantico o i *Caranx hippos*, la cui caccia è ritenuta dagli appassionati prossima a una forma di meditazione. Nascoste nel fogliame ci sono località turistiche, molte stravaganti, alcune lussuosissime. I turisti setacciano le spiagge o vagano nei boschetti di *Coccoloba diversifolia*, simili a giungle, *Metopium toxiferum*, sanguinella della Jamaica, *Chrysophillum oliviforme* e palme.

La loro curiosità è premiata dalla vista di creature meravigliose come l'airone maggiore (raramente visto altrove), i cuculi delle mangrovie, la spatola rosa e la *Columba leucocephala*. Varie caratteristiche identificano le Keys, a partire dalla più lunga, Key Largo (dallo spagnolo Cayo Largo, dove *cayo* deriva da un'antica parola indigena che significa "isolotto" e *largo* sta per "lungo"). ■

Come si formarono le Keys

Ai primordi le barriere coralline crescevano in cima a sporgenze di pietra calcarea sui bassi fondali marini. Tra i 120-100.000 anni fa, le calotte polari si estesero e gli oceani si restrinsero, abbassando il livello del mare di 6-9 m e lasciando scoperta la cima della barriera, che morì diventando un arido arcipelago di corallo fossilizzato o roccia calcarea. Con i millenni, le onde, le maree e le tempeste depositarono alghe, frammenti di legno e altri detriti organici, che si decomposero per formare terreno.

I semi venivano trasportati a riva dalla corrente o nello stomaco degli uccelli migratori. Quelli che germogliarono hanno creato i caratteristici isolotti tropicali simili a giungle.

Key Largo

È facile sottovalutare quanto offre quest'isola lunga 48 km, visto che i negozi di pesca subacquea, i motel, i tabelloni per le affissioni e gli autogrill che si affacciano sulla strada possono suscitare l'impulso di proseguire o ritornare a Miami. Ma questo luogo è più accogliente di quanto si possa sospettare, poiché gli abitanti locali dipendono dalla benevolenza dei viaggiatori e compensano con cordialità e humour la mancanza di raffinatezza dei loro spesso umili servizi.

I coralli e i pesci del John Pennekamp Coral Reef State Park sono un richiamo irresistibile per chi ama le immersioni.

Se arrivate tramite la US 1 provenendo dalla parte delle Everglades, potreste perdere la distesa degli isolotti vergini con gli alberi dal legno duro e mangrovie di North Key Largo. Arrivando da Miami basta dirigersi a est, prendere Card Sound Road (Fla. 905) a sud di Florida City (se avete sorpassato North Key Largo verso sud, prendete Fla. 905 a nord.) Sul Card Sound Bridge si paga un pedaggio ($), mentre la US 1 è gratuita, ma vale la pena di sborsare quella somma per sperimentare le Keys allo stato selvaggio in cui erano prima degli insediamenti; per non parlare poi di quello che sul Miami New Times è stato per due volte proclamato "Miglior Casello Autostradale". Card Sound Road e la US 1 si uniscono a Lake Surprise: se siete in direzione sud, vi trovate davvero nelle Keys ora!

Cercate una via laterale verso la parte atlantica dell'isola per la prima occhiata all'unica barriera corallina al largo degli Stati Uniti continentali. Milioni di anni fa questa barriera naturale formava le Keys. Deturpata dalla collisione con le navi, fratturata dalle ancore delle imbarcazioni e dalla dinamite dei commercianti di corallo, è in crisi a causa degli scarichi dei rifiuti nel mare. Nonostante il futuro incerto, continua a proteggere dall'azione levigante delle onde dell'oceano le isole che ha creato: è per questo motivo che qui poche spiagge hanno la sabbia fine.

John Pennekamp Coral Reef State Park

Molte guide turistiche definiscono questa riserva, in gran parte sommersa dall'acqua, come la principale attrazione naturalistica delle Keys. Questo parco di 21.850 ettari è lungo 40 km, si estende per 5 km verso l'Atlantico, e, unito al tratto adiacente di Key Largo del **Florida Keys National Marine Sanctuary**, protegge 640 kmq di acque costiere e 951 ettari di isolotti tropicali e foreste di mangrovie. Il suo punto di rilievo è un giardino sottomarino di barriera corallina dall'eterea bellezza.

Meraviglie del mondo sottomarino: Non potendo vedere gran parte della riserva dalla spiaggia dovrete avventurarvi verso il mare. Tempo permettendo, il parco offre escursioni giornaliere con le imbarcazioni dal fondo di vetro *(tel. 305/451-6300, $$$-$$$$)*, snorkeling guidato *(tel. 305/451-6300, $$$$-$$$$$)* e diving guidato *(tel. 305/451-6322, $$$$$)*; chiamate per informazioni dettagliate sulle uscite. Le gite in barca partono dal parcheggio del centro visitatori e durano circa 2 ore e mezza, le spedizioni con maschera e pinne circa 90 minuti. Il mondo sottomarino è fantastico, un magico giardino decorato da spugne, gorgonie, esemplari di *Osteocella septentrionalis* e gorgonie bianche, cirripedi, 27 specie di gorgonie simili ad anemoni, spinosi ricci di mare, più di 55 varietà di coralli. È pattugliato da granchi, lumache, aragoste, gamberetti, molluschi, stelle marine, cetrioli di mare, ricci e oltre 500 specie di pesci dai vivaci colori.
Potete fare snorkeling a **Cannon Beach** (dietro il centro visitatori) e nella zona di **Far Beach**, una laguna riparata da una barriera rocciosa al termine della strada d'ingresso dal MM 102.5, dove si concentrano i pesci tropicali (si noleggia l'equipaggiamento nell'edificio principale del concessionario).
Il cannone, l'ancora e la pietre della zavorra del relitto del galeone spagnolo, sparsi sul chiaro fondale nelle basse acque a circa 40 m dalla riva, sono ricostruzioni collocate dai funzionari del parco.

Altre attività: Se preferite rimanere sulla terraferma, potete comunque avere un incontro faccia a faccia con alcune delle

La fine dell'Eden?

Dal punto di vista ambientale la Florida Bay e le Everglades sono gemelle siamesi; se una muore, l'altra è condannata a soccombere. Agricoltura e sviluppo edilizio hanno ridotto l'area e la vitalità delle Everglades, l'inquinamento agricolo l'ha fatta ammalare e la deviazione delle acque per proteggere case e fattorie dalle alluvioni ha prosciugato le paludi. Risultato: le acque della Florida Bay, un tempo cristalline, sono intorbidite dal prosperare delle alghe, le "praterie" di fieno di mare uccise e trasformate in fango, le spugne estinte, privando giovani gamberi, pesci e aragoste del cibo. Nonostante le nuove leggi protezioniste, la prognosi è incerta.

Key Largo
159 D4

Informazioni turistiche
Key Largo Chamber of Commerce, 106000 Overseas Hwy.
305/451-1414 o 800/822-1088

John Pennekamp Coral Reef State Park
159 E4-E5
Ingresso del parco all'altezza del MM 102.5
305/451-1202 (informazioni e campeggio); 305/451-6300 (affitto di kayak e canoe da mare)
$ per auto, $ a persona; tariffe extra per campeggio, ormeggio e scivoli per barche

http://pennekamppark.com

creature che abitano la barriera nell'**acquario di acqua salmastra** da 113.560 litri del centro visitatori, un caleidoscopio vivente in technicolor di pesci che guizzano tra anemoni tentacolate, graziosi coralli e spugne. Diverse "vasche da toccare" permettono di allungarsi senza pericolo sotto terra fertile fittamente coperto di alberi. Eccetto il sentiero, questa è la Florida preistorica, una fitta giungla dal disegno intricato di gombi, mogano delle Indie occidentali, *Ficus citrifolia* e *Howea forsterana*. Allontanandosi dalla zona di Far Beach, il **Mangrove Trail** segue una passerella elevata che consente

Gli aironi frequentano le foreste di mangrovie del John Pennekamp.

la superficie dell'acqua per venire a contatto con queste creature dallo stravagante aspetto.
Non andatevene senza aver passeggiato lungo due brevi e facili sentieri che attraversano un'enciclopedia vivente di flora locale. Un sentiero ad anello che inizia e termina vicino al parcheggio del centro visitatori, il **Wild Tamarind Trail,** gira intorno a un boschetto (*hammock*) di piante tropicali dal legno duro. *Hammock* è una variante sudista della parola *hummock* e si riferisce a un tratto di una veduta ravvicinata delle foreste d'acqua salata di mangrovie rosse, nere e bianche. Questi alberi, appollaiati su tronchi inarcati come zampe di ragno creano una barriera impenetrabile tra il mare e la spiaggia, che dà riparo ai pesci più giovani.
Un altro modo di esplorare questa incantevole riserva è la canoa, lungo un serpeggiante corso d'acqua di 4 km con placidi ruscelli soggetti alla marea, attraverso foreste di mangrovie. Il principale concessionario affitta canoe e kayak

da mare. Il percorso finisce nella zona di Far Beach, un invitante punto in cui nuotare, con docce d'acqua dolce per lavare via il sale quando avete finito.
La riserva ha 47 campeggi con docce, acqua ed elettricità.

Crocodile Lake National Wildlife Refuge

Se foste stati uno delle migliaia di avventurieri spagnoli naufragati lungo questa costa e foste riusciti a non farvi schiacciare tra lo scafo della nave e la scogliera che l'aveva squarciata, la vostra gioia per essere sopravvissuti avrebbe potuto affievolirsi mentre nuotavate verso la spiaggia tra i grovigli di mangrovie di Key Largo. In agguato tra queste secche verde chiaro c'erano non solo i calusa, una tribù di uomini e donne di alta statura noti per ridurre in schiavitù i naufraghi, ma orde di coccodrilli affamati. I rettili sono ancora qui, non meno di 100 svernano al Crocodile Lake Nation, al Wildlife Refuge, che si estende sul sereno e sognante entroterra costiero. Sebbene non sia aperto al pubblico, vale la pena di darvi un'occhiata dalla Card Sound Road (Fla. 905).
Negli anni '50 questo tratto di Key Largo fu destinato a essere il sito per una nuova città, "l'imitazione di un villaggio costiero del Mediterraneo". La Nature Conservancy e il governo federale acquistarono il terreno dai suoi sedicenti operatori edilizi in bancarotta. Per ora il delicato tratto palustre - che protegge una delle maggiori estensioni di piante tropicali dal legno duro - è sottosviluppato. Vi sono progetti per l'installazione di una piattaforma di osservazione e di una passerella che attraversi la zona paludosa, mentre un prato per le farfalle è stato di recente costruito lungo Fla. 905, di fronte all'ingresso della riserva, circa 3,5 km a nord dell'intersezione fra la Fla. 905 e la US 1 (Overseas Highway). La comunità di coccodrilli del rifugio di 2700 ettari è ritenuta una delle più popolate del Nord America. Con un binocolo potrete osservare le timidissime lucertole riscaldarsi al sole sulle rive più lontane dal punto di osservazione. Considerato specie in via d'estinzione, il coccodrillo americano è lungo da 2,5 a 5 m, pesa da 70 a 20 kg e vive 60-70 anni. Resistete all'impulso di gironzolare in acqua; l'accesso è vietato, siete nel territorio dei serpenti a sonagli e potreste provocare la distruzione dei nidi sul terreno delle rondini di mare che si appollaiano qui.

SUGGERIMENTO:

I visitatori del John Pennekamp che non possono o non vogliono entrare in acqua possono optare per l'acquario marino del parco che merita sicuramente una visita poiché i veri piaceri di questo luogo si trovano al di sotto della superficie.

- MATT PROPERT
fotografo di National Geographic

Crocodile Lake National Wildlife Refuge

159 E6

Entrata da Card Sound Rd., 3 km a nord dell'incrocio fra la Card Sound Rd. e l'Overseas Hwy., all'altezza del MM 106

305/451-4223

www.fws.gov/nationalkeydeer/crocodilelake

Dagny Johnson Key Largo Hammock Botanical State Park
159 E5
305/451-1202
$
www.floridastateparks.org/keylargohammock

Dagny Johnson Key Largo Hammock Botanical State Park

Ci fu un tempo in cui le Upper Keys erano in gran parte una vasta distesa arruffata di piante tropicali delle Indie occidentali cinta da mangrovie. Dove una volta la maggior parte di questo caos perfetto frusciava dolcemente nei venti alisei, potete ora parcheggiare la vostra auto noleggiata, ordinare una torta di lime o una birra, comprare le esche, noleggiare un'imbarcazione per la pesca o prenotare la stanza di un motel. Nel Dagny Johnson Key Largo Hammocks State Botanical Site, sopravvivono più di 810 ettari di questa antica sterpaglia. Il tratto appena a nord della US 1 su Fla.905 a North Key Largo sul lato dell'oceano (Atlantico) della strada principale, è il più vasto *hammock* rimasto di piante tropicali dal legno duro e paludi di mangrovie delle Keys, la fascia costiera coperta di vegetazione selvaggia che Juan Ponce de León vide quando approdò sulle isole ai primi del XVI secolo (vedi pp. 158).
Potete esplorare la riserva da soli, guidati dall'opuscolo informativo consegnato all'ingresso. I punti di interesse sono segnalati con massi numerati lungo un sentiero naturale lastricato, percorribile anche con sedia a rotelle. Lungo il percorso una serie di pannelli illustra le caratteristiche delle 84 specie di

DA PROVARE: nuotare con i delfini

Nulla può essere paragonato alla meravigliosa sensazione che si prova nel nuotare con i delfini, poiché essi si dimostrano subito amichevoli, si lasciano accarezzare e spesso emettono il loro verso per mostrare la disponibilità a giocare. Quando il delfino parte, nuota sulla superficie dell'acqua, superando gli ostacoli, se presenti, per poi immergersi in profondità; pochi secondi dopo, salta fuori dall'acqua e si sposta in avanti come se camminasse con la coda per alcuni secondi.
Nelle Keys ci sono cinque posti in cui si può nuotare con i delfini atlantici. I programmi variano, ma la maggior parte delle strutture offre la possibilità di fare una nuotata "strutturata": una lezione di 30-45 minuti sui delfini e sulle regole per stare in acqua con questi mammiferi, seguita da una nuotata in loro compagnia di 20-30 minuti sotto la supervisione degli istruttori.
In alcune strutture si può fare nuotate "naturali", in cui il contatto con i delfini avviene solo se sono gli animali a cercarlo, o avvicinamenti in acque poco profonde. In genere ai bambini al di sotto dei 7 anni non è consentito nuotare con i delfini, ma in alcune strutture possono avvicinarli rimanendo su una banchina. Le nuotate "strutturate" costano circa $185 mentre quelle "naturali" sia aggirano sui $135.
Dolphin Connection *(61 Hawks Cay Blvd., Duck Key, tel. 888/251-3674, www.hawkscay.com)* **Presso l'Hawks Cay Resort. Programmi di contatto con i delfini sotto supervisione che comprendono il bagno in una laguna di acqua salata.**
Dolphin Cove *(101900 Overseas Hwy., Key Largo, tel. 877/365-2683, www.dolphinscove.com)* **Vedi p. 167 per dettagli.**
Dolphins Plus *(31 Corrine Pl., Key Largo, tel. 305/451-1993, www.dolphinsplus.com)* **Vedi p. 167 per dettagli.**
Dolphin Research Center *(58901 Overseas Hwy., Marathon, tel. 305/289-0002, www.dolphins.org)* **Vedi p. 184 per dettagli.**
Theater of the Sea *(84721 Overseas Hwy., Islamorada, tel. 305/664-2431, www.theaterofthesea.com)* **Vedi p. 171 per dettagli.**

Il parapendio offre ai visitatori una vista impareggiabile di Key Largo e la sua lunga costa ondulata.

piante e animali protetti che si trovano qui, molti rari e in pericolo di estinzione. Altri 10 km di sentieri (percorribili solo se muniti di permesso, gratuito, da richiedere presso il John Pennekamp Coral Reef State Park; vedi p. 163) consentono esplorazioni più approfondite.
Qui, come al Crocodile Lake National Wildlife Refuge (vedi p. 165), le agenzie governative stanno acquisendo i tratti circostanti per bloccare gli sconfinamenti ed espandere il sistema dei percorsi escursionistici. È un terreno di battaglia tra gli ambientalisti e gli imprenditori edili: fuori da un boschetto, potrete imbattervi in carcasse di edifici abbandonati.

Dolphin Cove e Dolphins Plus

Key Largo è il luogo dove conoscere i delfini. A Dolphin Cove e vicino alla struttura associata, Dolphins Plus, potete nuotare con queste simpatiche creature.

Dolphin Cove: Collocata in una laguna naturale di 2 ettari, Dolphin Cove ha un'ampia gamma di programmi interessanti. Molti visitatori vengono qui per lo Shallow Water Dolphin Encounter, un programma che comprende il coinvolgimento diretto in acqua con vivaci e allegri delfini tursiopi dell'Atlantico. L'avventura comincia con un giro di 30 minuti a bordo di un'imbarcazione coperta attraverso le bellezze dell'entroterra delle Keys, con esperti incaricati di tenere lezioni sui vari aspetti, dall'anatomia al comportamento e alla struttura sociale dei delfini nel loro ambiente naturale - essi vivono e viaggiano insieme in gruppi

Dolphin Cove

✉ MM 101.9

☎ 305/451-4060 o 877/365-2683

$ $$$$$ per nuotare, $$ per guardare

www.dolphinscove.com

Dolphins Plus

✉ 31 Corrine Pl. (subito a sud del MM 100)

☎ 305/451-1993 o 866/860-7946

$ $$$$$ per nuotare

www.dolphinsplus.com

Uccelli delle Keys

L'ornitologo e artista del XIX secolo John James Audubon fu stupefatto dalla varietà di uccelli delle Keys. Milioni di uccelli migratori (come le rondini di mare) svolazzano verso il basso per posarsi in primavera e autunno, unendosi alla popolazione permanente di trampolieri comprendenti gli aironi e le egrette. Le Keys abbondano anche di aquile dalla testa bianca, falchi pescatore, civette striate, pellicani bruni e *pileatus di Dryocopus*. Nessuno, però, supera l'abilità del nibbio coda di rondine nel compiere balletti aerei. Per proteggere questa preziosa avifauna, non lasciate mai ami per la pesca e lenze nei boschi. Se la vostra esca si incaglia in un albero, fate tutto il possibile per recuperarla. Non liberatevi mai dell'esca agganciata all'amo o della lenza gettandole in acqua. Se agganciate un uccello non lasciatelo volar via senza aver tagliato via ogni parte di lenza, perché ciò condanna la creatura a impigliarsi e alla morte per inedia. Se un uccello ingoia un amo o è gravemente impigliato, portatelo al Florida Keys Wild Bird Center o chiamate perché vengano a prenderlo *(tel. 305/852-4486)*. Quando ripulite i pesci non gettate gli scarti nell'acqua, poiché se sono più grandi delle prede abituali potrebbero soffocare i pesci.

Harry Harris County Park
159 D3
MM 93.5, via Burton Dr.
305/852-7161

Florida Keys Wild Bird Center
159 D3
93600 Overseas Hwy., Tavernier
305/852-4486
Offerta
http://fkwbc.org

detti *pods* - o al loro modo di comunicare con gli esseri umani. I problemi ambientali e le minacce per i delfini costituiscono una parte fondamentale di questo viaggio e vengono date precise indicazioni su come interagire in modo responsabile con loro quando li incontrerete in acqua. Potete imparare ancora di più su di loro nei laboratori e si può esplorare la zona in un giro guidato su kayak o fare immersioni subacquee.

Dolphins Plus: Si trova su un canale adiacente all'oceano. I visitatori si immergono in acqua con maschera, pinne e boccaglio per una sessione che non prevede il contatto diretto ma solo una simulazione del nuoto con i delfini.

Tavernier

All'estremità inferiore di Key Largo si estende Tavernier, una traccia dell'avamposto originario di Key, un tempo denominato Planter. Si dice che Tavernier prenda il nome da un'isoletta spagnola denominata Cayo Tabona (Isola Tafano).

Tavernier è un cittadina rilassata, ed è una buona base di esplorazione, piena di alloggi e ristoranti. La città confina con Tavernier Creek e Plantation Key verso sud, offrendo ai naviganti accesso sia all'oceano sia alle acque della baia.

Durante il XVIII secolo l'isola fu una base per i cacciatori delle barriere coralline in cerca di bottino tra i relitti dei naufragi. Nel decennio 1860 gli agricoltori di Bahamina di Key West si trasferirono nella zona e fondarono Tavernier, villaggio basato su pesca e agricoltura. L'arrivo della ferrovia di Flagler portò la richiesta di ananas, noci di cocco e altri frutti da coltivare qui. Un magazzino, da cui i prodotti agricoli un tempo venivano spediti, è stato restaurato vicino ai binari della ferrovia.

La cittadina ostenta un distretto storico, un quartiere in cui sopravvivono costruzioni in legno di inizio XX secolo ed edifici della Croce Rossa. Dopo che il devastante uragano del Labour Day del 1935 denudò le Matecumbe Keys (annegando centinaia di persone; vedi pp. 173-174), la Croce Rossa costruì quattro stanze bunker di cemento armato, con finestre dal telaio d'acciaio ancorate nelle spesse mura. La struttura simbolizza la determinazione, fondamentale per i residenti delle Keys, di scongiurare ciò che un altro grande uragano, che alcuni predicono porterà ondate di 6 m, potrebbe fare a un arcipelago il cui punto più alto, Windley Key, è di 5,4 m.

Harry Harris County Park: Harry Harris era un faccendiere locale che divenne anche governatore della contea. La sua influenza è testimoniata dal nome del parco di Tavernier sul lato della strada che costeggia l'Atlantico, al MM 93.5 via Burton Drive, che piega a destra e a sinistra in direzione della spiaggia. Seguite i cartelli che conducono a una piccola laguna con spiaggia artificiale per il nuoto e rampa di alaggio per le barche. È probabile che assistiate a partite di softball e pallacanestro e sentiate nell'aria l'odore di carne arrostita sulle griglie a carbonella pubbliche.

Florida Keys Wild Bird Center: Circa 800 m a nord della svolta verso l'Harry Harris County Park rimane il Florida Keys Wild Bird Center, aperto nel 1984 dalla naturalista Laura Quinn per fornire cure agli uccelli acquatici e ripari agli uccelli feriti (per notarlo cercate gli uccelli intagliati nel legno appollaiati sulla riva della baia della strada principale al MM 93.6) Il centro opera con cliniche veterinarie per soccorrere gli uccelli feriti o rimasti orfani, con la speranza di restituirli al loro ambiente naturale. Molte ferite derivano da collisioni con veicoli, cavi delle linee elettriche e finestre. Molti uccelli, in genere pellicani, arrivano aggrovigliati nei fili delle canne da pesca o mentre stanno per soffocare a causa degli ami delle esche ingoiate. Altri si spezzano le ali dopo che rimangono aggrovigliati in reti da pesca. Gli animali con invalidità permanenti sono tenuti nelle paludi di mangrovie, tra i luoghi migliori per studiare da vicino aironi, cormorani, pellicani bruni, la poiana ali larghe, rondini di mare e falchi pescatori. Un breve percorso naturalistico si snoda su una collinetta con un *hammock* di piante tropicali dal legno duro vicino al centro. ■

DA PROVARE: interagire con i pellicani

Al santuario del Florida Keys Wild Bird Center (vedi in questa pagina) di Laura Quinn potrete stabilire un contatto ravvicinato con alcuni volatili di grandi dimensioni. Non stupitevi del gran numero di pellicani, ibis, garzette e aironi che vagano liberi e si radunano al santuario. Dar da mangiare a questi uccelli selvatici per iniziativa personale esula dal piano ufficiale di alimentazione quotidiana del centro, ma i guardiani del santuario hanno il cuore tenero: se arrivate al momento del pasto, provate a chiedere se potete prendere qualche aringa o qualche sperlano dal loro secchio per nutrire voi stessi gli uccelli selvatici. Se ve lo concedono, lanciate un pesce a un uccello in particolare e osservate come lo acchiappa al volo.

Plantation Key

Verso sud incrocerete la minuscola Plantation Key, il cui nome celebra le proprietà che coltivavano banane e ananas, che fiorirono qui dal decennio 1880 fino alla Prima Guerra Mondiale, impiegando nativi delle Bahamas come lavoratori dei campi.

Una delle famose spiagge di Plantation Key.

Plantation Key
158 C3

Oggi, a causa dell'intenso sviluppo edilizio dell'isola e della presenza di numerose spiagge con spazi ricreativi, ci sono poche tracce delle piantagioni e dei calusa, che vivevano qui e nell'adiacente Windley Key (vedi pagina seguente) non meno di 4000 anni fa. Gli archeologi studiano i mucchi di rifiuti che essi lasciarono alla ricerca di indizi sullo stile di vita della tribù.

Al largo c'è un complesso di barriere coralline con creature marine variopinte, dall'aspetto stravagante, fra cui l'enorme ma benigna manta. Le migliori formazioni sono l'**Inner** e l'**Outer Conch,** la **Davis Reef,** e i pianori **Crocker Wall** i precipizi e le alture di corallo che riparano corridoi di sabbia bianca. ■

Key Lime

I *key lime* non sono lime qualsiasi, ma un ibrido della Florida. Un po' più piccoli di una palla da golf, sono disponibili tutto l'anno. La loro sottile pelle macchiettata giallo-verde contiene una succosa polpa con alti quantitativi di vitamina C e un forte sapore agro-dolce. Sono tradizionalmente usati nella *key lime pie*, una torta con una base di biscotti sbriciolati farcita con una crema giallognola al lime, ricoperta di meringa.

Windley Key

A sud attraverso il ponte levatoio di Snake Creek al MM 86.5 c'è Windley Key, in origine due isole adiacenti, ora collegate da uno sversatoio depositato all'epoca della costruzione ferroviaria nel XX secolo. L'estrazione della roccia qui lasciò buche simili a cave le cui mura mostrano formazioni di roccia corallina calcarea formatesi circa 125.000 anni fa, con fossili di esseri viventi della barriera.

Appena a sud del ponte, cercate in direzione della baia queste fosse, che ora fanno parte del **Windley Key Fossil Reef Geological State Park** *(chiuso mar.-mer.)*. Il parco (MM 85.5) ricorda i tempi passati, quando le lastre della bella roccia corallina ricca di fossili venivano cavate per costruire le facciate degli edifici. Cinque percorsi si snodano passando per macchinari arrugginiti verso le cave, fornendo un esame minuzioso dell'antica barriera corallina. Per esplorare le cave, dovete acquistare i biglietti al centro visitatori *(305/664-2540, $)*, dove potete anche ottenere un opuscolo che vi guidi lungo il percorso. La deviazione e la marcia indietro verso Long Key (MM 67.5) sono d'obbligo per gli appassionati di fossili. Nelle vicinanze c'è una cava simile, scavata nel 1907 dalle squadre di costruzione della ferrovia e riempite con acqua di mare nel 1946 per creare uno dei primi parchi marini del mondo. Gli show giornalieri al **Theater of the Sea** prevedono una troupe di creature guidata da leoni marini e delfini, insieme agli altri animali delle Keys. Il teatro offre la possibilità ai visitatori di nuotare per mezz'ora con delfini, leoni marini o razze (prenotazione obbligatoria). Tra le attrazioni ci sono l'ora del pasto nella vasca degli squali e un acquario di 1135 litri con l'ambiente di una barriera corallina vivente. ■

SUGGERIMENTO:

In tutte le Keys gli edifici presentano pietre di volta in roccia corallina calcarea di Key Largo, lavorata e levigata fino a modellare elementi decorativi. Un esempio è il centro visitatori del parco.

- GERRY POWERS

vice responsabile del parcheggio del Windley Key Fossil Reef Geological State Park

Un'istruttrice e un delfino al Theater of the Sea.

Windley Key

158 C2

Informazioni turistiche

Key Largo Chamber of Commerce, 106000 Overseas Hwy.

305/451-1414 o 800/822-1088

Theater of the Sea

158 C2

84721 Overseas Hwy.

305/664-2431

$$$$$ per gli spettacoli, $$$$$ per le sessioni di nuoto

www.theaterofthesea.com

Upper Matecumbe Key

Sagomata come un fagiolino lungo 8 km, che si estende dal MM 84 al MM 79, l'Upper Matecumbe Key fu per un periodo il centro principale di coltivazione d'ananas in America. Qui venivano messe a coltura anche i lime, sebbene oggi il frutto usato per fare le torte di lime delle Keys sia coltivato nell'entroterra della Florida. La competizione cubana e l'uragano del 1935 annullarono l'industria dell'agricoltura nelle Keys e oggi l'Upper Matecumbe se la cava bene facendo divertire i turisti.

Il Florida Keys Memorial ricorda le centinaia di dispersi vittime dell'uragano di categoria 5 del 1935.

Upper Matecumbe Key

158 C2

Informazioni turistiche

Islamorada Chamber of Commerce, 83224 Overseas Hwy., Islamorada

305/664-4503 o 800/322-5397

www.islamoradachamber.com

Islamorada

La città di Islamorada afferma di avere più natanti da pesca locali per miglio quadrato di qualsiasi altra parte del mondo e si auto-proclama capitale mondiale della pesca sportiva. Per molti anni i presidenti degli Stati Uniti e le celebrità sportive hanno pescato qui, mentre le guide telefoniche elencano più di 350 operatori per il noleggio di imbarcazioni da pesca. Cinta da porticcioli e imbarcazioni da pesca, con la sua area urbana dallo sviluppo caotico che allinea ai lati delle strade negozi di attrezzature, fornitori di esche, bistrot, bar e un'affascinante e a volte stravagante varietà di negozi, Islamorada ha l'aspetto giusto. Si dice che gli esploratori spagnoli notarono il colore violaceo della linea costiera, fenomeno creato dalle conchiglie color lavanda delle lumache di mare janthina

(*Janthina, Violetta, globosa*), e aggiunsero il nome *islas moradas* (isole purpuree) alle loro cartine. Gli storici del luogo sostengono che i fondatori della città nel XIX secolo la chiamarono come la nave che li portò lì, la goletta *Island Home*. In ossequio all'eredità spagnola delle Keys, si dice che essi lo tradussero come Islamorada, dando vita a racconti di un nome coniato dai conquistadores, non dagli agricoltori metodisti. In ogni caso è un bel nome.

Vicino al MM 83 si trova il **Florida Keys History of Diving Museum** *(82990 Overseas Hwy., tel. 305/664-9737, www.divingmuseum.com, $$$)*, dedicato a manufatti - fra cui la collezione più vasta al mondo di caschi da palombaro - fotografie, libri e tradizioni relative a questo sport. Anche se non siete dei patiti di immersioni, il museo merita comunque una visita per le vecchie tenute da palombaro e gli altri oggetti in mostra che vi faranno capire quanti passi avanti abbia fatto la tecnologia.

Vicino al MM 82, cercate il **vagone ferroviario rosso** che ospitava un tempo l'Islamorada Chamber of Commerce, soggetto interessante per una fotografia. Qui si trovavano lo sfortunato deposito della Florida East Coast Railway e l'accampamento dei lavoratori fino a che l'uragano del Labor Day del 1935 (vedi p. 174) li rase al suolo.

Nel vicino **Pioneer Cemetery,** all'interno della proprietà del Cheeca Lodge resort, riposano molti dei primi abitanti delle Keys.

Se siete solo di passaggio lungo il tragitto per Key West, fate una sosta presso l'**Islamorada Library Park** al MM 81.5 sul lato della baia, dietro la biblioteca cittadina. Qui l'acqua è bassa e pulita, anche se la corrente è piuttosto forte. Toilette pubbliche, tavoli da picnic e bei prati fanno di questa piccola oasi sul lungomare un posto piacevole in cui rilassarsi.

DA PROVARE: il SUP

Un modo nuovo e originale, ma al contempo millenario, per esplorare le Keys è quello di abbinare una tavola da surf alla pagaia. Il SUP (acronimo di stand-up paddle) è un'antica forma di surf che negli ultimi anni è diventata di moda sulla costa orientale del Sud della Florida, in quella zona di acque calme che va dall'Oleta River State Park a nord di Miami a Key Biscayne e lungo tutte le Keys. Per praticare questo sport basta rimanere in piedi sulla tavola e aiutarsi con una lunga pagaia per le manovre. Cadere è improbabile perché le tavole sono progettate per garantire stabilità, quindi il SUP è un ottimo modo per fare esercizio fisico e osservare flora e fauna selvatica di tutti i tipi.

Se siete in vena di avventure, aggregatevi a una escursione di SUP. A seconda della guida, potreste essere condotti prima in una foresta di esili mangrovie, dove osservare un miniecosistema, e poi su distese di praterie marine tra cui provare a scorgere tartarughe e meduse. Se siete fortunati potreste vedere lamantini e giovani squali o i delfini in lontananza. Uno degli esercizi commerciali specializzati in SUP nelle Upper Keys è il Florida Bay Outfitters *(104050 Overseas Hwy., Key Largo, tel. 305/451-3018, www.kayakfloridakeys.com)*. Le sue guide vi condurranno in esplorazioni ($50) della baia della durata di due ore. È possibile affittare tavole ($20 l'ora) per escursioni in solitaria.

Florida Keys Memorial: Di fronte alla biblioteca, sul ciglio della strada al MM 81.6, si erge il pallido calcare corallino del Florida Keys Memorial, noto come il monumento dell'uragano. Il memoriale commemora l'uragano del Labor Day del 1935, classificato di categoria 5, la tempesta più devastante mai documentata che abbia colpito le Keys, e il più intenso uragano di terra che si sia mai abbattuto sull'emisfero occidentale.
A Key West la sera di sabato, 31 agosto 1935, l'aria era ancora immobile, calda e umida. Lunedì 2 settembre le bandiere di pericolo relative all'approssimarsi di una tempesta si spiegavano nel centro, mentre i cittadini si preparavano al peggio. Entro mezzanotte piogge portate dal vento bersagliavano i tetti di lamiera della città. I cavi si spezzarono, gli alberi caddero, ma la furia della tempesta scavalcò l'isola, spostandosi a nord verso Upper e Lower Matecumbe Keys, annegando più di 400 persone, di cui gran parte operai della ferrovia, a bordo di un treno di soccorso spazzato via dalle rotaie da raffiche di 320 km/h e da un'onda di marea alta 6 m.
Il monumento contrassegna la tomba delle 423 persone che morirono nella tempesta. Ernest Hemingway, residente a Key West, noleggiò una barca per portare viveri ai sopravvissuti. Avendone trovati pochi, in seguito scrisse che in questa regione non esisteva autunno, "solo un'estate più pericolosa". ■

I pescatori usano barche a fondo piatto dette schifi per la pesca di bonefish e per accedere alle acque basse dell'entroterra del Golfo al largo di Islamorada.

DA PROVARE: pescare nelle Keys

Il Sud della Florida forse è più noto per la pesca in alto mare nella Corrente del Golfo, dove i pescatori con pesanti imbracature usano canne da pesca e mulinelli del diametro di una noce di cocco per catturare combattivi delfini (i pesci, non i mammiferi), ombrie, pesci vela, *wahoo* (*Acanthocybium solandri*) e marlin. Le Keys sono anche una delle principali regioni con acque basse e deboli correnti, ideali per la pesca con cucchiaino e mosca, dove i record mondiali sono stabiliti da esperti dagli occhi d'acciaio.

Gran parte di queste imprese hanno luogo nei bassi fondali e nelle distese d'acqua nell'entroterra dell'Upper Keys Florida Bay. In questa giungla di isole disabitate, persa nei grovigli di mangrovie e nei bacini tremolanti ricoperti di fieno di mare delicatamente reclinato, l'acqua è spesso profonda dai 60 ai 90 cm. Qui ciò che conta è l'abile manipolazione di delicate attrezzature a caccia di sfuggenti prede, con lenti approcci verso pesci sospettosi, sensibili al minimo movimento.

A meno che non siate esperti in questo tipo di pesca, abbiate una vostra attrezzatura e la barca e sappiate come muovervi nell'entroterra, i servizi di una guida autorizzata sono necessari, anche solo per evitare di perdersi.

Le imbarcazioni per la pesca nell'entroterra (*skiff*) sono piattaforme pressofuse lunghe dai 5 ai 6 m, con ampi scafi dal fondo piatto che le fanno stare a galla, in acque profonde poco più di 30 cm. Quando vi avvicinate a un territorio di pesca, la vostra guida spegnerà il motore e userà una lunga pertica per sospingere la barca; starete a prua su una piattaforma elevata, con un alto angolo visuale sull'acqua.

Le nozioni di una buona guida sono vaste: conosce i periodi migliori della giornata per pescare una particolare specie, valutandoli in base a variabili quali il tempo, le maree e le temperature. A seconda del tipo di pesce che vi interessa, sceglierà una destinazione. Nell'entroterra della Florida Bay l'acqua pullula di salmoni, centropomi, pompani (pesce del genere *Trachinotus*), tarponi atlantici, pesci tamburo, *ladyfish* (del genere *Elops saurus*), saraghi e squali. Se preferite pescare dalla riva, una guida è sempre un consulente prezioso per mostrarvi dove gettare l'amo e come. In primavera la pesca del tarpone con esche vive è un'attività in voga sui ponti e lungo i canali di acqua profonda da Key Largo a Key West.

SUGGERIMENTO:

Pescare dai ponti è un passatempo molto popolare tra Long Key e il vecchio Seven Mile Bridge: quest'ultimo funge anche da barriera artificiale poiché attira un sacco di pesci.

- JANE SUNDERLAND
collaboratrice di National Geographic

Norme ed equipaggiamento

La pesca è consentita sia nei parchi nazionali sia nelle NWR (National Wildlife Refuge), i cui confini abbracciano le Keys; troverete le norme disponibili gratuitamente nelle direzioni generali di ciascuno di essi. Il Biscayne National Park (vedi pp. 146-147) comprende la zona a nord di North Key Largo; l'Everglades National Park (vedi pp. 148-151) copre Key Largo quasi fino a Marathon; e il Great White Heron National Wildlife Refuge (vedi p. 198) si estende per gran parte del territorio tra Marathon e Key West. Controllate i requisiti per le licenze di pesca dello stato disponibili per periodi da tre a sette giorni, fino a cinque anni, tutte per tariffe modeste.

Ci sono negozi di attrezzature da pesca in tutte le Keys. Uno dei migliori negozi di equipaggiamento per la pesca con la mosca nelle Keys è **Saltwater Angler** *(243 Front St., tel. 305/296-0700, www.saltwaterangler.com)* a Key West. Consultate il sito *www.fla-keys.com* per una lista di negozi nelle località di Key Largo, Islamorada, Marathon, Big Pine Key e Lower Keys, e Key West. I costi variano in funzione della lunghezza e del tipo di uscita e dell'equipaggiamento.

Lignumvitae Key

È ancora possibile vedere com'erano le Upper Keys al loro stato naturale, prima che le speculazioni agricole e imprenditoriali le tagliassero, cavassero, bruciassero, seppellissero, pavimentassero o domassero in altri modi. Nel 1970 la Nature Conservancy e lo stato della Florida si allearono per acquistare e preservare 113 ettari di Lignumvitae Key e della vicina Shell Key sul lato della Florida Bay delle Matecumbes, a sud di Islamorada, e dello storico Indian Key sulla sponda dell'Atlantico.

Un paradiso incontaminato

Il **Lignumvitae Key Botanical State Park** è un'area interamente protetta, un'autentica isola disallineata di circa 1,5 km rispetto alla dorsale corallifera delle Keys che si estende su basse paludi di mangrovie fuori dalla visuale dei transiti degli ispettori ferroviari, motivo per cui fu accidentalmente tralasciata. Agli inizi del XX secolo, l'altura con i boschetti di piante dal legno duro fu acquistata dal pioniere e finanziere di Miami William J. Matheson (vedi p. 137), che costruì un rifugio di quattro camere dalla roccia corallina ma lasciò il resto del suo ritiro inalterato (un mulino forniva l'elettricità; l'acqua fresca veniva da una cisterna di 45.420 litri riempita con acqua piovana raccolta dal tetto della casa).

Il risultato è che le foreste tropicali di *Lignum vitae* mantengono tuttora densi boschetti dell'omonimo albero sempreverde dai fiori blu dell'isola, il cui nome latino significa "legno della vita". Gli alberi fioriscono in tarda primavera o a inizio estate e producono bacche a forma di cuore. Il *Lignum vitae* - scritto staccato, mentre il nome dell'isola si fonde in un'unica parola - condivide l'isola con boschetti di mogano, lentisco, *Ficus citrifolia, Metopium toxiferum, coccoloba diversifolia*, gombi, e oltre 120 piante locali. Pacifica lo è, ma non certo silenziosa, poiché l'isolamento di Lignumvitae Key (e ora la sua rigida amministrazione) la rende un rifugio naturale per uccelli marini, trampolieri e migratori.

Il frutto dell'albero *Lignum vitae*, una delle tante piante caraibiche delle Keys.

Portate un binocolo per ammirare creature solitarie quali colombe corona bianca, falchi pescatore, marangoni dalla doppia cresta e i grandi aironi bianchi.

SUGGERIMENTO:

Il *Lignum vitae* è un legno estremamente pesante che non galleggia in acqua e che si caratterizza per la superficie resinosa e autolubrificante. In passato era utilizzato nella nautica per costruire i cuscinetti di scivolamento dove alloggiano gli alberi portaelica rotanti di bronzo.

- STANLEY SPIELMAN
ex presidente della Southern Florida Chapter dell'Explorers Club

Visita del parco

Non lasciatevi scoraggiare dal fatto che l'isola sia accessibile solo con barche private o in affitto: questo posto è imperdibile. Tornerete con una concezione della natura delle Keys migliore della maggior parte delle 73.000 persone che le chiamano casa. Le concessioni per escursioni in barca sono in funzione al di fuori della **Robbie's Marina** al MM 77.5 (in Islamorada); potete andare in kayak o canoa partendo da Indian Key Fill, al MM 79.5. Poiché solo 10 persone alla volta possono salire sull'isola, prenotate in anticipo. A causa dei delicati ecosistemi, l'esplorazione per conto proprio è proibita, così come la balneazione entro un raggio di 300 m dalla costa. Tutti i visitatori girano l'isola e la vecchia proprietà Matheson con i ranger del parco, che propongono escursioni guidate di un'ora e mezza (*$*) due volte al giorno dal venerdì alla domenica. Se volete arrivare con la vostra imbarcazione dovete chiedere in anticipo a un ranger del parco che vi riservi un posto per l'escursione e concordare un incontro al molo. Purtroppo la natura dell'isola rende l'accesso difficoltoso ai disabili. Infine indossate un paio di scarpe comode e accertatevi di essere ben protetti da un buon insettifugo. Lignumvitae Key è un ambiente naturale subtropicale completamente intatto: nelle Keys ciò significa sciami di aggressive zanzare. ■

Dar da mangiare ai pesci d'argento

Al Robbie's Marina, un porticciolo turistico, banchi di tarponi atlantici, alcuni oltre i 50 kg, si radunano accanto alla riva. Per ammirarli nel loro splendore, venite con dei pesciolini da esca e un "re d'argento" guizzerà fuori per prenderlo. State attenti a lasciare andare l'esca prima che il tarpone cerchi di farsi uno spuntino con la vostra mano. Buttatene un po' in acqua per vedere la furiosa lotta per il cibo tra pellicani e tarponi. Si può dare da mangiare ai pesci dalle 8 fino a sera (l'orario varia con la stagione).

Lignumvitae Key Botanical State Park

- 158 B2
- MM 78.5
- 305/664-2540 o 305/664-9814 (prenotazione visite)
- Passeggiate guidate ven-sab ore 10 e 14.
- $

www.floridastateparks.org/lignumvitaekey

Robbie's Marina

- 158 B2
- MM 77.5
- 305/664-9814 o 305/664-4196 Le barche partono in genere mezzora prima degli orari di inizio delle escursioni guidate; prenotazione obbligatoria

www.robbies.com

Indian Key

Circa 1 km a sud-est di Lower Matecumbe Key, al margine della corrente del Golfo, vi è la lussureggiante giungla di circa 5 ettari di Indian Key, così chiamata per i calusa che un tempo vivevano qui. Vennero rimpiazzati dai cacciatori di testuggini e dai pescatori delle Bahama del XIX secolo, che a loro volta si ritirarono nel 1831 quando un ricco giovanotto di New York, John Jacob Housman, acquistò l'isola come base per la sua attività di recupero navi. Il posto offriva delle opportunità: una riserva di acqua fresca nella vicina Matecumbe e scogliere con la fama di sventrare le navi.

Indian Key, accessibile solo in barca, fu attaccata dagli indiani nel 1840 nella seconda guerra seminole.

Indian Key Historic State Park

Housman trasformò la sua isola rocciosa in un'impresa, costruendo un negozio di generi vari, un hotel e un gruppo di casette di campagna. Sulla costa spuntarono magazzini e i pontili si protesero verso i territori dei naufragi come dita bramose. Housman prosperò per un certo periodo, poi subì dissesti finanziari e dovette ipotecare la sua isola. Nel 1838 Housman la svendette a un medico di nome Henry Perrine, il cui vero amore era la botanica tropicale. Perrine studiò la coltivazione di utili piante tropicali e sperimentò con le semine fino all'estate del 1840, quando circa 100 indiani attaccarono il villaggio, saccheggiarono i negozi e bruciarono le case. Perrine fu ucciso. La sua famiglia si salvò nascondendosi sotto il pavimento della casa, e in seguito fuggì. Con un passato così fosco, non sorprende il fatto che Indian Key sia rimasta disabitata fin dai primi

del Novecento. Per il turista la visita all'isola rappresenta un viaggio nel tempo: Indian Key conserva il suo spirito primitivo e selvaggio pre-europeo; i visitatori sono trasportati nel passato, a una perfetta immagine del mondo dei calusa. I resti del **villaggio di Housman** - fondamenta e cisterna dove gli archeologi a volte scavano alla ricerca di manufatti - fanno capolino dal sottobosco lungo un **percorso auto-guidato.**
Se avete una barca a motore potete attraccare alla banchina da poco ricostruita o optare per una visita guidata con partenza dalla Robbie's Marina (vedi p. 177). Potete anche giungervi in kayak o in canoa. Galleggiare attraverso i fondali erbosi costituisce un'occasione straordinaria di vedere lamantini, delfini, squali e razze. E i pescatori possono prendere all'amo una svariata gamma di specie, fra cui bonefish, tarpone e snapper. Presso la riva vedrete probabilmente uccelli trampolieri come il grande airone e l'airone bianco, e potreste anche esser fortunati a tal punto da individuare uno splendido uccello fregata o un'aquila di mare testabianca.
Indian Key condivide il quartier generale di Lignumvitae Key Botanical State Park (vedi pp. 176-177), dove sono disponibili informazioni in merito. Una volta sbarcati, prendete una brochure gratuita: vi troverete una cartina e indicazioni storiche utili alla visita dell'isola. Sappiate che il piano di gestione dell'isola vieta sia le toilette sia le strutture per il picnic.

San Pedro Underwater Archaeological Preserve State Park

Negli anni '60 alcuni subacquei che scandagliavano una zona di sabbia bianca, alghe del genere *Thalassia testudinum* e coralli a 5 m di profondità a Hawk Channel, circa 1,6 km a sud di Indian Key, trovarono le pietre di zavorra e il cannone che identificavano il relitto della *San Pedro*. Questa nave mercantile olandese di 287 tonnellate era stata affondata da un uragano nel 1733 insieme ad altri 20 vascelli, parte della flotta del tesoro spagnola.
La zona, di facile accesso, è stata riservata a sito archeologico sottomarino, escludendo gli sport subacquei. I cannoni e le travi originari sono stati rimossi per essere conservati e studiati, e sono stati sostituiti da riproduzioni e da un'ancora nello stile del periodo.
Per informazioni, chiamate Robbie's Marina. Le coordinate GPS del naufragio sono 24° 51.802' N, 80° 40.795' O. Accertatevi di legarvi alla boa di ormeggio per evitare che l'ancora danneggi il fondale. ■

Uragani

In media il bacino atlantico genera nove tempeste tropicali all'anno, di cui sei diventano uragani (due fortissimi). La stagione degli uragani in Florida inizia il 1° giugno e termina il 30 novembre. Originati di solito sulla costa africana, essi sono osservati dal National Hurricane Center di Miami da quando iniziano il flusso verso ovest. Se uno di loro minaccia le Keys, gli avvertimenti sono diffusi con giorni d'anticipo. In caso di evacuazione, i turisti hanno la precedenza.

Indian Key Historic State Park
- 158 B2
- 305/664-2540
- Visite guidate dai ranger ore 9 e 13 giov-lun.
- $

www.floridastateparks.org/indiankey

San Pedro Underwater Archaeological Preserve State Park
- 158 B2
- 1,5 km a sud di Indian Key
- 305/664-9814 (Robbie's Marina)

www.floridastateparks.org/sanpedro

Long Key

Il nome spagnolo di Long Key era Cayo Vivora, isola Serpente a Sonagli. Non ci sono serpenti a sonagli, ma la forma sinuosa e la "bocca" spalancata dell'isola, a quanto pare, hanno ricordato a qualche conquistador un serpente a sonagli nell'atto di colpire. Le opinioni divergono in merito al fatto che questo parco statale di 147 ettari offra un ottimo idillio o solo molto buono. Se amate camminare per centinaia di metri nell'Atlantico prima che l'acqua vi arrivi alla vita va benissimo.

Le distese di bassa marea di Long Key offrono ai bambini un luogo sicuro in cui nuotare.

Long Key
158 A1

Long Key State Park
158 A1
MM 67.5
305/664-4815
$

www.floridastateparks.org/longkey

Long Key State Park

Le mangrovie delimitano il litorale, dando riparo agli uccelli acquatici. Potete affittare una canoa per vogare lungo i canali o esplorarli su una passerella che curva attraverso la giungla lambita dalle onde, la cui flora e fauna allo stato naturale sono descritte da pannelli informativi. Il sentiero elevato di 2 km è chiamato **Golden Orb Trail,** per i grandi ragni dai colori rosso e oro le cui ragnatele ornano i grossi rami come vecchi merletti. È una zona molto ambita dai campeggiatori tutto l'anno. Alla direzione del parco chiedete informazioni sulle gite a piedi guidate dai ranger, sullo snorkeling e sulla pesca. Se vi piace viaggiare in canoa, pagaiate lungo l'itinerario per canoa dei **Long Key Lakes Canoe Trail.** Al di là della strada principale sul lato della Florida Bay, al MM 67.7, il **Layton Trail** offre una passeggiata di mezz'ora fra boschetti di piante tropicali. Vedrete delicati fili di fieno di mare salutarvi sott'acqua. C'è un cartello storico che annota le origini del Long Key Viaduct, un vecchio serpeggiante ponte ferroviario che inizia poco più in giù sulla strada e corre parallelo alla Overseas Highway per diversi chilometri, e al vecchio ritiro di pesca di Flagler. ■

Dalla minuscola Conch Key al MM 65 verso l'approdo meridionale di Seven Mile Bridge al MM 40, il più lungo dei 42 ponti delle Keys.

Middle Keys

Un bassorilievo sulla porta di rame del Crane Point Museum, Vaca Key.

Middle Keys

Il Long Key Viaduct era il ponte preferito di Henry Flagler e i suoi 180 archi in stile romanico erano citati nei suoi opuscoli di viaggio ferroviari. I suoi treni di solito viaggiavano all'andatura di 24 km/h, ma gli automobilisti odierni sfrecciano a ben più alte velocità. Chi si ferma spesso ha con sé una canna da pesca, o maschera e pinne, visto che queste isole offrono magnifici luoghi per la pesca e le immersioni. Alcuni dei punti migliori si trovano vicino al faro della Sombrero Reef, che sorveglia un regno corallifero ricco di vita marina a 7 m di profondità.

Il commercio della pesca delle Keys su scala industriale iniziò qui ai primi del 1800. Nel corso degli anni questa attività è risultata redditizia quanto quella che attrae i turisti che amano pescare. Un'armata di imbarcazioni da pesca a noleggio affolla il fronte del porto +a Marathon, su Vaca Key, dove le canne da pesca orlano la riva come un flessuoso canneto, con i loro capitani in attesa di portare i pescatori al largo per pescare nei canyon sottomarini profondi 30 m. I grandi aironi bianchi volano comodamente verso il loro omonimo rifugio naturale, una vasta distesa in mare aperto fatta di acqua e mangrovie che si protendono verso sud in direzione delle Lower Keys.

Potete nuotare con i delfini al Dolphin Research Center su Grassy Key. Su Vaca Key il tempo, o perlomeno i cambiamenti portati dal tempo alle Keys, si è fermato all'interno dei 25 ettari di Crane Point Hammock, l'ultima indisturbata distesa di palmeti conosciuta, un tempo comuni nell'arcipelago e ora ristretti a questo assediato ciuffo del passato. L'insolita geologia dell'isola, la flora e fauna naturale e la drammatica processione della storia umana sono gli argomenti del Crane Point Museum

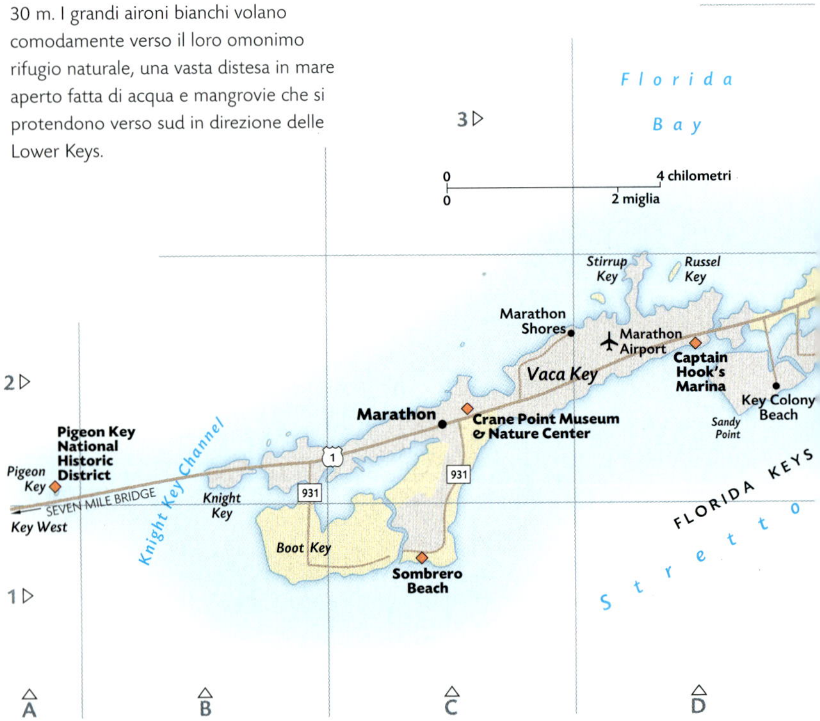

DA NON PERDERE:

La pace di un tramonto a Sombrero Beach, Vaca Key **185**

Un'immersione subacquea o l'esplorazione dei fondali delle Keys con maschera e boccaglio **186-187**

La visita della storica Adderley House a Vaca Key **188**

La traversata in traghetto fino a Pigeon Key e una passeggiata fra i suoi palazzi storici **189**

I magnifici panorami visti dal Seven Mile Bridge **190**

& Nature Center. Un percorso culturale ad anello nei pressi del Crane Point permette di ammirare una delle più antiche residenze delle Keys e le rovine di un villaggio delle Bahama di metà XIX secolo, i cui abitanti si guadagnavano da vivere producendo carbonella.
Sulla piccola Pigeon Key - raggiungibile a piedi da Knight's Key percorrendo 3,5 km lungo il vecchio Seven Mile Bridge, oggi pedonalizzato - troverete quello che deve certamente essere il più solitario distretto storico nazionale d'America. Qui lo studio della storia e della cultura delle Keys si focalizza intorno a un campo per i lavoratori delle ferrovie (le persone che costruirono i ponti e installarono le rotaie) d'inizio XX secolo. ■

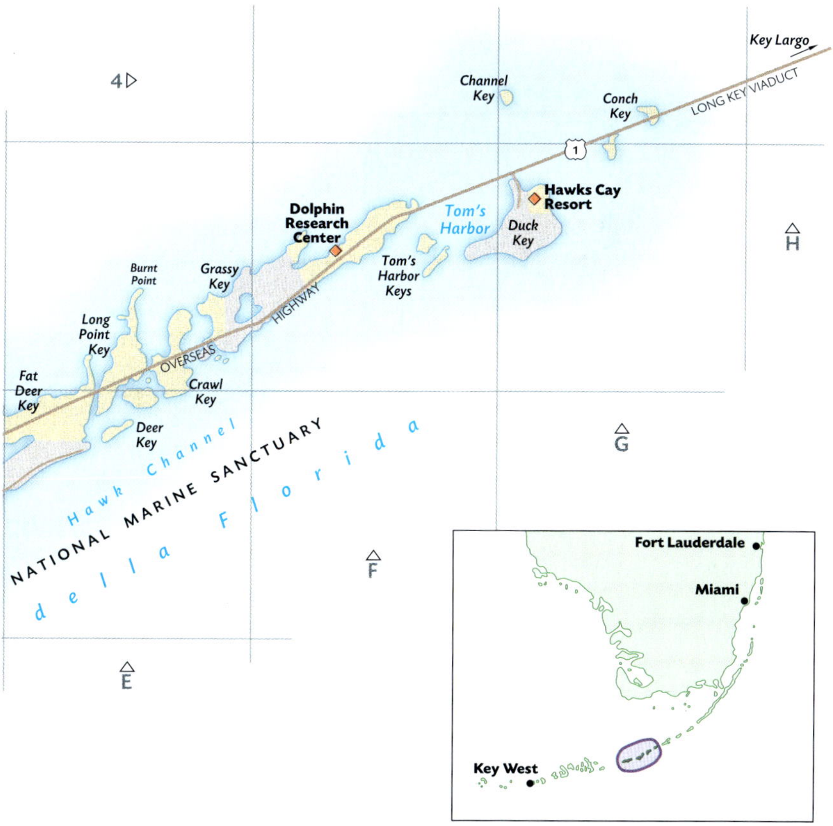

Da Conch Key a Grassy Key

Prima di attraversare il Long Key Bridge verso sud per giungere a Conch Key, lasciate la strada principale e tornate verso il lato dell'oceano al MM 65.5 per ammirare il vecchio viadotto ad arco di Flagler. Percorrete l'argine a piedi per incontrare splendidi angoli proiettati verso il blu infinito.

Palme e sabbia fine, tratti tipici delle Keys.

Conch e Duck Keys
183 G3-G4

Grassy Key
183 E3-F3

Dolphin Research Center
183 F3
MM 59, Grassy Key
305/289-1121
$$$$$ per nuotare
www.dolphins.org

Conch e Duck Keys

I 6 ettari di Conch Key sono la dimora di pensionati e pescatori, e di coloro che raccolgono le aragoste della Florida. Vedrete le loro trappole a forma di scatola, qui note come *crayfish traps* (trappole per aragoste), accatastate per tutta l'isola.
Al MM 61 dell'Overseas Highway, un altro ponte vi condurrà a Duck Key, sede dell'esteso e scomposto Hawks Cay Resort (vedi Consigli di viaggio a p. 254), il ritiro più sontuoso di Middle Keys. Il rifugio è una creazione dell'architetto Morris Lapidus e risale al 1959. Questi progettò anche le opulente costruzioni di Fontainebleau ed Eden Roc a Miami Beach.
Il resort è adatto a chi vuole il golf vicino, il tennis su terreno argilloso e i drink serviti a bordo piscina.

Grassy Key

Poche creature sono affascinanti come i delfini, i cui cervelli sono più grandi e complessi dei nostri e, secondo alcune persone, sono dotati di un'intelligenza che eguaglia la nostra. Questo spiega il fascino del **Dolphin Research Center,** dimora di 19 esemplari dei socievoli mammiferi, che possono essere toccati sotto la supervisione dello staff. Ci sono poche possibilità di non notare il centro; una statua di una mamma delfino alta 9 m con il suo piccolo è posta di fronte all'edificio sulla strada, dalla parte che dà sulla baia al MM 59. Fondata nel 1984, la ventennale struttura educativa e di ricerca offre programmi sulla biologia dei delfini e i metodi di comunicazione, che culminano con l'opportunità di incontrare, toccare e "parlare" con loro.
Per nuotare con i delfini, le prenotazioni *(tel. 305/289-0002)* dovranno essere effettuate dopo il primo del mese per il mese successivo. ■

Vaca Key

La parte del leone dei 9 km di estensione di Vaca Key è rivendicata dalla città autoproclamatasi capitale delle Middle Keys, che adottò il nome quando Flagler esortò i suoi ferrovieri a fare uno sforzo da "maratona" per terminare la linea in direzione di Key West prima del fallimento.

Marathon

Marathon, il cui ritmo non è neanche lontanamente vicino a quanto implica il suo nome, è un vasto ammasso di semplici attività commerciali. Più o meno tutte le guide turistiche la definiscono rilassata, il che è vero, anche se qui c'è un aeroporto con un intenso programma di voli locali, insieme a diverse località turistiche e a un'entusiasta comunità di concessionari ansiosi di noleggiarvi la barca, di portarvi a fare immersioni subacquee o condurvi in mare aperto a pescare pesci vela. Mentre guidate attraverso la città, fermatevi al venerando **Captain Hook's Marina** *(tel. 800/278-4665, www.captainhooks.com)*, sul lato dell'oceano al MM 53, per una breve immersione nella cultura della pesca di Middle Keys. Anche se la vostra idea di nirvana non include le avventure nelle profondità marine, questo negozio per la pesca è una lezione sulla stupefacente abilità dell'uomo nella produzione di arcani congegni. Se rimanete a Vaca Key, controllate il programma del porto relativo a charter per la pesca, crociere serali e viaggi stile *Cuore di tenebra* nelle Everglades.

Al tramonto la gente si riunisce ovunque il sole subtropicale tramonti. Attività commerciali situate sulla riva, come la **Island Fish Co.** (*12648 Overseas Hwy., tel. 305/743-4191, www.islandfishco.com)* pubblicizzano le vedute del tramonto dalla propria sede. Lì vicino l'antico Seven Mile Bridge (vedi p. 190), che ora è un passaggio verso Pigeon Key, li offre totalmente gratis (lasciate l'auto nel parcheggio al MM 46.8). Se calcolate bene i tempi, potrete trovarvi a passeggiare a sud a fianco dell'acqua, lasciandovi dietro l'atmosfera festaiola in favore di una maggiore tranquillità e a godervi uno spettacolo che desta ammirazione in tutte le Keys ogni sera.

Crane Point Museum & Nature Center

Al MM 50.5, sulla strada principale dal lato della baia, c'è uno dei luoghi naturali più straordinari delle Keys, Crane Point.

(continua a p. 188)

Sombrero Beach

Sebbene sia dalla parte sbagliata dell'isola per contemplare il tramonto, Sombrero Beach, appena a sud alla fine di Sombrero Road al MM 50, è un punto incantevole per una camminata in riva al mare o una nuotata nell'Hawk Channel. C'è acqua profonda qui, un lido ben tenuto e un piccolo parco verdeggiante dove la gente del posto si ritrova per giocare a pallavolo.

Vaca Key
- 182 C2-D2

Informazioni turistiche
- Greater Marathon Chamber of Commerce, 12222 Overseas Hwy.
- 305/743-5417 o 800/262-7284

Crane Point Museum & Nature Center
- 182 C2
- 5550 Overseas Hwy., Marathon
- 305/743-9100
- Chiuso dom. mattina
- $$$

www.cranepoint.net

Snorkeling e immersioni alle Keys

Le tiepide acque e le barriere coralline delle Keys attraggono ogni anno migliaia di amanti delle immersioni con bombole o dello snorkeling, attività sicura quanto una nuotata.

Come iniziare

Se avete nozioni di base di nuoto, lo snorkeling è facile. Richiede solo una maschera, un respiratore con boccaglio e pinne per la propulsione, attrezzatura che può essere affittata (molti tour forniscono anche giubbotti galleggianti). L'immersione con le bombole, invece, usa un'attrezzatura sofisticata e richiede un addestramento con insegnanti qualificati. Il miglior modo per imparare è prendere lezioni da un membro riconosciuto della Professional Association of Diving Instructors, o PADI, la più vasta organizzazione di addestramento alle immersioni con autorespiratore del mondo. Le località dei PADI Dive Center sono elencate alla pagina Web *(www.padi.com)*. L'organizzazione sviluppa programmi per immersioni, controlla i programmi di addestramento condotti in tutto il mondo da oltre 135.000 membri professionisti in più di 170 Paesi e territori, conserva le registrazioni dei brevetti e pubblica i titoli che dovete presentare per avere il permesso di fare immersioni nell'oceano aperto delle Keys senza necessità di un corso sul posto.

Chi può fare immersioni?

Chiunque abbia più di 10 anni in normali condizioni di salute può imparare (i ragazzi tra i 10 e i 15 anni ricevono l'abilitazione Junior Open Water Diver, che gli impone di fare immersioni con un adulto qualificato. A 15 anni si può passare al regolare grado superiore dell'abilitazione Open Water Diver). Vi sarà richiesto di completare un questionario medico per stabilire se il vostro stato di salute richiede una visita di controllo dal vostro medico. Le lenti a contatto morbide non creano problemi, mentre le lenti rigide dovrebbero essere gas permeabili. Molti di coloro che si dedicano allo snorkeling e alle immersioni con autorespiratore hanno le lenti montate sulle maschere.

Di solito, un corso per principianti inizia in una piscina e comprende quattro immersioni di addestramento. Se preferite provare con l'autorespiratore prima di impegnarvi con lezioni vere e proprie, il PADI offre un programma di approccio all'immersione di poche ore, chiamato Discover Scuba Diving, che comprende un'immersione nell'oceano su bassi fondali sorvegliati da un istruttore, dopo una breve immersione in piscina per familiarizzare con l'attrezzatura. Ciò vi consentirà di padroneggiare le tecniche di base, come la compensazione per adattare le orecchie alla pressione circostante. Un programma di immersioni in piscina è offerto dove non ci si può immergere in mare aperto.

Quanto occorre per il brevetto?

I corsi del PADI sono basati sulla prestazione: gli allievi progrediscono a seconda della padronanza dimostrata delle nozioni e delle abilità richieste. Un corso principianti Open Water Diver del PADI può consistere in cinque o sei sedute in tre a quattro giorni o nell'arco di sei settimane. Circa un terzo del corso si può seguire online. Se volete aspettare di capire come sono le Keys prima di prendere una lezione, i corsi introduttivi PADI vi metteranno in grado di esplorare le barriere in poche ore.

La caccia al tesoro

"Non c'è un sommozzatore, o un cacciatore in cerca di fortuna, che non abbia sognato almeno una volta di arricchirsi di colpo". Così scriveva l'avventuriero francese Jacques-Yves Cousteau, inventore dell'autorespiratore subacqueo SCUBA, grazie al quale fu scoperto il fondale della Florida con le sue scogliere cosparse di tesori.

A 7 m di profondità nel John Pennekamp state park, il "Cristo degli Abissi", statua di bronzo alta 3 m donata nel 1961 dall'Underwater Society of America, benedice chi lavora o si diverte in mare.

Non otterrete il brevetto, ma potrete fare immersioni nel pomeriggio con un istruttore, cui seguirà una mattinata di lezione teorica e pratica nella piscina.

È costoso?

I centri di immersione e i resort affittano attrezzature all'avanguardia e non occorre acquistarle. Considerate però l'idea di comprare maschera, boccaglio e pinne, visto che possono risultare scomodi se non sono della misura giusta. Se volete un ricordo dei vostri exploit, diverse compagnie cinematografiche vendono macchine fotografiche subacquee a basso prezzo, utilizzabili solo una volta, che producono ottime immagini in acque basse quando non c'è il sole (nei giorni di cielo coperto si perde contrasto). Alcuni negozi di attrezzatura subacquea affittano videocamere.

Molte di queste isole un tempo somigliavano a questo isolotto di palmetti, l'ultimo del suo genere nel Nordamerica.
Camminate lungo i 2,4 km del percorso ad anello che attraversa la foresta, una passeggiata resa ancor più significativa se avete una copia dell'opuscolo per le escursioni auto-guidate che identifica le mangrovie rosse, le palme e le esotiche piante in legno duro che si inclinano sopra di voi, nascondendo le creature i cui bizzarri versi aggiungono un'inconsueta atmosfera spettrale. C'è molto da individuare in questo

L'Adderley House, il più antico esempio di architettura *conch* delle Keys al di fuori di Key West.

posto, incluse le 160 piante native e un serraglio di creature, alcune delle quali, come il grazioso ibis, sull'orlo dell'estinzione. Lungo il cammino, cercate i rari limuli e non perdetevi l'insolito pozzo scavato nel basamento corallino dell'isola dall'erosione della pioggia che porta alla luce fossili di coralli del genere *Montastraea cavernosa* e a cervello, dal mare primordiale che formò le Keys.

Il sentiero costeggia anche un villaggio del XIX secolo da tempo ormai abbandonato, fondato da immigrati delle Bahamas. Vi si può ancora ammirare la ben restaurata **Adderley House**, forse il più antico esempio di casa in stile *conch* con pittoreschi elementi decorativi del nord di Key West. Le sue pareti dalla ruvida superficie sono fatte di *tabby*, un miscuglio di roccia corallina e conchiglie marine frantumate.

Crane Point Museum: gli archeologi impegnati a Vaca Key hanno scoperto un ricco deposito di manufatti pre-colombiani, comprendente armi, attrezzi, una piroga monoxile e vasellame. I recipienti più antichi, probabilmente di 5000 anni fa, sono esposti al Crane Point Museum. Tra le più popolari delle 20 esposizioni del museo (integrate da una mezza dozzina di mostre itineranti) c'è uno dei tanti relitti che portò ricchezza a queste isole solitarie. Un cannone, oro e argento delle colonie spagnole e oggetti quotidiani commemorano gli anonimi cercatori di fortuna che, sulle barriere della zona, trovarono solo tombe d'acqua.
Il museo, incentrato anche sulla storia naturale e sulla ricchezza faunistica delle Keys, comprende pure una finta grotta della barriera corallina e altre suggestive ricostruzioni.
Se viaggiate con dei bambini, lasciateli sfogare liberamente al **Children's Activity Center,** una struttura all'aria aperta con vasche sensoriali e un galeone con tanto di abiti e tesoro dei pirati. ■

Pigeon Key

Pigeon Key è un'idilliaca isola di 2 ettari dalla storia unica, situata a 3,5 km dall'estremità settentrionale del vecchio Seven Mile Bridge. Come la vecchia sopraelevata Florida East Coast Railroad che getta una linea d'ombra attraverso la piccola isola, Pigeon è elencata nel National Register of Historic Places, e l'intera isola è tutelata come patrimonio storico nazionale.

Dal 1908 al tristemente noto uragano del Labour Day del 1935, l'isola è stata una comunità operaia, dimora di pittori, squadre di manutenzione e addetti ai ponti. I bimbi frequentavano una scuola con un'unica aula e ognuno acquistava le materie prime dal negozio della compagnia. Dopo che l'uragano causò il fallimento della ferrovia, la città (la cui popolazione una volta superò l'incredibile cifra di 400 unità) si mise al lavoro convertendo la ferrovia in una strada rialzata a due corsie che aprì nel 1938.

SUGGERIMENTO:

A Pigeon Key salite la rampa di accesso al vecchio Seven Mile Bridge per vedere squali, razze, tartarughe, lamantini, tarponi e falchi pescatori.

- KELLY McKINNON
direttore esecutivo della Pigeon Key Foundation

Una veduta di Pigeon Key dal Seven Mile Bridge.

Percorso di visita

Parcheggiate vicino al centro visitatori, situato in un vagone d'epoca della Florida East Coast Railway, all'estremità occidentale di Marathon, poco a nord del nuovo Seven Mile Bridge vicino al MM 47. Dalle 10, una barca traghetta i visitatori (quattro volte al giorno) 3,5 km a sud sul vecchio ponte verso Pigeon Key. Una guida per il tour a piedi accompagna ogni imbarcazione. Sebbene il prezzo di entrata comprenda andata e ritorno in barca, molti si recano sull'isola a piedi attraversando il Seven Mile Bridge e tornano in traghetto. La struttura principale delle Keys, ora direzione generale amministrativa dell'isola, fungeva da dormitorio per 64 operai delle ferrovie negli anni '20. Il villaggio primi Novecento, ora restaurato, include un piccolo museo che documenta la cinquantennale lotta per collegare le Keys con ferrovia, traghetti e auto. In genere i locali vengono qui per fughe giornaliere. ■

Pigeon Key
182 A2

Pigeon Key National Historic District

Centro visitatori e imbarco per l'isola al MM 47
305/743-5999
$$ (include il trasporto)

Seven Mile Bridge

Per essere precisi la nuova campata si estende per 10,9 km, ma visto da nord sembra che arrivi fino a Cuba. L'apertura del ponte nel 1982 implicò il pensionamento del suo predecessore, che tuttora si allunga al suo fianco. Sebbene manchino qua e là alcune sezioni della vecchia campata, e in taluni punti sembri poco più che un posatoio per pellicani spruzzato di guano, è facile comprendere perché, quando fu completato nel 1912, i giornali lo proclamarono l'ottava meraviglia del mondo.

Il vecchio Seven Mile Bridge (a destra), descritto in alcuni casi come il molo da pesca più lungo al mondo.

Seven Mile Bridge
182 A1-B2

Il ponte fu uno degli sforzi più ambiziosi intrapresi a quell'epoca, poiché maree dall'andamento veloce e un fondale marino instabile misero alla prova l'abilità degli ingegneri di Flagler.
Il magnate esortò personalmente i propri direttori ad affrontare il progetto come se si fosse in una campagna militare, e non badò a spese. Le fotografie d'epoca al museo di Pigeon Key (vedi p. 189) documentano l'intensità dello sforzo: enormi magazzini, quattro dormitori, una cucina con una sala mensa, e un accampamento di tende in stile militare per le squadre di manovali, con materiali da costruzioni accatastati quasi ovunque.
Tuttora imponente, il ponte si estende verso sud-ovest sovrastando 546 pilastri di cemento e 210 archi, alcuni dei quali raggiungono quasi i 9 m sotto il livello del mare per ancorarsi sul letto di pietra calcarea. Esso fu una delle poche cose create dall'uomo a resistere alla forza dell'uragano del 1935.
Ci fu un tempo in cui ci si doveva fermare a un ponte mobile sopra il Moser Channel al MM 43.5 mentre le imbarcazioni e le piccole navi passavano al di sotto. Il nuovo ponte attraversa semplicemente il canale, sovrastando il segnale dell'alta marea di 20 m. ■

Un tratto di isole dall'aspetto più selvaggio e dall'aria diversa dalle altre Keys, meno sviluppato ma con una maggiore densità boschiva.

Lower Keys

Ancora e fune, strumenti essenziali a bordo delle numerose imbarcazioni delle Keys.

Lower Keys

Man mano che i viaggiatori si avvicinano a Key West tendono a guidare più veloci, specie dopo aver attraversato Seven Mile Bridge, come se quello fosse l'ultimo punto degno di interesse prima di dirigersi al Jimmy Buffet's Margaritaville e ordinare un margarita per celebrare l'arrivo a Mile Zero. Anche se è comprensibile, sarebbe un errore, perlomeno se apprezzate i luoghi naturali, numerosi nelle Lower Keys, e le opportunità di perlustrarli.

Troverete una delle poche spiagge realmente sabbiose delle Keys al Bahia Honda State Park, che racchiude anche una foresta di mangrovie e un boschetto di piante dal legno duro, punteggiato da vegetazione esotica delle Indie occidentali quali la bougainvillea rosso sangue, l'ipomoea giamaicana e la *Cordia sebestena*, i cui sensazionali fiori somigliano a piccole scariche arancioni d'artiglieria.

Aree protette delle Florida Keys

Una buona parte delle Lower Keys cade all'interno di tre aree protette di migliaia di ettari, gran parte dei quali occupati dall'acqua, ma anche da vaste pinete subtropicali intatte, mangrovie e habitat delle isole fluviali, tutti praticamente abbandonati su isole accessibili solo in barca. Il Great White Heron National Wildlife Refuge si espande in modo disordinato dalla latitudine di Marathon, a sud-ovest, fino a Key West. Da lì ha inizio l'ampio rettangolo del Great White Heron National Wildlife Refuge, che si estende a ovest per abbracciare isole disabitate piene di mangrovie rosse, bianche e nere nelle Marquesas Keys. La terza area protetta, il National Key Deer Refuge, comprende gran parte del Big Pine Key e altre 25 isole, dove centinaia di versioni in miniatura del cervo della Virginia dalla coda bianca guizzano nei boschetti di pini. La punta delle orecchie di questi minuscoli e timidi cervi raggiunge a malapena il livello della vostra cintura. Potete vagare anche qui, sotto una copertura alta 15 m di piante dal legno duro a Watson's Hammock, un altro resto delle Keys primordiali, pieno di gombi, sanguinelle giamaicane, agavi americane (*century plant*, che nonostante

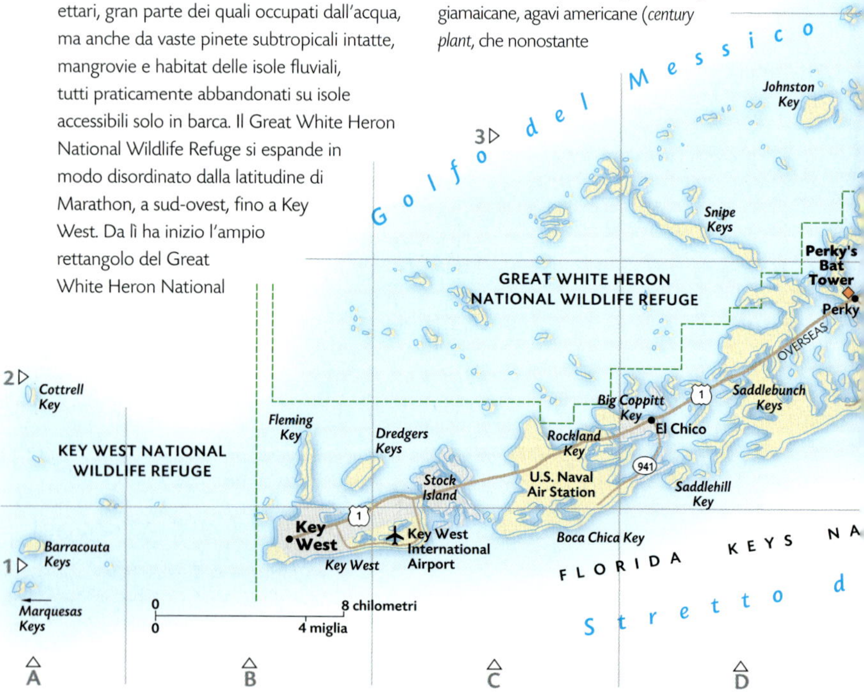

DA NON PERDERE:

Il ponte ferroviario abbandonato al Bahia Honda State Park **195**

I cervi delle Key al National Key Deer Refuge, Big Pine Key **196-197**

Bere qualcosa al No Name Pub, famoso dagli anni '30 **199**

La traversata in traghetto da Little Torch Key al Little Palm Island Resort per un buon pranzo con vista sull'oceano **202**

La bizzarra Perky's Bat Tower, Sugarloaf Key **204**

il nome di solito crescono ogni decennio circa, orchidee e felci.

Altri splendori delle Lower Keys

A sud di Big Pine Key, a circa 11 km nelle basse e straordinariamente limpide acque della corrente del Golfo, si trova Looe Key, sede di una barriera corallina considerata la più florida, vivace e biologicamente varia dell'intera catena di isole. Le altre Lower Keys-No Name, Summerland, Ramrod, Cudjoe, Sugarloaf, Saddlebunch, Big Coppitt e Boca Chica, si distinguono più per la loro storia e per le eccentricità costruite dall'uomo che per la natura. Tutto ciò che occorre per visitarle è un po' di tempo e la voglia di passarlo qui. ■

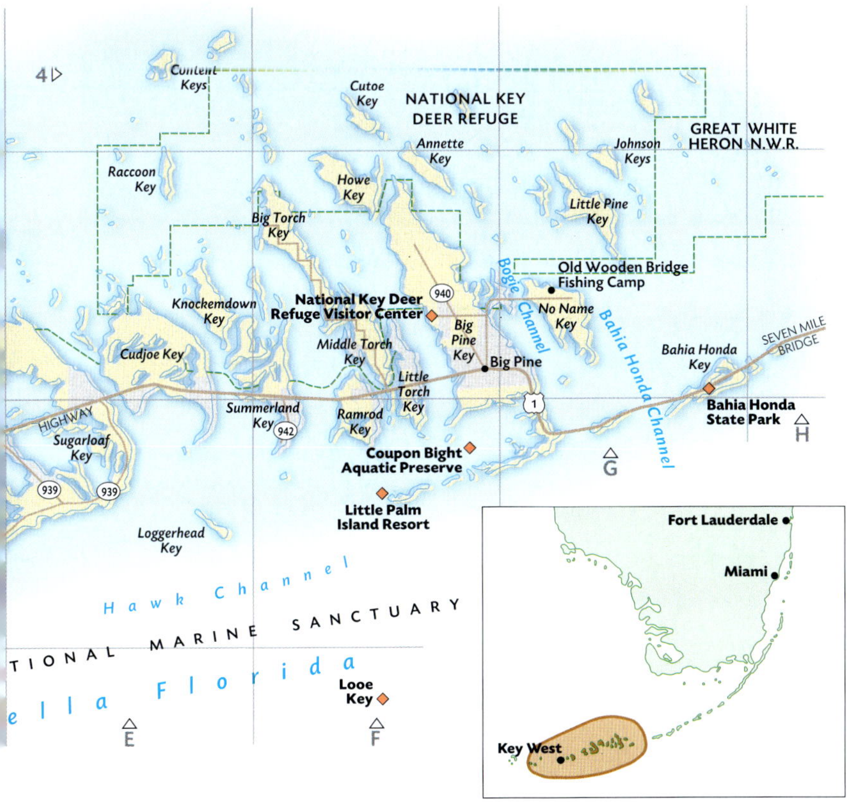

Bahia Honda Key

Gli ambientalisti apprezzano molto Bahia Honda ("baia profonda"): gran parte dell'isola è sotto la responsabilità del Bahia Honda State Park e perciò protetta dallo sviluppo commerciale. Molti turisti di passaggio, da Key West e Greater Miami, vengono qui per la bella spiaggia del parco che si affaccia sull'Oceano Atlantico, la sponda sabbiosa più lunga delle Keys, descritta come una delle più seducenti d'America, che possiede eccellenti siti per lo snorkeling in mare aperto.

Lontano dalla linea costiera affacciata sull'Atlantico, gran parte di Bahia Honda resta aspra.

Bahia Honda Key
193 G3

Bahia Honda State Park
36850 Overseas Hwy., Big Pine Key
305/872-2353
$$
www.floridastateparks.org/bahiahonda

Bahia Honda State Park

Anche se gran parte dei suoi 212 ettari resta allo stato brado, Bahia Honda è uno dei parchi più accoglienti delle Keys, con una mezza dozzina di chalet a due camere da gestire in proprio (ciascuna con otto posti letto) su palafitte con una vista paradisiaca dell'oceano. Nascosti altrove ci sono 80 campeggi (gran parte dei quali offre le piazzole disponibili ai clienti che si presentano per primi, senza possibilità di prenotare) suddivisi in tre zone, un porticciolo turistico (dove potete affittare dei windsurf), una rampa di alaggio per le imbarcazioni e un negozio di subacquea dove affittare attrezzature.

Concedetevi una mezz'ora di pausa a un tavolo da picnic ombreggiato a **Sandspur Beach,** o una passeggiata lungo il litorale nord-est di Bahia Honda. Un percorso naturale auto-guidato amoreggia con una laguna e si snoda attraverso un folto boschetto di piante dal legno duro con esotici alberi e cespugli caraibici: gombi, ipomoea giamaicana, *Zanthoxylum flavum* (che non si trova in nessun altro luogo alle Keys), *Cordia sebena*, lavanda marina, *Suriana* *maritima* e *Howea forsterana* e *Coccothrinax argentata*. Gli uccelli locali includono i pellicani, il *Larus atricilla* (o gabbiano sghignazzante), i falchi pescatore, gli aironi e l'*Ani beccoliscio*, a cui si aggiungono ogni stagione gli uccelli migratori come l'ibis, il *Totano semipalmato*, il *Piro-piro* e le rondini di mare. Cercate un autentico vagone storico, sede del centro visite del parco, e chiedete a un ranger di indicarvi i resti della ferrovia di Henry Flagler che giacciono arrugginiti nel sottobosco.

SUGGERIMENTO:

Bahia Honda è di una bellezza naturale straordinaria se vista da un elicottero.

- BILL KEOGH
collaboratore di National Geographic e guida della Big Pine Kayak Adventures

Immersioni e snorkeling: Il Bahia Honda Channel tra il vecchio e il nuovo ponte di Bahia Honda è uno dei più profondi nelle Keys; attira molti sub verso la palificazione del ponte, che crea un habitat per coralli, spugne, aragoste e miriadi di specie di pesci multicolori. Verificate le attuali condizioni al Bahia Honda Dive Shop *(tel. 305/872-3210)* e chiedete eventuali suggerimenti, che includeranno l'avvertimento di fare attenzione alla puntura del *fire coral* e dei ricci di mare, e alle forti correnti del canale, le più potenti delle Keys.

Chiedete alla direzione del parco dei programmi quotidiani di snorkeling alla barriera nel vicino **Looe Key** (vedi p. 203). Il dive shop è il posto in cui richiedere informazioni sulle escursioni per snorkeling e immersioni subacquee nelle barriere in mare aperto. Potete noleggiare anche una piccola barca o un kayak.

Pesca: Le acque del Bahia Honda pullulano di dentici e cernie (più facilmente pescabili nei pressi del vecchio ponte Bahia Honda) e di *bonefish*, *permit* e barracuda (nelle piane poco profonde dell'Atlantico). La pesca al tarpone, che era il passatempo preferito dello scrittore Ernest Hemingway, è particolarmente buona in questa zona. Si noleggiano imbarcazioni da pesca; la tariffa fornisce tutto... tranne il tarpone! ■

Le insidiose isole delle Lower Keys

La maggior parte delle isole delle Lower Key, come Torches, Sugarloaf e Saddlebunch, ha un profilo costiero frastagliato e può creare l'illusione di essere di piccole dimensioni. La Big Pine Key, per esempio, è lunga quasi 13 km e in un punto larga oltre 3. Quando la Overseas Highway attraversa una lingua di terra, c'è il rischio di sottovalutare i sentieri lungo la strada e i piccoli viottoli scoscesi che si inoltrano nel bosco. Provate a seguire una qualsiasi stradina sterrata e se non finite in un vicolo cieco con cancelli di residenze appartate, probabilmente vi ritroverete a farvi strada tra cespugli, sterpaglie e pini, imbattendovi in cactus deturpati, fino a raggiungere una spiaggetta rocciosa piena di frammenti di conchiglie e di coralli, un'area paludosa o un'infinita distesa di mangrovie che si perde a ovest verso l'orizzonte.

Keys Hopper

- ✉ I voli partono dal Florida Keys Marathon Airport, al MM 52.2
- ☎ 305/619-9603
- $ Prezzi a partire da $129 a persona per un volo di 25 minuti, minimo due passeggeri

Big Pine Key

Su Big Pine Key - l'isola più grande dopo Key Largo - le pinete un tempo dividevano gran parte del terreno con piante tropicali dal legno duro e foreste di mangrovie. Oggi lo sviluppo è avanzato, in parte incoraggiato dal fatto che Big Pine è una delle poche isole con una scorta di acqua fresca disponibile tutto l'anno. Le abitazioni, i condomini, i centri commerciali, i porti turistici e le aree di parcheggio occupano Big Pine più di quanto sia desiderabile, ma potete ancora sentire la natura.

Ritenuti un tempo specie a sé, i cervi delle Key sono oggi considerati parenti dei cervi della Virginia.

Big Pine Key
193 F3

National Key Deer Refuge
193 F3
Centro visitatori, 179 Key Deer Blvd.
305/872-0774
www.fws.gov/nationalkeydeer

National Key Deer Refuge

Le aree che non subiscono sviluppo edilizio appartengono generalmente ai 3600 ettari di pini, palme e alberi dal legno duro del National Key Deer Refuge, che si trovano a Big Pine e in 25 isole vicine. La riserva fu fondata nel 1957 per proteggere la decrescente popolazione dei cervi delle Key.

La più grande (di solito i maschi) di queste bizzarre creature può arrivare a 86 cm al garretto e pesare più di 45 kg. I biologi li hanno classificati come minuscola sottospecie dei cervi della Virginia, resi più piccoli da milioni di anni di sollecitazioni ambientali, comprendenti scarsità d'acqua e foraggio e un habitat ristretto. Allo stato selvatico si trovano esclusivamente alle Keys e si distinguono ulteriormente grazie alla loro capacità di bere acqua salmastra. Si suppone che i loro antenati si trovassero a sud prima dello scioglimento degli antichi ghiacciai del Wisconsin nell'era glaciale, che innalzarono il livello del mare e trasformarono quella che era stata una sottile penisola in un arcipelago. Qualunque cosa abbia prodotto queste miniature dall'andatura guardinga, i cui piccoli alla nascita pesano da 1 a 2 kg e lasciano un'impronta della grandezza di un francobollo, il loro numero è stato ridotto dalla caccia e dal bracconaggio a una cinquantina di esemplari negli anni '40, dai quali il branco è lentamente cresciuto a qualcosa come 800 unità. Questo è il numero limite di popolazione per le dimensioni dell'habitat. Un buon numero di cervi delle Key vive a Big Pine e nella vicina No Name Key (guidando attraverso il Big Pine, mantenete il limite di velocità in modo da ridurre la probabilità di investire un cervo delle Key, doveste mai ritrovarvelo sulla strada.) Oltre al cervo delle Key, la riserva offre riparo ad altri animali selvatici, come alligatori, crotali diamantini orientali, serpenti muso di porco e procioni; alcune sono specie endemiche delle Lower Keys, come il coniglio di palude e l'*Oryzomys argentatus*.

Non date da mangiare ai cervi delle Lower Key

Cosa dare da mangiare ai cervi autoctoni che prima o poi incontrerete sulla Big Pine Key? Niente. Ogni giorno, decine di persone danno cibo dalle loro macchine ai piccoli bambi, ma questo gesto non solo altera la sana dieta naturale degli animali, ma li abitua anche a camminare sulle strade, aumentando le possibilità di essere investiti dalle automobili.

Nel 2010, 108 cervi sono stati investiti e uccisi, riducendo ulteriormente la popolazione di questa particolare specie in pericolo di estinzione. Accanto al centro visitatori del National Key Deer Refuge, prestate attenzione ai due cartelli che indicano quanti cervi sono stati uccisi dalle auto durante l'anno in corso.

Visita della riserva: Per arrivare alla riserva, svoltate verso ovest usciti dalla Overseas Highway appena a sud del MM 31 sul Key Deer Boulevard (Fla. 940), dove presto vedrete un cartello che vi indicherà la direzione. Svoltate a destra in un centro commerciale del **centro visitatori** della riserva e fermatevi per raccogliere informazioni, una cartina e un pieghevole per l'auto-guida lungo il Jack Watson Nature Trail.

Il **Jack Watson Nature Trail** (che prende il nome dal direttore della riserva che ha rafforzato il divieto di caccia del cervo delle Key) si trova 2,4 km più su lungo il Key Deer Boulevard, vicino a un'ex cava nota come **Blue Hole,** ora piena di acqua vadosa fresca e di alligatori di varie taglie. Potete lasciare l'auto qui, dare un'occhiata ai rettili intorpiditi e poi passeggiare lungo un breve sentiero lastricato ad anello che taglia attraverso una foresta di piante dal legno duro, in gran parte costituita da gombi e sanguinelle giamaicane, che si innalzano per 15 m creando un'oasi ombreggiata. Sul sentiero troverete alcune doline e boschetti di *Howea forsterana* e *Coccothrinax argentata* che si ergono al di sopra di un'abbondanza di piante tropicali. Di sera potreste vedere un cervo delle Key nascosto nell'ombra; sarà lui a individuarvi per primo. Sappiate che dar da mangiare ai cervi è proibito.

Poi camminate o guidate fino al vicino **Mannillo Nature Trail.** Ulteriori sentieri brevi percorribili a piedi all'interno della riserva si trovano nella vicina No Name Key (vedi p. 199): per giungervi prendete la Watson Boulevard nei pressi della Key Deer Boulevard.

No Name Boat Rentals
1791 Bogie Dr., Big Pine Key
269/569-4195
www.nonamekeyboatrental.com

Big Pine Kayak Adventures
Big Pine Key
305/872-7474
www.keyskayaktours.com

Great White Heron National Wildlife Refuge

Probabilmente non vedrete un cartello che segnali questa riserva federale, l'unica negli Stati Uniti per la nidificazione dei grandi aironi bianchi e della colomba corona bianca. Date un'occhiata alla vostra cartina comunque, e noterete linee di confine drittissime che comprendono gran parte della baia delle Lower Keys quasi fino a Key West.

SUGGERIMENTO:

A Big Pine non perdetevi la pizza strapiena di formaggio del No Name Pub (vedi p. 199), situato appena prima del ponte che porta a No Name Key.

- JEREMY BERLIN
redattore della rivista, National Geographic

Questi 47.630 ettari circa di entroterra immersi in acque basse, con paludi orlate da mangrovie e sterpaglie, basse isolette di piante dal legno duro, e acquitrini salati forniscono anche un riparo per i falchi pescatore, le egrette rossastre, cuculi delle mangrovie, vireo dai mustacchi neri, alzavole, lo smergo minore e folaghe. Gli amanti del *bird-watching* si considerano fortunati se riescono a intravedere una spatola rosata, l'ibis, il marangone della doppia cresta, tra le altre specie rare.

Visita della riserva: Non potete guidare nei 2630 ettari di territorio compreso nella riserva, ma potete esplorarli in barca, e se avete almeno mezza giornata dovreste prendere in considerazione questa opzione. La bellezza qui è primordiale e le guide per la pesca locali offrono escursioni giornaliere a bordo di imbarcazioni a bassa immersione per coloro che vogliono semplicemente osservare. Nella riserva troverete un fertile mondo in cui gli uccelli marini locali e gli uccelli acquatici migratori si riproducono, molti dei quali si sistemano su nidi galleggianti. È anche probabile che incontriate testuggini e delfini maggiori. Una volta che vi addentrerete nel labirinto di isole di mangrovie, avrete la piacevole sensazioni di entrare in un regno magico. Ed è davvero un posto dove la terra esiste solo per essere lasciata in pace. Portare un binocolo con voi. Se siete abbastanza abili a maneggiare una canoa o un kayak (Big Pine Kayak Adventures noleggia kayak e offre escursioni guidate in kayak all'interno della riserva), è una vogata piuttosto facile da Big Pine Key (vedi p. 196) o dalle Torch Keys (vedi p. 202) fino alle **Content Keys,** all'interno dei confini della riserva. Se ci andate in auto (potete affittare una barca presso il No Name Boat Rentals, a Big Pine Key), mantenete il rumore e la velocità al minimo per evitare di spaventare gli uccelli nei nidi o creare onde che allaghino i nidi sul terreno o sull'acqua. Tenetevi a circa 60 m dalle isole, altrimenti causerete l'abbandono del nido da parte di un uccello appollaiato che lascerà le uova o la nidiata senza ombra sotto i raggi del sole. Non ci sono servizi nella riserva, perciò portate acqua e cibo. ■

No Name Key

Un tempo l'isola ospitava una base di addestramento segreta per i guerriglieri cubani anti-castristi. La base fallì e con essa l'unico insediamento di No Name. Negli anni '20 il villaggio era servito da un traghetto proveniente da Marathon, all'epoca un tortuoso percorso di strade e ponti in legno, tra Big Pine, Ramrod e Summerland Keys. Oggi Watson Boulevard collega No Name a Big Pine.

Un negozio di esche e attrezzatura da pesca a No Name Key che serve tanto i turisti quanto i locali.

Gli unici resti dell'epoca della comunità di No Name è l'**Old Wooden Bridge Guest Cottages & Marina** *(1791 Bogie Dr., tel. 305/872-2241, www.oldwoodenbridge.com)*, un agglomerato di casette di campagna con una o due camere da letto. Il ritrovo locale è il modesto No Name Pub a Big Pine Key, proprio al di là del ponte Bogie Channel che collega No Name Key a Big Pine Key. Anche se diverse strade secondarie, delle quali alcune asfaltate e altre no, conducono ai resti di imprese fallite e sogni infranti, potete esplorare zone panoramiche all'interno e intorno al National Key Deer Refuge (vedi pp. 196-197), che comprende gran parte di No Name. Il Big Pine Bicycle Center *(tel. 305/872-0130)* al MM 31 dal lato dell'oceano noleggia biciclette per adulti e bambini con caschi di protezione. Una bella pista ciclabile parte dal MM 30.3 sul lato della baia della US 1 e segue Wilder Road attraverso il ponte Bogie Channel verso No Name. Oppure pedalate lungo Key Deer Boulevard nel rifugio sul Big Pine. Evitate i percorsi a piedi attraverso le paludi: le ruote delle bici intaccano il terreno fangoso, favorendo l'erosione. ■

No Name Key

- 193 G3
- Raggiungibile percorrendo Watson Blvd., nei pressi di Key Deer Blvd., al MM 31, Big Pine Key

No Name Pub

- N. Watson Blvd., Big Pine Key
- 305/872-9115

www.noname pub.com

Gli *hammock* di piante tropicali dal legno duro

Nelle Keys ci sono gli *hammock*, o amache - termine adottato dagli esploratori spagnoli del XVI secolo dal linguaggio dei nativi dei Caraibi che le inventarono -, e ci sono gli *hammock*, o boschetti - termine che apparve per la prima volta nella lingua inglese tra i marinai del XVIII secolo che lo usarono per indicare una piccola altura o *hillock* (collinetta) su un tratto costiero.

Turisti si addentrano negli *hammock* del John Pennekamp Coral Reef State Park, Key Largo.

Lungo le coste della Florida meridionale fino alle Everglades e nelle Florida Keys gli *hammock* si riferiscono alle dense foreste, con grovigli di piante rampicanti che secondo i geologi nacquero qui tra i 120 e i 110 mila anni fa, dopo che la base della barriera corallina delle Keys fu lasciata in secca col ritirarsi delle acque. Un curioso miscuglio di comunità vegetali e animali si sviluppò con loro entrando in competizione con le popolazioni dei boschetti di *Pinus elliottii* della Florida meridionale che fiorivano sulla pietra calcarea corallina fossilizzata e sono conosciuti come *pine rockland*.

Un tripudio di piante e animali selvatici

Gli *hammock* danno sostentamento a più di 20 specie di piante latifoglie, arbusti e piante rampicanti, molte delle quali native delle Indie occidentali. I biologi presumono che i loro semi furono portati a riva da residui di legno o furono lasciati dagli escrementi degli uccelli migratori. Le piante esotiche capaci di

sopportare le piogge scarse e il suolo secco alla fine fecero parte del panorama delle aride isole coralline, formando una bassa tettoia di *Quercus virginiana* (con la loro corteccia profondamente solcata, orlata da pizzi di *Polypodium polypodioides*), gelso rosso, mogano (solo in alcune zone) e palme sopra un denso, fitto, impenetrabile groviglio di rampicanti e arbusti i cui nomi hanno spesso un fascino bizzarro: *Similax rotundifolia*, vite vergine, *Ampelopsis arborea, Cissus incisa, Callicarpa americana, Rhus copallina, Persea borbonia, Myrcianthes fragrans, Ardisia escallonioides, Psychotria nervosa, Zanthoxylum fagara, Erythrina herbacea, Amyris elemifera*. E sotto di essi, *Tillandsia* (*recurvata, setacea, fasciculata, utriculata*) e, se siete fortunati, *Platanthera chlorantha*.
La mancanza di un collegamento fisico tra le distese della Florida e delle Indie occidentali impedì a gran parte della flora e fauna allo stato naturale, incapace di volare, di colonizzare le Keys. Gli animali degli *hammock* vengono dall'entroterra del Nordamerica, creature giunte nei modi più improbabili: aggrappandosi ad alberi trascinati in mare dagli allagamenti, come prigionieri degli indiani calusa o come minuscoli clandestini sulle loro piroghe monoxili. Anche la colomba corona bianca delle Indie occidentali compì questa traversata, al pari del megachirottero giamaicano e del *Molossidae Eumops glaucinus* dei Caraibi (gli ultimi due prosperarono grazie alle zanzare che sciamavano in questa zona all'epoca).
Curiosando abbastanza a lungo in un *hammock* di piante tropicali dal legno duro è probabile che vi ritroviate faccia a faccia con procioni, *Opheodrys aestivus, Hylidae cinerea*, picchi dal petto rosso, *Peromyscus gossypinus* e cervi virginiani. Se vi imbattete nei limuli (*Liguus fasciatus*), li riconoscerete grazie alla splendente varietà delle fasce colorate che ricoprono le loro corazze a ferro di cavallo, non toccateli: fino a poco tempo fa erano decimati dai collezionisti. Se doveste individuare un frullìo blu, marrone e arancione sopra di voi, è un macaone di Schaus, un'altra rarità vivente (ufficialmente designata come specie protetta, i suoi esemplari furono involontariamente sterminati dai pesticidi spruzzati per eliminare le zanzare).

Molte piante di *hammock* fioriscono in primavera.

Una comunità a rischio

Gli *hammock* tropicali fiorirono a nord fino a Cape Canaveral sulla costa atlantica e a ovest fino alla foce del Manatee River sulla costa del Golfo del Messico. Molti di questi sono andati distrutti - abbattuti per ricavarne legname di pregio (mogano) e carbone - lasciando solo alcuni tormentati resti. Quella degli *hammock* tropicali è oggi una delle più rare comunità di piante della Florida.
Nelle Keys ne sopravvivono tuttavia gruppi folti e numerosi, all'interno di parchi nazionali e aree protette, dove non si teme la minaccia dei tagliaboschi ma i rischi sono comunque in agguato: mareggiate, tempeste e uragani, piante infestanti e animali nocivi, cedimenti del terreno e a volte anche la rigidità del clima impongono un pesante tributo a questo fragile ecosistema.
Per ammirare gli *hammock* visitate il Dagny Johnson Key Largo Hammock Botanical State Park (vedi pp. 166-167) e il John Pennekamp Coral Reef State Park (vedi pp. 163-165), entrambi su Key Largo; Lignumvitae Key Botanical State Park (vedi pp. 176-177) e National Key Deer Refuge su Big Pine Key (vedi pp. 196-197).

Torch Keys

Le Torch Keys, Little, Big e Middle derivano il nome dalla pianta delle *Burseraceae* che si trova qui. L'arrivo della Overseas Highway alla fine degli anni '30 concentrò il traffico sulla nuova strada, decretando la fine delle piccole comunità locali, specie quelle delle Big Torch, non attraversate dalla nuova via di comunicazione. Lo dimostra la panoramica Dorn Road, che si snoda per 13 km lungo l'interno paludoso di Big Torch prima di arrivare al termine del percorso tra grovigli di mangrovie.

Pace e tranquillità sono le principali attrazioni delle Torch Keys, sonnolente e ricche di mangrovie.

Torch Keys
193 F3

Little Palm Island Resort
193 F2
305/872-2524
www.littlepalmisland.com

È questa atmosfera da luogo sperduto che accresce il fascino di **Little Palm Island Resort** (vedi p. 255), un rifugio isolato di 5 ettari famoso per il lusso e la privacy, posto a sud di Little Torch Key. Palme di noci di cocco ondeggiano sopra casotti all'aperto con tetti in paglia, costruiti su palafitte. I letti sono avvolti da reti per ripararsi dalle zanzare; ventilatori smuovono l'aria salubre. Niente televisori né telefoni, salvo quello alla reception. L'isoletta è accessibile solo con un servizio navetta privato che ogni ora viaggia avanti e indietro dalla Dolphin Marina a Little Torch Key al MM 28.5. Molte persone la visitano perché la Dining Room del Little Palm Island Resort (vedi Consigli di viaggio a p. 255) è considerata tra i luoghi di ristorazione principali delle Keys al di fuori di Key West. Il locale serve piatti della cucina moderna tropicale, ha una considerevole lista dei vini ed è noto per il livello del servizio. La pesca e le immersioni qui sono staordinarie: l'isoletta di Little Palm rimane all'interno della **Coupon Bight Aquatic Preserve,** un'area di 1860 ettari che racchiude diverse comunità marine. ■

DA PROVARE: immersioni a Looe Key

Per sperimentare ciò che molti appassionati di sub considerano il miglior sito per immersioni del Nord America, recatevi a Looe Key, parte del Florida Keys National Marine Sanctuary *(tel. 305/292-0311, www.floridakeys.noaa.gov)*. Ramrod Key, piccola protuberanza di roccia calcarea, è nota come area di allenamento per i subacquei; da qui, Looe Key dista circa 5 miglia nautiche.

L'area di 8,5 kmq intorno a Looe Key *(cartina 193 F1)* racchiude le più diverse comunità coralline nelle Lower Keys, un paese delle meraviglie pullulante di pesci e altre creature marine, con bassi fondali adatti a chi fa snorkeling e sub di ogni livello. Looe Key, non proprio un'isola ma una scogliera, commemora la H.M.S. *Looe*, sfortunata nave da guerra inglese che affondò qui nel 1744 (cercate alcune delle pietre di zavorra della fregata sul fondo marino). Vista dall'alto l'isola si estende col suo colore scuro sulla pallida sabbia corallina a forma di Y ricurva, lunga approssimativamente 730 m e larga 182. I suoi enormi speroni di colonne coralline si ergono dalle profondità fino all'altezza di 10 m, raggiungendo quasi la superficie. Distesi su solchi sabbiosi tra questi speroni ci sono coralli cervello a forma di cupola, percorsi da furtive aragoste e razze che rimbalzano sul fondo. Migliaia di pesci multicolore si muovono in branchi dal nuoto ordinato e guizzano tra i rami a palco dei coralli *elkhorn*. Le gorgonie ondeggiano nella corrente del Golfo, che si muove con forza sopra ammassi di spugne e ricci di mare. La scena dalle tinte blu è ultraterrena.

Quasi ogni negozio di attrezzature subacquee della zona offre due volte al giorno escursioni di mezza giornata a Looe Key, fornendo l'equipaggiamento; un'immersione con due bombole costa in genere circa $75. Il **Looe Key Dive Center** *(27340 Overseas Hwy., Ramrod Key, tel. 305/872-2215, www.diveflakeys.com)* offre escursioni con tre bombole nei fondali della barriera corallina per $84. La riserva consiglia di rivolgersi a operatori cosiddetti Blue Star, impegnati nella formazione dei visitatori e nella tutela della barriera corallina; ne trovate un elenco sul sito web dell'area protetta. Anche se l'acqua è tiepida, esplorando la barriera perderete in breve il calore corporeo. Una muta subacquea noleggiata a un minimo costo aggiuntivo previene debolezza e nausea sporadica che alcuni provano dopo un'ora di immersione.

Le barche per immersioni si librano a pelo d'acqua sulle colorate formazioni coralline di Looe Key.

Sugarloaf Key e oltre

I coloni anglo-americani recintarono le fattorie per la prima volta su queste due piccole isole verso la fine del XIX secolo. Poi, nel 1912, l'imprenditore inglese Charles Chase fondò un vivaio di spugne sulla riva di Sugarloaf Key. In breve Chase divenne il proprietario della maggior parte dell'isola e diede il suo nome alla sua prima città. Due anni dopo, la Florida Sponge & Fruit Company di Chase fallì. Egli svendette a R. C. Perky, un agente immobiliare che sognava di sviluppare Sugarloaf. Perky rinominò il borgo appena acquistato Perky, ma le sue fortune naufragarono come quelle di Chase.

Sugarloaf Key
193 E2

Saddlebunch Keys
192 D2

Big Coppitt Key
192 D2

Boca Chica Key
192 C2

Rockland Key
192 C2

È facile immaginare perché Chase e Perky avessero grandi progetti. La piacevole sonnolenza di Sugarloaf tende a schiarire la mente e fa riflettere. Per provare la serenità dell'intricata flora dell'isola, lasciate la US 1 al MM 20 - la svolta è accanto al Mangrove Mama's (*tel. 305/745-3030*; vedi p. 254), un affascinante ristorante con bar - e prendete la Fla. 939 o la 939A, che vi riporta verso la strada principale al MM 17. Una svolta su Old State Road (Fla. 4A) vaga per i boschetti di mangrovie interrotti da chiazze vivaci tra il blu e il verde giada dell'Atlantico tropicale, attraversa uno stretto canale, e vi deposita tra l'Upper Sugarloaf Key e un vicolo cieco al Sugarloaf Boulevard. Le Keys apparivano così agli automobilisti nei primi anni '30.

A sud della **Perky's Bat Tower** (vedi box in questa pagina), al MM 17, ci sono la popolare località turistica e il ristorante di Sugarloaf Lodge (*tel. 305/745-3211*), e la marina con il centro commerciale.

Perky's Bat Tower

L'immobiliarista R.C. Perky sognò di trasformare Sugarloaf nella più bella località turistica della Florida meridionale, ma c'era un problema: le zanzare. Egli lesse un libro di un ufficiale sanitario del Texas chiamato Dr. Charles Campbell, che sosteneva di aver sviluppato un sistema col quale i pipistrelli potevano essere ingaggiati per liberare la terra dalle zanzare. Seguendo le istruzioni, Perky costruì una torre per pipistrelli alta 10 m usando la formula segreta di Campbell per invitare le creature ad adottare la torre come loro dimora. Ma i pipistrelli non lo fecero e Perky andò in bancarotta, lasciando la sua torre obelisco come un esotico monumento ai suoi sogni imprenditoriali.

Oltre Sugarloaf Key

Solo 11 ponti vi separano ora da Key West. Il più lungo si estende per 800 m; il più corto e ultimo, il ponte che va da Stock Island a Key West, solo 48 m. Sei di queste campate sono necessarie per completare l'attraversamento delle basse **Saddlebunch Keys,** che sono poco più di monti coralliferi sormontati da mangrovie.

A sud di Saddlebunch Keys si trova **Big Coppitt Key,** che è in gran parte un quartiere dormitorio per la stazione aeronavale dell'adiacente **Boca Chica Key** più a sud, le cui spiagge sono in gran parte off-limits. Come Boca Chica, **Rockland Key** è stata reclamata dall'industria, precisamente da un cementificio. Più avanti si estende Key West e il termine della Overseas Highway al Mile Zero. ■

Un eccentrico avamposto dal fascino anticonvenzionale, diverso da tutti gli altri, e isole da sogno dagli incantevoli paesaggi desertici.

Key West e le Dry Tortugas

Un felino con sei dita, discendente di uno dei gatti polidattili di Hemingway.

Key West e le Dry Tortugas

Key West è la città più a sud degli Stati Uniti continentali ed è la più antica della Florida meridionale, fondata nel 1829. Molti trovano la sua collocazione di isola appartata irresistibilmente esotica. Lo stile di vita lento e informale della città ha indotto più di un viaggiatore a consultare gli annunci per l'affitto di una casa nel *Citizen* di Key West.

La quotidianità a Key West è così diversa dallo stile di vita americano dominante che sfugge a qualunque tentativo di semplificazione. Anche gli abitanti del luogo, alle volte, scuotono la testa mormorando "Key Weird" (gioco di parole con Key West: *key weird* suonerebbe come "isola delle stranezze"). Molti di coloro che mettono piede sull'isola per prima volta restano disorientati dall'apparente inosservanza delle norme di comportamento comunemente accettate. I puritani la considerano dissoluta, avviliti dai suoi modi "mai molto corretti":

i marciapiedi sono spaccati dalle radici dei banani; le abitazioni sono ricoperte da piante rampicanti e pergolati dalla fioritura arancione. Che vi piaccia o meno, dipenderà dalle vostre aspettative e dalla propensione ad assaporare l'inconsueto e assecondare l'eccentricità. I Cubani del XIX secolo chiamavano l'isola Stella Maris, "stella del mare". Essa rappresentava per loro un luogo florido, in cui la pesca e la fabbricazione di sigari offriva buoni guadagni e una fuga dai campi di canna da zucchero cubani e dal pugno di ferro del governo coloniale spagnolo. I primi esploratori spagnoli la trovarono disseminata di scheletri umani sbiancati e la

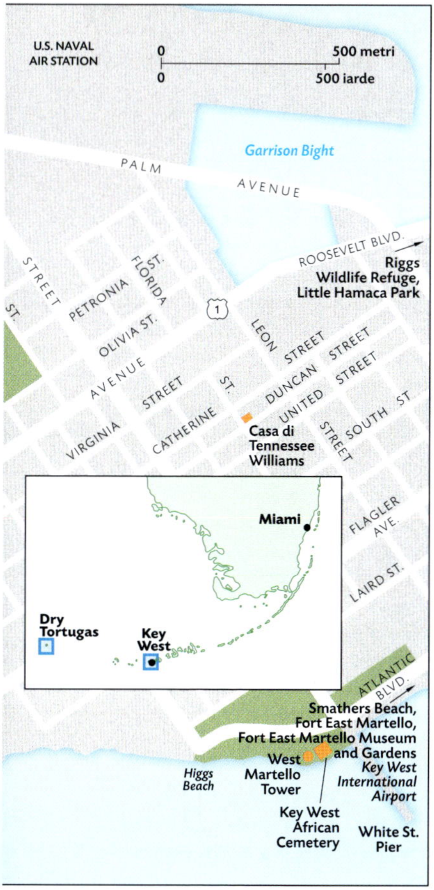

DA NON PERDERE:

- Guardare il tramonto e gli artisti di strada in Mallory Square **214-215**
- Il Mel Fisher Maritime Museum con la sua miriade di oggetti tratti in salvo dai relitti **215, 218**
- Gli eleganti Audubon House & Tropical Gardens **218-219**
- Il tavolo da poker di Truman alla Little White House **221-222**
- Un giro in kayak alle Keys **224**
- La visita della casa-museo di Hemingway **225-226**
- Una bevuta al Captain Tony's Saloon **228**
- Il Colossal Fort Jefferson a Garden Key, nelle Dry Tortugas **234-236**

registrarono sulle mappe come Cayo Hueso, "isola delle ossa". Il motivo per cui questi resti fossero lì non lo sa nessuno. Alcuni ipotizzano che Key West fosse un cimitero degli indiani calusa, o forse un campo di battaglia.

Un mondo a parte

Isola edonistica e narcisistica, non possiede fonti naturali di acqua dolce, ma giace nel mezzo di un'immensa distesa d'acqua. Vive di continue alternanze fra raffinatezza e pacchianeria: per ogni galleria di belle arti, libreria e sala di esposizione d'antiquariato, ci sono dozzine di negozi di T-shirt. Per ogni tavolo di ristorante con biancheria in lino c'è una bettola che spala frittelle di strombi e patatine fritte su vassoi di carta per gli avventori che affollano tavoli da picnic sotto tetti di latta. Alcune parti della zona centrale di Mallory Square, piene di attrazioni turistiche e venditori di oggetti bizzarri, ricordano un parco tematico. Ma al di là, verso lo stupendo mare subtropicale e il cielo pulito, ecco l'ambiente naturale. Allontanatevi dalle abitazioni e dalle residenze signorili del XIX

La Key West Kite Company si intona a meraviglia con il carattere della Repubblica di Conch.

secolo della vecchia Key West, e dai suoi nuovi condomini, e troverete viottoli ricoperti di vegetazione e quartieri pieni di bungalow che sono malridotti, sopravvissuti delle selvagge oscillazioni che hanno infranto i sogni dell'economia volubile dell'isola. Nei vecchi quartieri cubani e bahamiani, a pochi isolati dal trambusto dei bazar di vendita al dettaglio di Duval Street, i polli razzolano e chiocciano tra modeste casette di campagna dove le famiglie caraibiche siedono sotto i portici a parlare e osservare la vita trascorrere.

I *conch* di Key West

Pronunciato "konk", il termine *conch* oggi si riferisce a una persona nata a Key West e implica convinzioni politiche da libero pensatore e mentalità indipendente. Il soprannome risale al 1646, quando un gruppo di inglesi fondarono una colonia bahamiana, dichiarandosi esenti dalle tasse reali e liberi di professare la propria religione. Quando la Corona provò a tassarli, essi dichiararono spavaldamente che avrebbero preferito mangiare *conch* (carne di strombo, cosa che già facevano comunque), piuttosto che pagare. Da allora in poi furono conosciuti come *conch*. La creatura da cui prendono nome, però, non è più così diffusa nelle acque locali. La carne di strombo servita nelle Keys arriva via mare dalle Bahamas, dal Belize o dai Caraibi.

Oggi il numero dei *conch* nativi è superato dai cosiddetti "*conch* di acqua fresca", gente che ha adottato il posto per la sua anticonvenzionalità. L'isola ha un significativo nucleo di artisti, scrittori, musicisti, devoti a questo stile di vita, e altri che si possono solo descrivere come eccentrici. L'isola è anche dimora di una considerevole comunità gay, alla quale viene accreditato il ruolo di leadership per i miglioramenti civici, la salvaguardia storica e per aver ravvivato l'industria turistica della città. Gran parte degli abitanti di Key West si sono imbarcati in nuove vite, professionisti urbani diventati albergatori, imprenditori o artisti, incoraggiati dall'atmosfera di isolamento dell'isola che produce un tonificante senso di libertà personale e di prospettive.

Una festa per i sensi

Soprattutto Key West impegna i sensi. Di sera, la luce subtropicale in mare aperto amplifica i colori a una favolosa intensità

SUGGERIMENTO:

Un po' ovunque potrete assaggiare la gustosa *Key lime pie*, ma il *Key lime fudge* del Kermit's Key West Key Lime Pie Shoppe (*200A Elizabeth St.*) è eccezionale.

- JEROME COOKSON
cartografo del National Geographic

e le folle si accalcano a Mallory Square per la "Celebrazione del Sole" notturna, per applaudire il sole che si adagia nel mare. L'aria ha una fragranza salmastra, profumata della fioritura di rampicanti e di orchidee selvatiche, orlate dall'odore del legno centenario, dei giardini bagnati e dell'umidità. La temperatura di quest'isola ha una media di 26 °C, e l'oceano è tiepido e azzurro chiaro, come vetro antico. Il fumo dei bracieri nei cortili esterni dei ristoranti riempie le strade di spezie bruciate delle pietanze bahamiane e cubane, servite con strimpellate di chitarre. Ci sono menù per ogni gusto, bistrò per ogni umore.

Luoghi di interesse

La vecchia Key West la si esplora meglio a piedi, le sue strade sono affiancate da una pittoresca collezione di architettura del luogo e da monumenti storici, giardini tropicali, arcani musei, e da un lungomare che è sempre interessante. Un'anticonvenzionale eredità marittima spiega l'abbondanza di bar. La varietà di esche portata dalla flotta di imbarcazioni da pesca della città dà modo ai cuochi locali di creare piatti di pesce fresco quasi impossibili da trovare altrove. Luoghi isolati come la spiaggia e la zona da picnic ombreggiata dagli alberi all'interno dello Zachary Taylor Historic State Park, il vecchio faro di Key West, il cimitero cittadino, e i giardini di Audubon House offrono tranquille pause dall'indaffarato centrocittà. Ci sono quartieri, comunque, che non dovreste frequentare di notte. Durante il giorno e di sera, il quartiere di Little Bahama a sud del centro è affascinante. Gli abitanti della zona comunque consigliano di non passeggiarvi a tarda ora. A circondare tutto quanto c'è il mare. Una flotta di imbarcazioni a noleggio offre escursioni per fare snorkeling verso le scogliere che inghirlandano Key West. Ci sono tranquille spiagge in cui sonnecchiare, e altre affollate in cui noleggiare barche a vela. E anche se un cartello all'angolo tra Whitehead e Fleming Street proclama questo luogo come Mile Zero sulla Overseas Highway (US 1), le Keys non finiscono realmente qui, ma 112 km più a ovest verso le Dry Tortugas. Questa manciata di isole simili a un piccolo atollo tra banchi sabbiosi e barriere coralline è sorvegliato da una fortezza dei tempi della guerra di secessione e da un faro del XIX secolo la cui luce di segnalazione spazza l'oceano di notte. ■

La scena artistica delle Keys

Le Keys hanno una scena artistica attiva, in continua evoluzione. Il Florida Keys Council of the Arts (*www.keysarts.com*) in collaborazione con un eclettico mix di persone che abitano nelle isole a sud di Miami, ha l'obiettivo di far conoscere le 225 gallerie locali, i teatri, i musei, i festival e i centri di arte al pubblico di tutto il mondo. Il Florida Keys Council of the Arts, fondato nel 1996 con sede a Key West, cuore della scena artistica dell'arcipelago delle Keys, è stato scelto dai sovrintendenti locali come ente non profit per le attività artistiche della contea. L'organizzazione si occupa di sovvenzioni, sostiene l'arte nei luoghi pubblici e promuove l'arcipelago come meta artistica e culturale. Fornisce anche servizi e finanziamenti ad artisti e attori, a organizzazioni artistiche e a studenti. L'ente cura un catalogo degli artisti e ogni quadrimestre pubblica il programma culturale e la guida delle mostre d'arte. Per sapere quali eventi ci saranno durante la vostra visita nella Keys, andate sul sito del FKCA nella sezione "Your Visit".

Entrare a Key West

Arrivando a Key West dall'Overseas Highway, superata Stock Island - dove si trovano buoni prodotti marittimi e negozi per attrezzature sportive, che però non forniscono alcun accenno alla più antica e affascinante città situata più avanti - vi sono due possibilità per raggiungere Key West: restare sulla US 1 o prendere la Fla. A1A. Optate per quest'ultima, più panoramica e interessante.

Ozio pomeridiano a Smathers Beach, spiaggia apprezzata anche da chi ama windsurf e catamarano.

Dopo aver attraversato il ponte da Stock Island verso Key West, raggiungerete un incrocio a T con Roosevelt Boulevard. Cercate i cartelli stradali che indicano la Fla. A1A e puntano verso sinistra (sud) in direzione "Beaches/ Airport". Svoltate a sinistra e seguite il corridoio di S. Roosevelt Boulevard a sud dopo il Key West International Airport e poi a ovest lungo la sponda dell'isola che da sull'oceano Atlantico. Questa parte di Key West che si estende a est di White Street è considerata la sua nuova città, gran parte della quale creata riempiendo le paludi. Ufficialmente parlando i quartieri a ovest di White Street costituiscono la città vecchia.

Spiagge e paludi

Nell'entroterra, guidando lungo la S. Roosevelt, ci sono le

acquitrinose **Salt Ponds,** usate commercialmente a metà 1800 per far evaporare il sale marino. Oggi gli stagni pullulano di crostacei e piccoli pesci, attraendo così gli uccelli marini. Una parte delle erbose paludi è racchiusa dal **Riggs Wildlife Refuge,** cercate un cancello verde, con una piattaforma di osservazione. Oltre l'acquitrino salmastro c'è un altro santuario di natura allo stato brado noto come **Little Hamaca Park,** appena fuori da Flagler all'incrocio con Government Road. Questa riserva racchiude un'intatta enclave di storia biologica. Una passerella vi permette di esplorare il santuario senza toccare le zone palustri sottostanti.

La spiaggia di fronte lunga 3,2 km è **Smathers Beach,** famosa tra i windsurfer e i marinai di Hobie Cat. Qui potete noleggiare catamarani per due persone, economici, facili da condurre, e piuttosto stabili, ma non è consentito allontanarsi dalla vista del noleggiatore.

Fort East Martello

La Florida A1A vi porta anche a passare Fort East Martello, una delle più antiche strutture in mattoni sull'isola, un forte cilindrico dell'epoca della guerra di secessione che ospita l'eclettica collezione del **Fort East Martello Museum and Gardens** *(3501 S. Roosevelt Blvd., tel. 305/296-3913, www.kwahs.com/martello.htm, $$)*. Oltre a essere un luogo piacevole, il museo procura volti umani alle epoche storiche che costituiscono i rami del complesso albero genealogico di Key West, pirati, soldati, ferrovieri, pescatori di spugne, contrabbandieri di alcolici, costruttori navali, sigarai, pescatori di gamberi e rifugiati politici dei Caraibi che sopravvissero alla traversata. Il museo allestisce mostre delle opere di artisti locali; una sala è dedicata agli esperti scrittori di Key West, compresi i sette che sono stati insigniti con il premio Pulitzer. Salite i 48 gradini della piattaforma di osservazione della torre, per godervi una splendida vista dell'oceano.

SUGGERIMENTO:

Fate una passeggiata nei sentieri del Little Hamaca Park. Si trova accanto a un ex batteria di missili Hawk che evoca la crisi missilistica di Cuba. Si può camminare tra i terrapieni, le torri e gli edifici.

- COREY MALCOLM
archeologo del Mel Fisher Maritime Museum

Entrare nella città vecchia

Dopo aver costeggiato Smathers Beach in tutta la sua lunghezza, S. Roosevelt Boulevard diventa Bertha Street. Dopo qualche isolato, girate a sinistra (ovest) sull'Atlantic Boulevard che dà accesso a un quartiere di condomini con appartamenti. L'Atlantico termina a White Street, che è considerato il confine settentrionale del quartiere della città vecchia di Key West. ■

Key West
Cartina pp. 206-207

Fort East Martello
Cartina p. 207

La città vecchia di Key West

Il centro storico di Key West non è il suo centro geografico, ma si estende accanto a Key West Harbor e l'ormeggio commerciale della città vecchia, Key West Bight (dove l'area della vecchia darsena rimessa a nuovo ha preso il nome di HarborWalk). Il centro ufficiale di downtown è Mallory Square, dove un tempo la Mallory Steamship Company imbarcava i viaggiatori diretti a Cuba.

Il primo edificio della National Bank, all'angolo fra Duval e Front Street, nel cuore del centro storico.

Key West
Cartina pp. 206-207

La storia di Key West

Nel 1822 un reparto della marina militare americana condotto dal tenente di vascello Matthew Perry (che più tardi in qualità di commodoro aprì il commercio tra Giappone e America) innalzò la bandiera a stelle e strisce sull'isola per la prima volta. Uno speculatore dell'Alabama, John Simonton, aveva acquistato quell'anno quel posto paludoso e malarico da un beneficiario di terra spagnolo, Juan Pablo Salas, per $2000. Simonton ottenne la proprietà immobiliare e gli Stati Uniti il punto di ormeggio più a sud, una rarità sulla linea costiera dai bassi fondali della Florida. Key West divenne la base più avanzata per la caccia ai pirati dello West Indian Squadron, che lanciò una brutale campagna di otto anni per stanare i feroci bucanieri dai loro nascondigli nel profondo delle insenature di mangrovie lungo tutte le Keys. Nel frattempo, alcune centinaia di coloni, in gran parte originari del New

England, e balenieri inglesi delle Bahamas, marinai di mercantili o "recuperatori di relitti", iniziarono a costruire case e comunità multiculturali.

Man mano che la flotta mercantile americana cresceva e il suo raggio d'azione si estendeva, le scogliere intorno a Key West richiamarono un numero sempre maggiore di navi. Con i raggi abbaglianti del sole, queste formazioni coralline irregolari sono quasi invisibili fino al momento prima dell'impatto. Nella stagione degli uragani, i fortissimi venti rendono impossibile manovrare. Allora come oggi, questa era una delle rotte di mare più trafficate dell'emisfero occidentale: centinaia di navi a vela finirono male su queste scogliere. I loro carichi, spesso sparsi lungo le coste di Key West, produssero un fenomenale boom economico. La legge americana sul salvataggio marittimo, basata in sostanza sul concetto che chi trova qualcosa ne diviene il proprietario, fu in gran parte scritta dai giudici di Key West. I recuperatori di relitti dell'isola arredarono le loro case con i resti dei naufragi.

Quest'epoca d'oro ebbe termine nel decennio dopo il 1850 con l'installazione dei fari. Con il declino del recupero relitti, prese piede la raccolta delle spugne, seguita alla fine del XIX secolo dall'arrivo dei Cubani specializzati nella fabbricazione di sigari. Il commercio di pesce iniziò a essere redditizio e intorno al 1890 Key West divenne la città più ricca della Florida, con una popolazione di 25.000 abitanti. Tutto finì con la Grande Depressione. Le spugne erano esaurite, le società di sigari si erano trasferite a nord verso Tampa e le navi aggiravano il porto in favore di quelli a nord. Persino la marina militare aveva chiuso le sue basi. Nel 1934, quattro abitanti di Key West su cinque erano disoccupati. I fondatori della città proclamarono Key West circoscrizione sotto la tutela dello Stato, che subito cedette l'affamata comunità al governo federale. Fu deciso che Key West sarebbe stata convertita con fondi pubblici e lavoro volontario in meta turisitica.

Una città rimessa a nuovo: Circa 4000 isolani lavorarono sodo per sei mesi allo scopo di abbellire la città. Furono piantati alberi, riparate case, rimosse montagne di rifiuti e le spiagge ripulite dalle alghe. Gli stanziamenti federali consentirono la riapertura degli alberghi gestiti dai diplomati della Key West Maids' Training School, finanziata dal governo. Musicisti disoccupati furono ingaggiati per formare la Key West Hospitality Band, che accoglieva i viaggiatori con una serenata mentre scendevano dai treni

Key West nella letteratura

Il romanzo di Ernest Hemingway, *Avere e non avere*, pubblicato nel 1938, racconta la tragica storia di un pescatore di strombi e contrabbandiere chiamato Henry Morgan, che rievoca la disperazione degli anni della Depressione a Key West e l'indipendenza che Hemingway ammirò nella gente della sua città. Altro vincitore del premio Pulitzer di Key West fu la poetessa e scrittrice Elizabeth Bishop, che visse al 624 White Street, dal 1938 al 1942. Gran parte della sua opera è ambientata qui e in altri luoghi delle Keys.

Mallory Square
Cartina p. 206
www.mallorysquare.com

e dalle passerelle delle navi. Altri abitanti dell'isola furono avviati alle attività artigianali, compresa la tessitura dei cappelli da sole con le fronde delle palme di noci di cocco (passeggiando a Duval Street vedrete i venditori di strada che li tessono tuttora).
Fu scritta una guida turistica in cui fu messo in evidenza quasi tutto ciò che potesse vagamente interessare a un visitatore. Una "Tipica Casa Antica" era la Vista n. 12, la "Fabbrica di Sigari Abbandonata", la n. 35. La Numero 18 era la casa di Ernest Hemingway, al 907 Whitehead Street. In una "Lettera da Key West" scritta per il numero di *Esquire* dell'aprile 1935, Hemingway si dichiarò assediato dai turisti, situati come lui "tra Johnson's Tropical Grove (n. 17) e il Faro con le Voliere (n. 19)".
La carriera di Key West nel turismo iniziò con questa raccomandazione per i viaggiatori, scritta dall'agente federale incaricato della ristrutturazione dell'isola: "Per apprezzare Key West con la sua architettura locale, i vicoli e stradine secondarie, la sua affabile popolazione e l'atmosfera pittoresca, il visitatore deve trascorrere qualche giorno nella città; un giro di un'ora o due non è di alcuna utilità. Se un turista non intende trascorrere qui almeno tre giorni, l'amministrazione di Key West preferisce che non venga".

Mallory Square

Centinaia di navi da crociera si accalcano sul molo di Mallory Square ogni anno. Legioni di viaggiatori si imbattono qui in venditori di gelati, conchiglie di mare, magliette, palloncini e gingilli di ogni tipo. Nei bar all'aperto i baristi che manovrano schiere di miscelatori versano miscele dai vivaci colori a base di ghiaccio, succhi di frutta e alcool, le versioni di Key West dei daiquiri e delle piña colada, nei calici. Ci sono maghi, giocolieri, ballerini di tip tap, mimi, ritrattisti, mangiatori di fuoco, musicisti, indovini, persino uno sporadico equilibrista.
La piazza celebra Stephen Mallory, un abitante di Key West che, nel 1861, servì come segretario dell'effimera marina della Confederazione. Arretrata tra Front e Greene Street c'è l'edificio della dogana in mattoni rossi e terracotta, l'esempio più importante in Florida dell'architettura revival romanico. Ora sede del **Customs House Museum** (*tel. 305/295-6616, www.customshousemuseum.org, $$*), l'edificio fu costruito nel decennio 1880 e servì da ufficio postale e tribunale federale. Nel 2012 è stata inaugurata una mostra

DA PROVARE: osservare il tramonto a Mallory Square

Il rituale serale di riunirsi al molo di Mallory Square per contemplare il sole che cala nel Golfo del Messico ha avuto inizio negli anni '60. I tramonti sono davvero spettacolari, tanto che anche Audubon nei suoi diari li descriveva con toni entusiastici, rimanendo quasi a corto di aggettivi. La gente - turisti e persone del posto - si raduna due ore prima del tramonto, per godere dell'atmosfera da Carnevale e attendere il crepuscolo.

permanente dedicata al centenario del collegamento fra la Florida East Coast Railway e Key West. Il florido **First National Bank Building** lì vicino deve la sua appariscente mattonatura e l'intricata facciata ai gusti dei sigarai cubani del XIX secolo che lo commissionarono.

Di fronte alla piazza c'è l'edificio commerciale più antico di Key West, costruito con roccia corallina scavata dal sito che occupa. Esso fu in origine usato per conservare il ghiaccio; ora è lo Shell Warehouse, un bazar all'interno di un edificio pieno della delicata cacofonia dei *wind chimes* in vendita all'interno.

Mel Fisher Maritime Museum

Il capitano Geiger (vedi p. 218) non fu l'unico imprenditore di Key West ad arricchirsi con il recupero dei relitti. In tempi recenti il recuperatore di maggior successo, sebbene a sue dolorose spese, è stato il defunto Mel Fisher, la cui ricerca del tesoro di un paio di galeoni spagnoli affondati durante un uragano del 1622 fa parte del folklore locale. Nel 1980 Fisher trovò una parte del carico della *Santa Margarita*, ma la *Nuestra Señora de Atocha* gli sfuggì. Infine, dopo più di 16 anni di ricerche, il 20 luglio 1985 i suoi sub trovarono l'*Atocha* e un tesoro del valore di 400 milioni di dollari.

È una breve camminata da Mallory Square al museo all'angolo tra Whitehead e Greene Street, dove è in esposizione il bottino appena recuperato. Qui troverete una modesta campionatura di oro, argento, gioielli e rari manufatti nautici recuperati dai due relitti, che giacciono sparsi a profondità prossime ai 18 m. Ci sono lingotti d'oro e argento, intricate catene

(continua a p. 218)

Mel Fisher Maritime Museum

- Cartina p. 206
- 200 Greene St.
- 305/294-2633
- $$

www.melfisher.org

Alla sera la folla si riunisce in Mallory Square per guardare il sole che si tuffa nel Golfo del Messico.

Esplorando la vecchia Key West

Il modo migliore per vedere la vecchia Key West è attraversandola a piedi, in modo che tutti i vostri sensi abbiano la possibilità di accogliere le immagini, i suoni e gli odori. Ma ci sono anche altri mezzi per sperimentare di prima mano Key West.

Il pittoresco Conch Train compie il giro turistico dell'isola, un percorso panoramico di circa 20 km.

Itinerari auto-guidati a piedi

L'escursione auto-guidata più famosa è quella dei 25 isolati del **Pelican Path,** tracciato nei dettagli dalla Old Island Restoration Foundation, che vi fa conoscere una dozzina di strade e oltre 50 edifici storici. Prendete *A Guide to Historic Key West on the "Pelican Path"* alla Chamber of Commerce *(510 Greene St., tel. 305/294-2587, www.keywestchamber.org)* di Key West, dove il percorso inizia e finisce. La brochure gratuita è anche disponibile all'Oldest House Museum *(322 Duval St.)*, oppure prendete contatti con la Old Island Restoration Foundation *(tel. 305/294-9501, www.oirf.org)* per maggiori informazioni. La camminata richiede parecchie ore, inclusa una sosta per il pranzo lungo il percorso.

La maggior parte degli edifici è di proprietà privata e non è aperta ai visitatori; tuttavia, da gennaio a marzo, durante la celebrazione degli Old Island Days, la fondazione offre escursioni guidate a tema delle case e dei giardini.

Il **Cuban Heritage Trail** è un'altra camminata affascinante attraverso siti di rilievo storico. Avrete bisogno di una guida e una cartina, disponibili gratuitamente alla Historic Florida Keys Foundation *(510 Greene St., tel. 305/292-6718, www.historicfloridakeys.org)*. Mentre siete qui date un'occhiata all'eccellente cartina commentata dell'organizzazione sul distretto storico di Key

Un tram a tema attende i turisti per accompagnarli alla scoperta del lato macabro di Key West.

West, una guida ben documentata alle reliquie della storia dell'isola, che include una visita in auto della Overseas Highway fino a Key Largo. Sono state inserite anche evocative descrizioni di Pigeon Key e della Bat Tower a Sugarloaf Key. Inoltre alla Historic Florida Keys Foundation potete trovare un depliant da usare per visitare lo storico Key West Cemetery (vedi p. 231).

Un altro piacevole itinerario da fare a piedi è il **Key West Historic Marker Tour** *(www.keywesthistoricmarkertour.org)*. Stampatevi una copia della cartina turistica presente sul sito web o usate la mappa dello smartphone. Quando raggiungete uno dei 68 siti di interesse storico segnalati da un cartello numerato, consultate il sito Internet o chiamate il numero telefonico dell'audioguida turistica *(tel. 305/507-0300)*, premete il numero corrispondente al luogo in cui vi trovate e ascoltate le informazioni relative.

Escursioni in tram e autobus

Come alternativa alle camminate, salite a bordo del **Conch Train** *(9-16.30, tel. 305/294-5161, www.conchtourtrain.com, $$$$$)* per un'escursione narrata di 90 minuti e 22 km intorno all'isola. Questa vettura aperta, a benzina, trainata da un trattore mascherato da locomotiva in miniatura, parte da Mallory Square al 303 Front Street ogni mezz'ora. Potete anche salire a bordo alla stazione Flagler, al 901 Caroline Street.

Simile al Conch è l'**Old Town Trolley** *(9-16.30, tel. 305/296-6688, www.trolleytours.com/Key-West, $$$$$)*, piccolo autobus somigliante ai tram che partono dalla piazza al Roosevelt Boulevard ogni mezz'ora. L'escursione dura 90 minuti e segue un itinerario alquanto vario; è comunque possibile scendere a qualsiasi fermata e riprendere la gita su una delle vetture successive.

La Repubblica di Conch

Il 20 aprile 1982, la polizia di frontiera degli Stati Uniti, che cercava di catturare clandestini e corrieri della droga, bloccò la Overseas Highway vicino a Florida City. Gli automobilisti dovettero dimostrare la propria cittadinanza e i loro veicoli furono perquisiti. L'ingorgo che ne seguì fu un disastro per le pubbliche relazioni, e gli abitanti delle Keys si sentirono oltraggiati per essere stati trattati come sospetti criminali. Dopo tre giorni, Key West annunciò la secessione dell'isola dall'Unione. Key West si dichiarò nazione indipendente con il nome di "Repubblica di Conch". La bandiera fu issata, furono rilasciati visti e permessi di entrata e fu stampata valuta Conch. La nazione ribelle poi si "arrese", richiese l'aiuto straniero degli Stati Uniti e festeggiò per una settimana. La "Primavera di Conch" viene rievocata ogni aprile con i Conch Republic Days, settimana di feste e gare.

Audubon House & Tropical Gardens
Cartina p. 206
205 Whitehead St.
305/294-2116
$$
www.audubonhouse.com

d'oro lunghe quasi 3 m, smeraldi grezzi di dimensioni colossali, e crocifissi decorati con gioielli. Una teca espone uno smeraldo grezzo di 77 carati, mentre altre presentano ancore, utensili, cannoni e oggetti della vita quotidiana dei marinai. Le esposizioni storiche illudono con promesse di ritrovamenti ancora maggiori, mentre altre presentano la realtà più cruda della caccia ai tesori: spese mozzafiato, anni di lavoro massacrante e i pericoli legati al lavoro subacqueo (agli inizi della ricerca, Fisher perse figlio e nuora quando la loro nave si capovolse).

La sede del museo Audubon House & Tropical Gardens fu un tempo la dimora di un facoltoso capitano di mare.

Audubon House & Tropical Gardens

Su Whitehead Street, nei pressi di Mallory Square, c'è una splendida casa dipinta di bianco, a tre piani, in un lussureggiante e curato giardino con alberi e piante fioriti, che per alcuni è il più bel giardino tropicale della Florida.

Questa casa è forse la dimora storica più elegante dell'isola, piena di un misto di mobilia del periodo e di pezzi ornamentali quali dipinti, porcellane, indumenti, bambole per bambini e giocattoli. Il suo nome, in ogni caso, è fuorviante; il nesso tra la casa e il famoso ornitologo e pittore di uccelli selvatici è di tipo sentimentale, non storico.

John James Audubon, che visitò per un breve periodo Key West e le Dry Tortugas nel 1832, non soggiornò mai qui; la casa era la dimora di John Geiger, un capitano di marina che, come molti abitanti di Key West, fece fortuna recuperando carichi dai relitti delle navi affondate sulle scogliere della Florida. Egli costruì questa residenza per la sua famiglia negli anni '30 del XIX secolo. I suoi eredi vissero qui fino al 1958. A causa della sua vicinanza a Mallory Square rischiò la demolizione, avversata dai conservazionisti locali i quali rinnovarono l'edificio e i suoi giardini trasformandolo in museo per commemorare la permanenza di Audubon a Key West.

I visitatori possono girovagare a piacere nella spaziosa residenza. La camera dei bambini al secondo piano è piena di giocattoli di metà Ottocento, compresi due paia di pattini a rotelle dell'epoca. In tutta la casa ci sono stampe e dipinti di Audubon e, al terzo piano, le

SUGGERIMENTO: John James Audubon raccolse talee dal giardino di casa Geigers che utilizzò per realizzare i suoi dipinti di uccelli, tra cui *The White-Crowned Pigeon*, tutt'ora appeso su un muro di questa abitazione, ora conosciuta come Audubon House.

- MARTHA RESK
gallerista della Audubon House and Tropical Gardens

annotazioni da lui prese sul campo circa 22 tipi di uccelli delle Keys. Il giardino pavimentato in mattoni, punteggiato da orchidee e con un vivaio tenuto nello stile del decennio 1840, è incantevole.

Caroline Street

Ci sono molte ragioni per passeggiare in questo pittoresco nucleo della vecchia Key West, che va dalla Truman Little White House (vedi pp. 220-222) su Front Street verso la confusione del lungomare di Key West Bight. Di fronte all'ingresso della vecchia base della marina militare (aperta solo al comandante supremo e alle cariche di più alto grado) c'è una casa a doghe dipinta di bianco, ampiamente ristrutturata: un tempo fu il quartier generale dell'Aeromarine Airways. All'inizio degli anni '20 le prime linee aeree trasportavano passeggeri e tonnellate di posta a bordo degli ex idrovolanti a scafo centrale Navy Curtiss F5-L della guardia costiera, verso Cuba. Ognuna portava un colombo viaggiatore in caso di caduta in mare. Il volo d'inaugurazione dell'Aeromarine verso l'Havana, il 1° novembre 1920, stabilì una delle prime rotte d'America di posta aerea internazionale ufficialmente riconosciute. La compagnia di idrovolanti si stabilì qui per via della vicinanza al fronte del porto, poi lo sversatoio della marina allungò l'isola di parecchie centinaia di metri verso i bacini dei sommergibili, divenuti oggi una marina e un lungomare snob. L'Aeromarine faceva pagare $50 per un volo di 168 km all'Havana, che, a seconda dei venti e delle condizioni atmosferiche, durava dai 90 minuti alle due ore (il viaggio sul traghetto Mallory Steamship richiedeva un giorno intero e costava $19). Nel 1921 l'Aeromarine aggiunse una rotta di 297 km verso Nassau nelle Bahamas, cambiando il proprio nome in Aeromarine West Indies

Caroline Street
Cartina p. 206

Architettura *conch*

Accorta mescolanza di stili del XIX secolo, a volte detto "bahamiano", lo stile *conch* degli edifici di Key West riflette le tecniche dei carpentieri navali che li costruirono. Furono ideati per affrontare il caldo subtropicale, l'umidità e il cattivo tempo, e comprendono imposte incernierate in alto, attici ventilati, ripidi tetti in acciaio zincato (per raccogliere l'acqua piovana che veniva deviata alle cisterne), verande con colonne e pilastri al posto delle fondamenta per proteggerli dagli allagamenti e impedir loro di marcire. La maggior parte di essi fu costruita in pino della Georgia e, fino alla ristrutturazione ispirata dal boom turistico di Key West negli anni '30, furono raramente tinteggiati, restando a "inargentarsi" sotto il sole.

Harry S. Truman Little White House

- Cartina p. 206
- 111 Front St.
- 305/294-9911
- $$$

www.trumanlittlewhitehouse.com

Airways, e facendo pagare $85. Nel giro di due anni la compagnia aveva trasportato quasi 20.000 passeggeri in perfetta sicurezza, ma con un perdita economica che costrinse l'aerolinea a chiudere nel 1923. Pochi ricordano l'Aeromarine, ma il ristorante che oggi occupa il suo edificio, il **Kelly's** *(tel. 305/293-8484;* vedi p. 258*)*, è associato agli anni in cui la Pan American Airways Inc. muoveva i primi passi, rilevando la rotta nel 1927, quattro anni dopo il fallimento della Aeromarine. Il logo con il globo blu della Pan Am è sul tetto del ristorante.

Accanto a Kelly's c'è l'affascinante e piccolo **Heritage House** *(410 Caroline St.)*, non aperto al pubblico, che ospita un archivio della storia di Key West, in un residence in stile *conch* che risale al decennio 1830 e fu occupato da sette generazioni di un vecchio clan di Key West. Dietro la casa, in un incantevole giardino tropicale, c'è un villino dove il poeta Robert Frost a volte soggiornava.

La zona di 500 isolati di Caroline Street è probabilmente il quartiere residenziale più ricco di fascino della città vecchia, con imponenti case, fra le quali si segnala, con le sue 28 stanze, la **Curry Mansion Inn** *(511 Caroline St., tel. 305/294-5349;* vedi p. 256*)*, costruita nel 1905 da un figlio di William Curry, l'imprenditore di maggior successo di Key West del XIX secolo. La casa, ispirata alle villette a schiera francesi dei sontuosi e aristocratici "cottage" di Newport, a Rhode Island, è aperta per itinerari auto-guidati *($)*. Dalla terrazza sul tetto si gode una splendida vista della città vecchia. Nel 1886 un devastante incendio distrusse gran parte delle residenze più vecchie del quartiere. Dalle loro ceneri sorsero dimore ancor più grandiose, compresa la **George Patterson House** *(522 Caroline St.)*, esuberante interpretazione dello stile Queen Anne, e la **Richard Kemp House** *(601 Caroline St.)*, all'angolo dell'isolato successivo, splendido esempio dello stile *conch* mescolato a dettagli *beaux arts* del revival classico, un insieme assemblato dai carpentieri navali. Kemp, un inglese bahamiano, fondò l'industria delle spugne di Key West.

Lungo i successivi due isolati verso il lungomare passerete dinanzi ad altre interpretazioni dello stile revival classico, tutte vecchie case dall'aspetto austero che sembrano un po' fuori posto vicine come sono ai moli di Key West Bight, con il loro stile di vita rilassato.

SUGGERIMENTO:

Ritagliatevi un po' di tempo per passeggiare all'interno del lussureggiante parco della Truman Little White House. Un opuscolo vi aiuterà a identificare la miriade di piante tropicali che lo compogono.

- JANE SUNDERLAND
collaboratrice di National Geographic

Harry S. Truman Little White House

Nonostante la diffidenza verso il governo federale, Key West ha fatto da affabile padrona di casa ai militari sin dal decennio successivo al 1820 ed è una delle poche città americane "arruolate" come base operativa dell'Executive Branch (divisione esecutiva). Accadde sulla scia dell'arrivo di Harry Truman alla Casa Bianca alla morte di Franklin D. Roosevelt, nel 1945. Il volto pubblico del nuovo presidente era fatto di energica risolutezza e sicurezza, ma fu ben presto portato al limite della sua resistenza: dopo aver sovrinteso alla vittoria degli alleati nella Seconda Guerra Mondiale, dovette affrontare l'avvilente compito di promuovere gli interessi americani nel mondo post-bellico. Già nel 1946 era così stanco che i suoi medici erano preoccupati. Il presidente aveva bisogno di un rifugio sicuro lontano dal freddo invernale di Washington, in cui potesse lavorare, fare movimento all'aperto, rilassarsi con consiglieri e amici, e da dove potesse rapidamente tornare a Washington se necessario.

Gli arredi della Little White House tendevano ad accumulare polvere; Truman preferiva lavorare a un tavolo da poker.

Southern White House:
La base navale di Key West era adatta allo scopo e gli alloggi del comandante erano vuoti: ampia casa bifamiliare a due piani eretta nel 1890, con verande, persiane di tipo tropicale e stanze spaziose, era più simile alla sede di un circolo sociale e sportivo che a una residenza militare. A poca distanza si trovava un ospedale della marina militare ed entro i confini della base c'era la più bella spiaggia adatta al nuoto di Key West (oggi parte del Fort Zachary Taylor Historic State Park, vedi p. 223). A novembre, Truman e il suo staff vi giunsero in aereo e si impossessarono della casa, convertita ad abitazione singola, e iniziarono a governare il paese da lì. Nella sala dei ricevimenti, un tavolo da poker fungeva anche da scrivania presidenziale, e il bar era gestito da un marinaio. Le misure di sicurezza erano minime e bastava un agente dei servizi segreti, le cui mansioni consistevano nel rispondere al telefono.
Truman inframmezzava il lavoro con partite di poker, nuotate nell'oceano, pesca e bevute durante riunioni con amici che iniziavano alle sette del mattino. Le sue forze e il suo spirito rinacquero. "Ho una mezza idea", confessò in tono semiserio, "di trasferire la capitale a Key West e di rimanerci". Il presidente lanciò la moda delle camice hawaiane, dopo averne ricevuta una in regalo

da un addetto stampa. Nei sei anni in cui rimase in carica vi ritornò dieci volte, passeggiando di tanto in tanto per il centro, dov'era noto per l'abitudine di pagare tazze di caffè con banconote autografate. Anche Eisenhower e Kennedy si avvalsero della Casa Bianca invernale di Truman.

DA PROVARE: mangiare il proprio pescato del giorno

Se durante il vostro soggiorno a Key West volete gustare del pesce fresco, non c'è niente di meglio che mangiare al ristorante ciò che avete pescato con le vostre mani. Dopo aver trascorso una giornata di pesca su una barca a noleggio (cercate di prendere un lutiano coda gialla, una cernia o una lampuga che secondo la gente del posto sono i più saporiti) chiedete all'equipaggio di sfilettarvi e conservarvi nel ghiaccio il pescato e poi portatevelo in un ristorante che sapete lo cucinerà. A seconda del pesce lo chef vi suggerirà metodi diversi di cottura (per esempio alla griglia, affumicato o in padella) e ve lo servirà con un contorno tipo patate al forno e verdure al vapore. Tra i ristoranti che vi cucinano il pescato ci sono il Sun Sun *(1500 Reynolds St., tel. 888/303-5717)*, il Conch Republic Seafood Company *(631 Greene St., tel. 305/294-4403)*, e il Blue Heaven (vedi Consigli di viaggio a p. 257). La maggior parte dei ristoranti fa pagare $10-$15 per cucinare il pesce che portate voi. Chiamate prima per chiedere conferma.

Oggi le cose sono cambiate e la visita di mezz'ora alla Little White House è evocativa di un'epoca dal ritmo più lento. Sul tavolo da poker di Truman ricoperto di feltro, creato dai carpentieri della marina e tuttora in esposizione, ci sono contenitori per proiettili di artiglieria usati come posacenere e custodie per sigari ricavate da bossoli di mitragliatrici calibro 50. Truman fece realizzare un piano di lavoro in legno coordinato, che consentisse a lui e ai suoi compagni di poker di nascondere le carte quando venivano fatti entrare degli estranei. Su di esso firmò il piano Marshall, un programma di ripresa post-bellico di aiuti finanziari americani ai paesi dell'Europa occidentale.

Truman Annex: Intorno al ritiro c'è il Truman Annex, un esclusivo complesso di appartamenti in condominio con ambientazione tropicale, case a schiera e villette costruite nello stile *conch* sui quasi 40 ettari di quella che era, fino agli anni '80, proprietà della Marina militare. L'ospedale dove i marines degli Stati Uniti colpiti dalla malaria un tempo facevano convalescenza è ora occupato da appartamenti che si affacciano sul porticciolo e il lungomare in stile molo. L'Annex è una comunità recintata, aperta dalle 8 di mattina fino al tramonto, con una passeggiata che si snoda ad anello lungo i suoi marciapiedi tornando verso le vedute di Whitehead Street e dintorni, ossia la **Hemingway Home & Museum** (vedi pp. 225-226) e il vecchio **Key West Lighthouse** (vedi p. 226), il quartiere di Little Bahama lungo Thomas Street, dove al n. 729 il ristorante **Blue Heaven** *(tel. 305/296-8666;* vedi p. 257*)* riceve lodi entusiastiche per i suoi cibi delle Indie occidentali, e verso Southard Street, che termina al vicino **Fort Zachary Taylor Historic State Park** (vedi la pagina a fianco) e alla spiaggia corallina frequentata da Truman. ■

Fort Zachary Taylor Historic State Park

Andando verso la spiaggia, sul lato sud-orientale di Key West, vedrete alla vostra destra il rifugio militare sotto il livello del mare che diede al parco di 35 ettari il suo nome.

Il tappeto erboso dove un tempo si esercitavano le truppe ospita oggi picnic e concerti.

La costruzione iniziò nel 1845, nel tentativo di scoraggiare gli stranieri dall'avventurarsi nel golfo e nei Caraibi. Il sito all'epoca era in mare aperto a 365 m di distanza; la sabbia portata a riva e le discariche lo unirono all'isola, imponendo che le fondamenta di roccia fossero costruite con blocchi di granito. La febbre gialla decimava periodicamente i ranghi dei muratori schiavi afroamericani e degli scalpellini tedeschi e irlandesi che li gestivano. Alla fine il progetto richiese 21 anni e molte altre vite, producendo una batteria di 500 uomini con quasi 200 cannoni. Le ristrutturazioni mantennero il forte in servizio per tutta la Seconda Guerra Mondiale. Nel 1968 uno scavo archeologico portò alla luce sale con fucili, cannoni e munizioni sigillate fin dal 1898, dando al museo la più vasta collezione di armi dell'epoca della guerra di secessione negli Stati Uniti. Il forte, che si erge da una piazza d'armi su tre livelli, sotto il profilo architettonico è sensazionale. Visitatelo per conto vostro o aggregatevi a una delle visite guidate gratuite di 30 minuti con inizio a mezzogiorno.

Fort Taylor Beach

L'unico inconveniente di questa gradevole striscia di spiaggia all'estremità meridionale del parco è la ghiaia corallina, che può dar fastidio ai piedi. Una volta in acqua è un sogno. La spiaggia è attrezzata con tavoli da picnic, barbecue, cabine, docce all'aperto e un piccolo chiosco. ■

Fort Zachary Taylor Historic State Park

Cartina p. 206

Al fondo di Southard St., sul Truman Annex

305/292-6713

$$

www.floridastateparks.org/forttaylor

DA PROVARE: Keys in kayak

I canoisti possono godere della vista di ampie distese di acque calme, ondeggianti praterie marine, tunnel di mangrovie nascoste, abbaglianti tramonti, magnifici uccelli che ammarano e si innalzano in volo e, infine, una variegata fauna acquatica rappresentata da delfini, lamantini, giovani squali e meduse Cassiopea. Al largo di Key West può anche capitare di contemplare una gigantesca nave da crociera e giungere nei luoghi turistici.

Turisti in kayak lungo le piane di marea della Florida Bay.

I vogatori più irriducibili possono avventurarsi in escursioni di più giorni, guidate e non, con pernottamento in campeggio sulle isole, mentre i principianti hanno l'opportunità di imparare i rudimenti di questo sport poco distante da riva per poi partecipare a tour guidati. I costi variano in base al tipo di tour e a chi lo organizza.

Upper Keys

Queste isole disabitate nascondono tunnel di mangrovie attraversabili in canoa. Cercate di scorgere tumuli indiani e i vari tipi di fauna selvatica. I lamantini si radunano nelle acque di Dusenberry Creek; i delfini scorrazzano un po' ovunque, ma non sempre si riesce ad avvistarli. Tra i fornitori di attrezzatura citiamo: **Florida Bay Outfitters** *(MM 104, Key Largo, tel. 305/451-3018, www.kayakfloridakeys.com)*, **John Pennekamp Coral Reef State Park** *(MM 102.5, Key Largo, tel. 305/451-6300*, **Backcountry Cowboy Outfitters** *(MM 82.2, Islamorada, tel. 305/517-4177, www.backcountrycowboy.com)*, e **Kayak Shack** *(a Robbie's Marina, MM 77.5, Lower Matecumbe, tel. 305/664-4878, www.kayakthefloridakeys.com)*.

Middle Keys

Ai canoisti le Middle Keys offrono parecchi tesori da scoprire. Questa è una zona dove c'è più mare aperto e le correnti sono più impegnative. Tra i pochi fornitori di attrezzatura, **Marathon Kayak** *(Marathon, tel. 305/395-0355, www.marathonkayak.com)* è la scelta migliore. Chiamate in anticipo e Kayak Dave vi verrà incontro in acqua con i kayak.

Lower Keys

Le acque delle aree più remote delle Lower Keys pullulano di cetrioli di mare, meduse Cassiopea e giovani squali. Sulla terraferma si possono avvistare numerosi uccelli sia sugli alberi, sia nelle distese di mangrovie. Con la bassa marea emergono chilometri e chilometri di banchi di sabbia, punto di approdo per chi vi arriva in kayak e per i diportisti motorizzati. Per il noleggio e/o i tour chiedete informazioni a **Big Pine Kayak Adventures** *(Watson Blvd., Big Pine Key, tel. 305/872-7474, keyskayaktours.com)* e **Bahia Honda State Park** *(MM 37, Big Pine Key, tel. 305/872-3210)*.

Key West

Andare in canoa nei dintorni di Key West significa avventurarsi in una zona di acque calme e poco profonde, ma se si vogliono raggiungere luoghi di interesse turistico come Smathers Beach e Mallory Square, l'oceano può diventare agitatoe congestionato. **Lazy Dog Island Outfitters** *(MM 4.2, Stock Island, tel. 305/295-9898, www.lazydogadventure.com)* e **Clearly Unique Charters** *(631 Greene St., Key West, tel. 305/747-8651)* offrono un buon servizio.

Hemingway Home & Museum

Quando Ernest Hemingway e Pauline Pfeiffer avviarono la gestione della loro dimora nel dicembre 1931, era l'unica casa a Key West con una cantina, creata quando il letto di roccia corallina fu scavato per erigere le mura. Arretrata di 30 m all'interno di un terreno di 4000 mq tra banani, palme da datteri, palme generiche e palme nane, è una delle case più caratteristiche dell'isola, una villa a due piani, con spesse mura di pietra calcarea, un tetto mansardato, portefinestra, alte persiane verdi e balconi circondati da ringhiere in ferro.

Quando gli Hemingway la acquistarono (per 8000 dollari), era una decrepita rovina nota come Asa Tift House, dal nome del costruttore di navi che l'aveva eretta nel 1851. Hemingway, o più precisamente la sua ricca sposa, si prepararono a restaurare la casa e a dotarla di servitori, facendone un ritiro e luogo di creazione per il genio, la cui dedizione alla sua arte era così intensa che scrivere 500 parole lo poteva lasciare fisicamente stremato. Hemingway aveva bisogno di tranquillità e silenzio, e li trovò in uno studio installato sopra il locale per la carrozza sul retro della casa. Pauline (una ex corrispondente di *Vogue* da Parigi) spese 20.000 dollari per creare una piscina di acqua salmastra lunga 20 m scavata dal letto di pietra calcarea del luogo, un eccesso impressionante all'epoca della Depressione di Key West.
Il romanziere visse in questa casa fino al divorzio da Pauline nel 1940. Durante i 12 anni di permanenza a Key West (otto dei quali a questo indirizzo) la sua vita di scrittore, notoriamente intervallati da pesca, caccia, bevute, viaggi, reportage di guerra e storie d'amore, produsse gran parte delle sue opere migliori, compresi *Morte nel pomeriggio*, *Verdi colline d'Africa*, *Avere e non avere* e una collezione di straordinari racconti, specialmente *Breve la vita felice di Francis Macomber* e *Le nevi del Kilimangiaro*.
Per chi è affascinato dalla prosa e dalla vita quasi mitica di Hemingway, c'è magia nell'aria quando si varca il muro di mattoni intorno alla casa. Visite guidate di mezz'ora conducono i visitatori in giro per la dimora, che conserva alcuni mobili e arredi di Hemingway, fra cui i sontuosi lampadari in vetro veneziano che Pauline installò nella

Hemingway Home & Museum
- Cartina p. 206
- 907 Whitehead St.
- 305/294-1136
- $$$

www.hemingwayhome.com

La raffinata seconda moglie di Hemingway arricchì la loro comune magione di Key West con mobili e decori di lusso.

Dal suo belvedere il vecchio Key West Lighthouse offre scorci panoramici di tutta la città.

Key West Lighthouse
Cartina p. 206
938 Whitehead St.
305/295-6616
$$
www.kwahs.com/lighthouse.htm

sala da pranzo in sostituzione dei ventilatori da soffitto che trovava brutti. C'è una piccola libreria con le opere di Hemingway e un negozio di souvenir, che danno al pian terreno un aspetto vagamente istituzionale, per alcuni ammiratori sgradito. Meglio forse gironzolare all'esterno per conto vostro e osservare il rifugio del maestro sul retro, con tegole rosse e scaffali di libri, rimasto quasi intatto dai suoi giorni di lavoro solitario, seduto su una sedia da sigaraio a un tavolino a ribalta circolare. L'epoca delle macchine da scrivere Smith-Corona, comunque, è fuorviante; Hemingway scriveva quasi esclusivamente a mano e faceva battere a macchina ad altri i suoi manoscritti. ■

Key West Lighthouse

Di notte le cime degli alberi nel cortile di Ernest Hemingway ricevono la luce dal vecchio faro di Key West, appena in fondo a Whitehead Street. La solida torre, originariamente alta 17 m, entrò in servizio nel 1848, occupata da un guardiano del faro che viveva con la famiglia in una bella villetta in legno vicino alla base (i recuperatori di navi locali, comunque, non ne furono affatto felici; l'aiuto alla navigazione significò meno naufragi e il declino dei loro affari). Man mano che gli alberi e gli edifici dell'isola si innalzavano, i muratori ritornavano per aumentare l'altezza della torre. Alla fine fu innalzato a 28 m, consentendo così ai navigatori di vederlo da ogni punto cardinale.
La luce si spense nel 1969, sostituita da un faro automatico installato altrove, ma potete salire gli 88 gradini della scala a chiocciola in acciaio all'interno della torre sulla passerella che la circonda. Il panorama a 360 gradi è splendidamente fotogenico, anche se non è il più alto della città. Questo onore spetta al Top, un elegante bar in cima ai sette piani del Crowne Plaza Key West La Concha *(430 Duval St., tel. 305/296-2991).*
La casa del guardiano del 1887, ora un museo, è rimessa in sesto al punto da sembrare nuova. Essa è piena di cartine nautiche, modelli di navi, vecchie fotografie e antiche attrezzature da fari in pensione di tutte le Keys. Ci sono pochi manufatti della U.S.S. Maine, che caricò carbone nelle Dry Tortugas prima di procedere a vapore verso sud incontro al suo esplosivo destino nell'Havana Harbor nel 1898.
Anche l'originaria lente di Fresnel del faro si trova qui, dimostrando l'abilità della sua ingegnosa geometria che amplifica il barlume di una lanterna in un faro salvavita visibile in mare aperto.

Duval Street e dintorni

Intitolata al primo governatore del territorio della Florida, Duval Street ha tutto: monete d'argento e gioielli spagnoli recuperati dai galeoni affondati, occhiali da sole griffati e biscotti. Ci sono forse più magliette e bikini in vendita su questo tratto di città vecchia che in qualsiasi altra area di sei isolati degli Stati Uniti. Ci sono fast food e tentativi di alta cucina, ma la maggior parte dei ristorantini, memorabili semplicemente per il fatto di essere a Key West, si colloca a metà strada.

Fino agli anni '20 Duval Street era una strada sterrata, lastricata per la prima volta durante la campagna degli isolani all'epoca della Depressione per rendere attraente la città per i turisti. Quando la via fu pavimentata negli anni '30, molti mattoni finirono nelle mura intorno alla casa di Hemingway. I *conch* più anziani ricordano quando Duval era una via di rozzi bar. Parlano con affetto degli alberghi a ore, dei caffè cubani e delle case dei sigarai, e di quando si andava al cinema al vecchio **Strand Theater** *(527 Duval St.)*, costruito da artigiani cubani nel 1918. La facciata dello Strand funge da parte anteriore di un Walgreen's. I vecchi ricordano i giorni in cui Duval Street intimidiva più che divertire i turisti, e ne sentono la mancanza.

Oggi è una via di bar più accoglienti ma non meno rumorosi, pieni di turisti e studenti in vacanza, di operai delle ferrovie disoccupati, di pescatori e di marinai alla ricerca di un impiego su un mercantile. Potete attraversare Duval Street in auto in pochi minuti, ma scegliete di percorrerla a piedi, da Mallory Square a Truman Avenue, dove la frenesia dei negozi scompare. A seconda del vostro umore, Duval Street vi darà l'impressione di essere o terribilmente incantevole o incantevolmente terribile. Nella pausa primaverile, gli studenti dei college giungono a frotte in città ronzando in giro su motorini i cui motori a due tempi sono il flagello dell'isola. Se volete essere trattati con rispetto da chiunque sopra i 19 anni, noleggiate una bicicletta.

SUGGERIMENTO:

Se volete buttarvi nell'allegra vita notturna, la vostra meta è il bar all'aperto a Bagatelle. Vi potrebbe capitare di sedervi accanto a un turista come voi che è venuto qui in vacanza ma non se ne è mai più andato.

- ANNE MARIE HOUPPERT

Index manager, National Geographic Libraries and Information Services

Sloppy Joe's

Situata tra Greene e Caroline Street, Duval è una strada di bar, saloon, pub e ancora bar. Sloppy Joe's, al 201 Duval Street, è malandato, popolare e affollato di turisti che esaminano le molte foto di Hemingway, un tempo cliente abituale dell'originario

Duval Street
Cartina p. 206

Bagatelle
115 Duval St.
305/296-6609
www.bagatellekeywest.com

Sloppy Joe's
Cartina p. 206
201 Duval St.
www.sloppyjoes.com

Joseph Porter House
Cartina p. 206
429 Caroline St.

Sloppy Joe's, dietro l'angolo al 428 Greene Street, al posto del quale ora c'è il **Captain Tony's Saloon** *(www.capttonyssaloon.com)*, altro locale d'epoca dove servono alcolici. Sloppy Joe era Joe Russell, un contrabbandiere occasionale descritto dal biografo di Hemingway, Carlos Baker, come "un ometto tosto dalla faccia di pietra", soprannominato localmente Josie Grunts. Russell e Hemingway legarono subito, e l'autore cominciò a noleggiare il cabinato da 10 m di Russell per le escursioni di pesca. Durante una di queste, Hemingway sperimentò per la prima volta la pesca al marlin. Ancor più importante per la letteratura, l'osservazione di Russell da parte dell'autore alla fine risultò nel tragico eroe di uno dei racconti di Hemingway che si sviluppò nel romanzo *Avere e non avere*.

Joseph Porter House

All'angolo sud-ovest tra Duval e Caroline Street è situata la Joseph Porter House *(n. 10 dell'itinerario di visita della casa di Pelican Path;* vedi p. 216*)*, uno dei migliori esempi di architettura *conch* dell'isola con la sua fusione degli stili del New England, bahamiano e creolo. Anche se in parte privato, il livello inferiore è occupato da un paio di boutique, che vi permettono di attardarvi fuori sulla veranda. La gradevole abitazione prende il nome da un medico, nato qui nel 1847, che fece studi pionieristici sulla prevenzione della febbre gialla, e fu il primo ufficiale

Sotto il tetto del vecchio Sloppy Joe's, Hemingway conobbe la sua terza moglie, Martha Gellhorn.

sanitario della Florida. Egli morì qui all'età di 80 anni, nella stessa stanza in cui era nato.

Oldest House Museum

In fondo alla strada c'è l'Oldest House Museum, allestito in una classica casa *conch* che, come dice il nome, è la più vecchia di Key West. Questo edificio bianco a doghe è un classico esempio delle abitazioni dei primi abitanti (il suo occupante originario era un capitano di marina, Francis Watlington). Essa fu costruita nel 1829 a Whitehead Street, trasferita qui tre anni dopo e collocata in cima a piloni da pontile alti 1 m per mantenerla asciutta quando le mareggiate allagavano il centro. Il piccolo museo occupa sei stanze, che espongono antichità del XVIII e XIX secolo, modelli di navi e reperti che spiegano come il "recupero navi" nella zona divenne non solo un'attività rispettabile ma anche redditizia. Visitate la parte posteriore, dove si trova l'ultima cucina all'aperto di Key West.

San Carlos Institute

Fino al 1961, quando Cuba e gli Stati Uniti ruppero i rapporti diplomatici, l'Havana finanziò questo centro politico e sociale. Agli albori fu anche un teatro d'opera, con quella che molti ritengono la sala acusticamente migliore del Sud. Il patriota cubano José Martí (vedi p. 231) tenne dal suo balcone un discorso che ancora eccita la comunità degli espatriati cubani di Miami. Il San Carlos è ora un museo e archivio sul ruolo dei Cubani nella storia e nella cultura di Key West.

Guayabera

Combattete il caldo e l'umidità dell'estate della Florida meridionale indossando una *guayabera*, la tradizionale camicia plissettata di Cuba. Di puro lino bianco, con un taglio generosamente ampio, la *guayabera* è anche un'ottima idea regalo. A Key West, il negozio di souvenir del ristorante El Meson de Pepe *(410 Wall St., tel. 305/295-2620)* è altamente raccomandato come il miglior posto dove comprare la caratteristica camicia cubana.

Il primo edificio dell'istituto fu eretto nel 1884 a Fleming Street e intitolato a Carlos Manuel de Cespedes, un proprietario di piantagioni cubano a cui viene attribuito lo slogan rivoluzionario "Cuba libre!", oggi associato al cocktail a base di rum e coca con ghiaccio. Nei weekend si proietta il documentario di un'ora *Nostalgia Cubano*, sulla Cuba dagli anni '30 ai '50. Il malcontento sociale che portò al rovesciamento del regime di Batista da parte di Castro è oscurato dalle bellissime immagini del film dell'ancora vivace cultura cubana. Date un'occhiata all'interno del teatro, i cui dipinti d'ambiente sono stati restaurati e riportati all'originario splendore. L'ingresso è decorato con mattonelle di maiolica spagnola dipinte a mano. Ci sono anche stampe colorate a mano di selvaggina cubana e di affascinanti esposizioni storiche.

Oldest House Museum

Cartina p. 206
322 Duval St.
305/294-9502
Chiuso mer. e dom.
$$

www.oirf.org

San Carlos Institute

Cartina p. 206
516 Duval St.
305/294-3887
Chiuso al mattino e lun.-gio.
$

www.institutosancarlos.org

Cuba si trova a 140 km da Key West, considerato il punto più meridionale degli Stati Uniti.

Southernmost Point
Cartina p. 206

Southernmost Point

Se scrutate verso sud giù a Duval Street vedrete al suo termine l'azzurro intenso del mare e del cielo. Duval Street finisce accanto a un ampio demarcatore di cemento a forma di boa, annunciando che questo è il punto più a sud degli Stati Uniti. Al di là dell'incrocio si estende una magnifica residenza turrita in stile Queen Anne, una dimora privata fiancheggiata da palme e nota come **Southernmost House** *(1400 Duval St.)*.

La casa e il demarcatore ufficiale sono l'occasione per fotografie suggestive, ma Southernmost Point non è proprio il punto più a sud degli Stati Uniti continentali. L'estremità più lontana di Key West verso Cuba è un fazzoletto di terra che si trova circa 800 m a ovest, all'interno della base navale, ed è perciò inaccessibile al pubblico. Il fatto che questa differenza sia rivendicata da una parte dell'isola inaccessibile alla maggioranza dei cittadini della Repubblica di Conch offende la sensibilità locale. E poiché la differenza tra realtà e finzione è solo una questione di qualche decina di metri, la polemica suona a molti come un cavillo per menti irrimediabilmente razionali. Non è poi così rilevante che un isolato più a ovest, all'incrocio tra Whitehead e South Street, molto più a sud di questa attraente dimora, vi sia una casa molto più modesta.

Il punto realmente più a sud sul suolo americano è lontano, lontano da qui nelle isole hawaiane, a una latitudine condivisa con Mexico City. Comunque stiamo parlando degli Stati Uniti continentali. Tuttavia, nei giorni in cui i frangenti sono alti, l'acqua del mare si spinge sulle strade, aggiungendo un'aura di credibilità al concetto che sia qui che l'America finisce e iniziano i Caraibi. ■

Key West Cemetery

Come molte cose originariamente situate altrove a Key West, il cimitero della città fu trasferito (una conseguenza dell'uragano del 1846 che inondò i terreni e aprì le tombe) ai margini della città vecchia, in una tranquilla zona di cottage, alcuni dei quali elegantemente ristrutturati, altri inviolati da un pennello da decadi.

Dato che il "nuovo" cimitero rimane in cima a roccia corallina e a una falda freatica poco profonda, le sue tombe sono cripte esterne che ricordano quelle di New Orleans. Il mordace umorismo di Key West è in evidenza nei suoi epitaffi: "Te l'avevo detto che stavo male", redarguisce una di esse. Angeli di pietra in lutto, cigni avviliti e malinconici agnelli si addolorano per le premature dipartite: "Il Giorno è Finito e il Domani non Sarà Mai Mio". All'interno di un piccolo recinto, che circonda l'asta di una bandiera modellata come l'albero di una nave e un aitante marinaio in pietra con un remo pronto per essere usato, ci sono le tombe di 22 marinai della Marina militare che perirono quando la *U.S.S. Maine* esplose nel porto dell'Havana nel 1898, innescando la guerra ispano-americana. Un monumento separato commemora i Cubani morti combattendo per l'indipendenza della loro isola dalla Spagna, e la sezione ebraica testimonia con la sua varietà momenti della storia culturale di Key West che non si trovano evidenziati altrove. Se il tempo ve lo consente, fate una visita guidata *(mar. e gio. alle 9.30)* con uno dei volontari della Historic Florida Keys Foundation (partenza dall'ufficio del sagrestano all'entrata di Margaret Street); dura 90 minuti ed è saggiamente condotta prima che il sole cominci ad arrostire i viottoli ghiaiati privi di ombra. I cancelli sono aperti dall'alba al tramonto. ■

SUGGERIMENTO:

Una passeggiata nel cimitero storico trasmette molto di più del carattere eccentrico di Key West di qualsiasi lezione di storia.

\- SHARON WELLS
autrice della Key West Walking & Biking Guide

Key West Cemetery

Cartina p. 206
Angela, Frances, Olivia e Windsor Sts.
305/292-6718

L'eredità cubana di Key West

Entro il 1980 Key West era diventata la città più ricca della Florida. Tra i suoi cittadini di primo piano c'erano banchieri cubani, spedizionieri marittimi e fabbricanti di sigari. A essi si unirono centinaia di Cubani auto-esiliati che si opponevano al dominio coloniale della Spagna e guidati dal carismatico José Martí, che adottò Key West come base del suo Partido Revolutionario Cubano. Agli inizi di aprile del 1895, Martí e il Gen. Máximo Gómez si misero in marcia da Santo Domingo verso la costa della loro terra natia, dando vita alla guerra di indipendenza cubana. Tutt'altro che dimenticata dopo decadi di antipatia tra Washington e l'Havana c'è il fatto che Key West una volta era nota come "la culla dell'indipendenza cubana".

West Martello Tower

West Martello Tower ha un aspetto piuttosto fatiscente che deriva da un'epoca in cui gli artiglieri dell'esercito di Fort Zachary Taylor al di là dell'isola usavano la costruzione per le esercitazioni di tiro al bersaglio. Costruito come posto di vedetta costiero e batteria nel 1861, sopravvisse a questo fuoco non proprio amichevole per servire ancora da posto di osservazione durante la guerra ispano-americana, ed è ora nelle più gentili mani del Key West Garden Club.

Laddove i difensori del litorale un tempo prendevano la mira, oggi c'è un giardino.

West Martello Tower
Cartina p. 207
Atlantic Blvd. e White St.
305/294-3210
www.keywestgardenclub.com

Il club ha riempito la torre con piante, libri sull'orticoltura e materiale illustrativo, e ogni primavera ospita una mostra sulle orchidee. Qui l'antica vegetazione è un'enciclopedia vivente di piante tropicali e orchidee vicino alla bella **Higgs Beach,** sede dell'African Cemetery (vedi box in questa pagina).

Il rifugio del drammaturgo

Dalla torre, White Street porta nell'entroterra verso la città vecchia, un piacevole itinerario attraverso i quartieri d'epoca. Lungo il cammino fate una deviazione di quattro minuti da White Street svoltando a destra in Duncan Street per un'occhiata veloce alla discreta ma invitante casa a due piani in stile bahamiano situata al n. 1431, un tempo la dimora di Tennessee Williams *(chiusa al pubblico).* L'autore di *Un tram chiamato desiderio* ne fu il proprietario dal 1949 fino alla morte, nel 1983. Williams aggiunse uno studio e una piscina sul retro della casa, e visse qui scrivendo in modo produttivo. La dimora fu utilizzata come set durante le riprese dell'opera drammatica di Williams *La rosa tatuata* (1955), interpretato da Burt Lancaster e Anna Magnani. ■

Il cimitero africano

All'ombra della torre di West Martello si trova il cimitero africano, dove però non ci sono lapidi. Una targa spiega che nel 1860 morirono 294 schiavi africani diretti a Cuba e che furono seppelliti sulla Higgs Beach. Nel 2002 sono state ritrovate circa 15 tombe e un radar sondò la presenza di altre nel sottosuolo. Quando all'inizio degli anni '60 dell'Ottocento fu costruita la fortificazione per la guerra civile, la maggior parte delle ossa vennero rimosse e attualmente non si conosce la loro ubicazione. Un recinto circonda parte dell'area, dove si possono vedere delle cartine geografiche, colonne e simboli africani.

Dry Tortugas National Park

Nel 1928, Ernest Hemingway si recò a pescare alle Dry Tortugas, un arcipelago lungo 11 km formato da sette basse lingue di terra con sabbia corallina circa 110 km a ovest di Key West. Egli fu conquistato dall'asprezza delle disabitate isole Tortugas, dalle notti stellate, dagli stormi di uccelli marini e dalle acque limpide ricche di pesci. C'era anche la rovina di Fort Jefferson, iniziato nel 1846 e mai completato, tuttora la fortezza in mattoni più grande dell'emisfero occidentale.

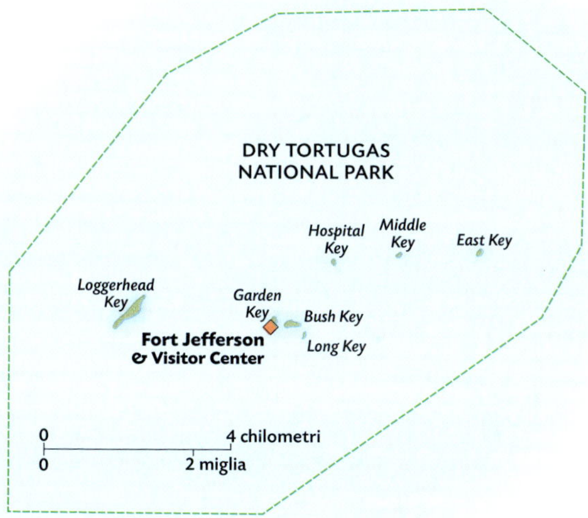

Nel 1930, Hemingway, il suo editore Maxwell Perkins e altri tre amici vi passarono 17 giorni felicemente bloccati dal cattivo tempo, lanciando lenze nella laguna blu che si estendeva sotto i giganteschi cannoni del forte. C'è una fotografia dello scrittore e dell'editore in piedi vicino all'entrata del vecchio forte, con alle spalle le feritoie dei cannoni. Se oggi vi fermate lì, niente sullo sfondo sarà cambiato di molto, come nemmeno entro la vasta linea azzurra dell'orizzonte circostante.

Nel 1992 le isole vennero rese il pezzo centrale di uno dei parchi nazionali più recenti e più insoliti d'America, un santuario ornitologico e marino i cui 160 kmq racchiudono alcune delle più sane barriere coralline rimaste al largo delle coste del Nordamerica. A meno che non facciate una scappata di 40 minuti in idrovolante, una visita alle Tortugas richiede una giornata intera, di cui circa metà a bordo di una delle imbarcazioni turistiche che coprono il viaggio di tre ore da Key West. In entrambi i casi,

Dry Tortugas National Park
☎ 305/242-7700
$ $
www.nps.gov/drto

NOTA: Il Dry Tortugas National Park è amministrato dall'Everglades National Park *(40001 Fla. 9336, Homestead, tel. 305/242-7700).* A Key West non vi è al momento alcun ufficio del parco.

sarà una giornata indimenticabile. Dovrebbe essere sottolineato che solo 34 ettari dei 26.300 di questo parco sono sopra la superficie marina, e la visita vi farà atterrare sui 6 ettari di **Garden Key,** 4 dei quali sono occupati dall'enorme esagono di Fort Jefferson. Le tre isole più a est sono poco più che cave di sabbia, e le due adiacenti Garden Key, **Bush Key** e **Long Key,** sono entrambe riserve naturalistiche, con Long permanentemente off-limits (in anni recenti, una striscia di sabbia ha collegato Bush con Garden Keys). Le Tortugas terminano 5 km più a ovest con i 12 ettari di **Loggerhead Key,** dove, fin dal 1858, un faro di 46 m ha avvertito i marinai di stare lontani dalle scogliere e dai banchi sabbiosi noti per aver reclamato oltre 200 navi a partire dal 1600.

Garden Key

Non si può perdere Garden Key. La sua area per picnic ombreggiata dagli alberi è vicina a un'incantevole spiaggia di soffice sabbia bianca che digrada dolcemente nelle secche cristalline, abbastanza profonde vicino alla riva. Dietro il frangiflutti del forte, la profondità aumenta di 2 m, proteggendo "prati" di fieno di mare attorno ai quali guizzano pesci tropicali dai colori vivaci. Concedetevi almeno un'ora per girare lo spettrale **Fort Jefferson,** costruito per assicurare il controllo americano sullo Stretto della Florida. Proclamato la Gibilterra del golfo, il colosso da 16 milioni di mattoni ne ha ancora l'aspetto: mura spesse 2,5 m e alte 15, che formano un esagono le cui arcate di mattoni sostengono tre file di postazioni per cannoni che si estendono per 800 m

La costruzione, nel XIX secolo, di Fort Jefferson fece aumentare della metà l'area di Garden Key.

DA PROVARE: snorkeling al largo di Garden Key

Sarebbe un peccato giungere alle Dry Tortugas e non fare snorkeling attorno a Garden Key. I servizi dei traghetti noleggiano occhialini, boccagli e pinne. Per lo snorkeling la zona migliore dell'isola più vicina alla riva è il tratto di mare che costeggia la muraglia di mattoni lunga circa 1 km che racchiude il fossato difensivo di Fort Jefferson. Qui l'acqua, che arriva al torace, ricopre un banco di sabbia pieno di gorgonie, coralli cervello e *Thalassia testudinum*, perlustrato da parecchie delle 442 specie di pesci autoctoni. Se avete un compagno, o riuscite a procuravene uno per reciproca sicurezza, potreste coprire in canoa il tratto dalla spiaggia del campeggio lungo la muraglia, dove i pesci tendono a radunarsi. Fate attenzione ai barracuda: anche se raramente diventano aggressivi, sono animali molto territoriali, ragion per cui è meglio tenervisi alla larga.
Se preferite non andare in acqua, fate una passeggiata sul frangiflutti e guardate nel fossato. Sul bordo si può già vedere in dettaglio questo habitat protetto, prediletto dalla conchiglia rosa, dalla pastinaca gialla, dal pesce azzannatore grigio e da altre creature marine.

all'intorno, progettate per 450 cannoni, tra i quali enormi Rodman in grado di lanciare un proiettile di 136 kg a una distanza di 5 km. Ma il forte fu un fiasco quasi sotto ogni aspetto, crollando sotto il suo stesso peso man mano che la sottostante, friabile roccia corallina dell'isola cedeva. Per fortuna all'intimidatoria massa della cittadella fu risparmiato il collaudo in battaglia.
A corto di personale e con un solo cannone operativo quando la guerra civile scoppiò, alla richiesta di resa da parte di una nave confederata il presidio rispose minacciando di annientarla. Un bombardamento di 450 cannoni sarebbe certamente stato letale, se gli oscuri fori dei cannoni non avessero nascosto altro che pochi soldati intenti a scrutare con apprensione la flotta nemica. Ma i confederati si ritirarono prudentemente, e poi se ne andarono per sempre, lasciando il solitario avamposto a fungere principalmente da prigione per i disertori dell'Unione. Dopo la guerra, ai detenuti si aggiunsero quattro condannati per complicità nell'assassinio di Abraham Lincoln. Uno di essi era lo sventurato medico Samuel Mudd il quale, ignaro - come si ostinò ad affermare - aveva curato la gamba rotta dell'assassino, John Wilkes Booth.
Dopo 30 anni di costruzione intermittente, la cittadella fu colpita nel 1874 dalla febbre gialla, dalle devastazioni di un uragano e dai nuovi cannoni a canna rigata, che resero obsolete quelle mura spesse 2,5 m. Riportato in vita nel 1898

SUGGERIMENTO:

A circa 3 km a nord-ovest di Loggerhead Key si trova la Loggerhead Forest, una spettacolare barriera corallina terrazzata a forma di anfiteatro che pullula di pesci.

- JERALD S. AULT
docente di biologia marina e pesca alla University of Miami

come stazione di rifornimento di carbone per la marina militare, il forte fu abbandonato definitivamente nel 1907. Allo scalo, date un'occhiata agli avvisi sulle attività guidate dai ranger. Se intendete accamparvi accertatevi subito della disponibilità del campeggio (vedi box sotto). Il **centro visitatori** senza personale addetto è all'entrata del forte; c'è anche una libreria della Florida National Parks and Monuments Association *(solo 13-15)*. Prendetevi qualche minuto per vedere un filmato di orientamento che potete far partire voi stessi, poi seguite i cartelli per una visita auto-guidata dell'impressionante architettura di Fort Jefferson e della piazza d'armi simile a un parco. In alternativa prendete parte a una visita guidata da un ranger o da un operatore. Le scale a chiocciola in granito portano a merlature all'aperto e a un panorama a 360 gradi ideale per il *birdwatching* con il binocolo (le popolazioni di rondini di mare, cormorani, gabbiani, sule, pivieri, pellicani, falchi pellegrini e fregate delle Dry Tortugas nel 1832 indussero l'ornitologo e pittore John James Audubon a navigare sin qui da Key West per studiarli). Se passeggiate per i bastioni erbosi troverete diversi cannoni costieri dell'epoca della guerra civile in esposizione vicino al faro del forte, da tempo in pensione, del XIX secolo. Sedersi qui a osservare le nere fregate scendere in picchiata, cavalcare le correnti dei venti su ali sottili, è un'esperienza sublime.

Camping

A Garden Key ci sono dieci zone ombreggiate da alberi con tavoli da picnic e griglie, disponibili secondo l'ordine di arrivo. Ci sono bagni con sistemi di compostaggio nella darsena pubblica. Il parco addebita una piccola tariffa di campeggio a persona per ogni notte con un limite di 14 giorni. Gruppi di dieci o più persone devono ottenere in anticipo un permesso speciale di utilizzo dalla direzione amministrativa delle Dry Tortugas all'Everglades National Park (vedi p. 237).

SUGGERIMENTO:

Nella cella del dottor Samuel Mudd osservate i solchi tracciati da un prigioniero nel pavimento per far defluire l'acqua piovana che, diversamente, avrebbe inondato lo spazio a sua disposizione rendendolo umido.

- JEROME COOKSON
cartografo del National Geographic magazine

Bush Key

Grazie a un banco sabbioso sviluppato in anni recenti, potete camminare verso il giardino primordiale di Bush Key di cedri della baia, *Coccoloba uvifera*, mangrovie, piante della specie uniola e fichi d'India, un paesaggio identico a quello che l'esploratore spagnolo

L'ottocentesco faro in lamiera di Fort Jefferson, oggi non più attivo, domina il centro visitatori.

Juan Ponce de León incontrò quando gettò l'ancora per la prima volta qui nel 1513: le acque pullulavano di testuggini, tartarughe embricate, dermochelidi coriacee e carette, e così egli chiamò questi *cayos* "las Tortugas". Le testuggini ora sono rare, decimate da quattro secoli di caccia eccessiva, ma ogni anno tra marzo e settembre si stima che 100.000 rondini di mare ritornino a Bush Key per posarsi nei nidi sabbiosi (durante questi mesi, Bush è chiusa ai visitatori).

Visita delle Tortugas

Come arrivarci: L'accesso al Dry Tortugas National Park avviene in barca o in idrovolante ed è soggetto al variare delle condizioni atmosferiche. Chiamate la direzione del parco *(tel. 305/242-7700)* per informazioni aggiornate e una lista dei taxi aerei e delle compagnie di barche a noleggio autorizzate che servono l'isola.

Il passaggio in barca da Key West richiede circa tre ore. I traghettatori privati dovrebbero fare riferimento al NOAA (National Oceanic and Atmospheric Administration) Chart n. 11434 ("Sombrero Key Dry Tortugas") e al Chart n. 11438 ("Dry Tortugas"). Non ci sono ormeggi o scali per barche pubbliche; quelle private devono ancorare in mare aperto nelle aree designate. Solo marinai esperti, equipaggiati in maniera completa e con un'adeguata esperienza di navigazione dovrebbero tentare la traversata, perché queste acque sono spesso basse e soggette tutto l'anno a forti venti che possono rendere il mare agitato.

Yankee Freedom II

✉ Lands End Marina, Key West

☎ 305/294-7009

www.yankeefreedom.com

Le acque cristalline che circondano le Dry Tortugas sono perfette per lo snorkeling.

Il catamarano ad alta velocità ***Yankee Freedom II*** è il principale mezzo di trasporto pubblico per le Tortugas; costa $160 andata e ritorno, più $5 per l'ingresso al parco. Noleggiare un'imbarcazione privata per visitare le Tortugas è più costoso.

Raggiungere le isole in aereo è senz'altro più rapido che in barca - il volo dura circa 40 minuti - ma contate di spendere circa $265 a persona per una mezza giornata (il che equivale a una visita piuttosto frettolosa), e circa $465 per l'intera giornata *(Key West Seaplane Adventures, tel. 305/293-9300, www.keywestseaplanecharters.com).*

Quando andare: Il parco è aperto tutto l'anno. Il picco è in primavera, quando si consiglia di prenotare in anticipo la barca o l'aereo. Tenete presente che da novembre ad aprile il mare è spesso agitato, con conseguenti complicazioni nelle traversate in barca e scarsa visibilità nello snorkeling. Solo a Garden Key si può pernottare. Bush Key è chiusa da metà gennaio a settembre (quando le rondini di mare nidificano).

Consigli speciali

La darsena, il centro visitatori e il piano terra di Fort Jefferson sono accessibili alle carrozzelle, come il campeggio. Comunque, i viottoli di mattoni nel forte e il suolo sabbioso del campeggio potrebbero ridurre la mobilità. Confermate l'accessibilità della barca a noleggio e del molo quando fate le prenotazioni.

Le Dry Tortugas sono davvero secche: non c'è acqua fresca a disposizione per i campeggiatori o i visitatori giornalieri. Se avete in programma di campeggiare, dovete portarvi acqua, carburante, cibo e provviste. Se siete turisti mordi e fuggi dovreste portare acqua, un costume da bagno, un maglione o una giacca per la sera (il viaggio in barca di ritorno può essere ventoso, umido e freddo), equipaggiamento per lo snorkeling e binocoli.

Infine ricordate che in questo frammento di paradiso sub-tropicale, sarete lontani da tutto ciò che è mondano: alle Tortugas non c'è un servizio di telefonia pubblica né ricezione di campo per i cellulari. ■

Consigli di viaggio

Destinazione Miami Beach.

CONSIGLI DI VIAGGIO

PROGRAMMARE IL VIAGGIO

Miami ha una solida reputazione di località turistica soleggiata e marina con 916.855 kmq di acque costiere, 60 porticcioli turistici, circa 90.000 imbarcazioni immatricolate, quasi 4856 ettari di parchi, e una temperatura media annuale di 24 °C.

Il clima è estremamente tropicale con estati calde e afose bilanciate da miti inverni nei quali nelle giornate di gennaio 21 °C sono piuttosto comuni. Ma d'inverno ondate di freddo possono far precipitare le temperature a 10 °C.

Il periodo da novembre a metà maggio è considerato alta stagione, quando South Beach è nel pieno della sua attività per le riprese di film e servizi di moda, e molti altri importanti eventi hanno luogo. Il clima è al meglio, con giornate calde, serate fresche e bassa umidità; ma i prezzi di molti alberghi e autonoleggi si impennano durante questo periodo, abbassandosi entro la fine di maggio. Da maggio a ottobre il clima diventa più caldo e umido, con frequenti e forti acquazzoni, ma questi sono solitamente di breve durata. Molte tempeste tropicali e uragani accadono tra agosto e novembre.

La temperatura media durante il giorno alle Keys è di 25 °C, con temperature notturne di circa 19 °C. Venti freschi sull'Atlantico e il golfo moderano il calore.

Key West è anche la città con il clima più secco della Florida ed è soleggiata quasi per tutto l'anno, sebbene dicembre e gennaio siano i mesi più freddi dell'anno e le temperature possano calare intorno ai 10 °C.

ARRIVARE A MIAMI

In aereo

Miami International Airport (MIA), tel. 305/876-7000, www.miami-airport.com

È in una posizione centrale a circa 11 km a nord-ovest da Downtown Miami. Gli sportelli delle informazioni turistiche sono situati fuori dalle uscite della dogana allo sportello informazioni principale del piano superiore, all'atrio E e agli atri D e G al piano inferiore del terminal.

In treno

Anche se Henry Flagler rese accessibile la Florida grazie alla ferrovia, i turisti stanno solo ora riscoprendo l'agio dei viaggi in treno, principalmente nella costa orientale, con il Silver Service della Amtrak *(www.amtrak.com)* da New York a Miami.

ARRIVARE ALLE KEYS

In aereo

C'è un servizio aereo frequente verso entrambi gli aeroporti locali di Key West e Marathon dagli aeroporti internazionali di Miami, Orlando, Tampa e Fort Lauderdale. I voli tra Miami e Key West impiegano 45 minuti.

In auto

Dal Miami International Airport, prendete LeJeune Road South verso Fla. 836 West. Quest'ultima si collega con il casello di Fla. 821 West, che vi porterà a sud verso Florida City, dirigendosi sulla Us 1 (vedi sotto i dettagli per gli autonoleggi al Miami International Airport).

Vi potrà sembrare di essere su una nave quando percorrete la US 1 sui 42 ponti che collegano le Keys alla terraferma. Dal lato del conducente ci sono le acque turchesi dell'Atlantico; dalla parte del passeggero il vivido blu della Florida Bay. Da Key Largo a Key West questa strada principale d'oltremare è la sola via verso le Keys, e comprende il famoso Seven Mile Bridge.

Gli indicatori di miglia (MM) sono piccoli cartelli verdi al margine della strada, che iniziano a South Miami all'MM 126 e finiscono a Key West all'MM 0. Gli indirizzi lungo il percorso sono frequentemente seguiti dal loro indicatore di miglia.

In autobus

I visitatori che arrivano al Miami International Airport possono prendere un autobus Greyhound per Key West, che si ferma in vari punti lungo la catena delle isole. Il viaggio a Key West richiede quattro ore e mezza. Le partenze dal Miami International Airport sono programmate quotidianamente alle 12.15 e alle 17.55. Oppure andateci in autobus e tornate in aereo.

Greyhound
Tel. 800/410-5397, www.greyhound.com

COME SPOSTARSI

In auto

Noleggio automobili

Molte compagnie di autonoleggio gestiscono filiali fuori sede che sono raggiungibili tramite navetta dai terminal dell'aeroporto.

Se arrivate di notte, prendete un taxi per recarvi al vostro hotel e concordate con la società di autonoleggio di consegnarvi un'auto all'hotel il giorno seguente. Prendete una guida al chiosco informazioni dell'aeroporto, agli sportelli del noleggio auto, al reclamo bagagli, o nei centri di autonoleggio fuori dall'aeroporto. La guida dispone di speciali cartine particolareggiate e di istruzioni multilingua progettate per aiutarvi a raggiungere la vostra destinazione.

Alamo Rent A Car
4322 Collins Ave., Miami Beach, FL 33139, tel. 305/532-8257 o 800/327-9633, www.alamo.com

Auto a basso costo e camion
Miami International Rental Car Center, 3900 N.W. 25th St., Miami, FL 33142, tel. 800/527-0700, www.budget.com

Auto di lusso
Miami International Rental Car Center, 3900 N.W. 25th St., Miami, FL 33142, tel. 305/526-0000, www.excellenceluxury.com

Avis Rent-A-Car
2318 Collins Ave., Miami Beach, FL 33139, tel. 305/538-4441 o 800/331-1212, www.avis.com

Dollar Rent-A-Car
Miami International Airport, 3670 N.W. S. River Dr., Miami, FL 33142, tel. 866/434-2226, www.dollar.com

Enterprise Rent-A-Car
Miami International Rental Car Center, 3900 N.W. 25th St., Miami, FL 33142, tel. 305/633-0377 o 800/325-8007, www.enterprise.com

Hertz Rent-A-Car
Miami International Rental Car Center, 3900 N.W. 25th St., Miami, FL 33142, tel. 305/871-0300 o 800/654-3131, www.hertz.com

National Car Rental
Miami International Rental Car Center, 3900 N.W. 25th St., Miami, FL 33142, tel. 305/423-2104, www.nationalcar.com

Royal Rent-A-Car
Miami International Rental Car Center, 3900 N.W. 25th St., Miami, FL 33142, tel. 305/871-3000 o 800/314-8616, www.royalrentacar.com

Veicoli per trasporto disabili
Wheelchair Getaways, 8 Bay Harbour Rd., Tequesta, FL 33469, tel. 561/748-8414, www.wheelchairgetaways.com

Parcheggi
Contattate il Miami Parking Authority, 40 N.W. 3rd St. (Downtown Miami), per le ubicazioni, le tariffe e gli orari delle autorimesse per il parcheggio (aperto lun.-ven. 7.30-17.30, tel. 305/373-6789).
Se la vostra auto è stata rimossa, contattate l'autorità municipale del luogo in cui era parcheggiata per ulteriori dettagli. A Miami Beach chiamate il Beach Towing, tel. 305/534-2128.

Trasporti per e dall'aeroporto
Il trasporto pubblico non è consigliato se volete raggiungere il vostro hotel dall'aeroporto. Gli autobus diretti nel centro città partono ogni ora, con collegamenti scarsi.

Super Shuttle
2595 N.W. 38th St., Miami, FL 33142, tel. 305/871-2000, www.supershuttle.com.
Un servizio navetta in condivisione per e dal Miami International Airport. Le prenotazioni sono richieste solo per il servizio verso l'aeroporto. Tariffe a persona da MIA agli hotel/attrazioni turistiche nell'area di Miami $15-$20.

Taxi
Dall'aeroporto a Downtown Miami, il viaggio è di circa 13 km; a Miami è di 22 km.
Telefonate al 305/375-2460 per qualsiasi problema, lamentela o commento sul servizio dei taxi.

Flamingo Taxi
198 N.W. 79th St., Miami, FL 33150, tel. 305/759-8100

Florida Keys Taxi Dispatch
6631 Maloney Ave., Key West, FL 33040, tel. 305/296-6666, www.keywesttaxi.com

Friendly Cab Co.
800 14th St., Key West, FL 33040, tel. 305/292-0000

Metro Taxi
1995 N.E. 142nd St., North Miami, FL 33181, tel. 305/888-8888

Trasporti a Miami e dintorni
La Metro-Dade Transit gestisce il sistema di trasporti pubblici di Miami. Per informazioni sui percorsi e gli orari di Metrobus, MetroMover e Metrorail, telefonate al 305/770-3131.
Le informazioni sono anche disponibili sul sito *www.miamidade.gov/transit*. Biglietti e abbonamenti possono essere acquistati in qualsiasi stazione Metrorail.

Metrobus
Oltre 90 linee servono Greater Miami.

Metromover
La monorotaia elettrica high-tech di Miami con carrozze motorizzate individuali viaggia su un percorso circolare sopraelevato di 7 km che gira intorno a Downtown Miami collegandola con il quartiere di Brickell e con quello degli affari di Omni. Offre fantastici panorami della Biscayne Bay e un viaggio rinfrescante, pulito e comodo. La Metromover viaggia quotidianamente ogni 90 secondi, dalle 5 fino a mezzanotte.
Il viaggio è gratuito.

La Metromover si collega con la Metrorail alle stazioni Government Center e Brickell Avenue.

Metrorail
Il sistema di trasporto rapido e ampiamente sottoutilizzato di Miami, una linea ferroviaria sopraelevata di 35 km. Le stazioni comprendono Coconut Grove, Vizcaya, Brickell Avenue e Government Center. I treni viaggiano approssimativamente ogni 20 minuti (5 minuti nelle ore di punta), dalle 6 a mezzanotte. I passeggeri possono passare gratuitamente al sistema Metromover direttamente dalle fermate Government Center e Brickell Avenue.

South Beach Local O
Il South Beach Local, che funziona a opera del Miami-Dade Transit, è un servizio di autobus circolare a due direzioni che serve l'intera area di South Beach.
Lun.-sab. 7.45-mezzanotte.
Dom. 10-mezzanotte.
Per una cartina, visitate il sito *www.miamidade.gov/transit.*

Tri-Rail
www.tri-rail.com
Una linea ferroviaria per pendolari verso West Palm Beach alla stazione Tri-Rail/Metrorail Transfer, vicino al capolinea di Hialeah della Metrorail. Tutti i treni e le stazioni sono accessibili dai viaggiatori disabili.

Trasporti a Key West
Guidare può causare più problemi che benefici, specialmente nelle strade strette della città vecchia. È molto meglio esplorare Key West a piedi, o noleggiare una bici o un motorino. I tram e i treni sono un altro modo di spostarsi e osservare i panorami.

Old Town Trolley Tours
200 Simonton St., Key West, FL 33040, tel. 305/296-6688, www.trolleytours.com/Key-West.
Il parco veicoli dell'Old Town Trolley fornisce visite guidate dei luoghi storici della città.

Conch Tour Trains
1805 Staples Ave., Key West, FL 33040, tel. 305/294-5161, www.conchtourtrain.com.
I Conch Tour Trains consistono in piccole vetture con baldacchino trainate da jeep mascherate da locomotive in miniatura e percorrono tutti i siti storici.

Crociere del porto di Miami
Miami è nota come la capitale mondiale delle crociere. Il porto di Miami *(tel. 305/371-7678, www.miamidade.gov/portofmiami)* è il punto di imbarco per 15 navi da crociera gestite da 10 linee di navigazione, la flotta più numerosa del mondo in funzione tutto l'anno. I 12 terminal con aria condizionata offrono acquisti *duty-free*, accesso alle carrozzelle, e il servizio di sdoganamento al piano terra.

LETTURE DI APPROFONDIMENTO
La Florida meridionale è stata la fonte di ispirazione per molti scrittori. Quelli che seguono sono solo alcuni degli autori che hanno ambientato completamente o in parte alcune delle loro opere nella Florida del sud.
John D. MacDonald, *Una tragedia tutta azzurra* (thriller ambientato in Florida); Elmore Leonard, *La Brava* (un mystery basato a South Beach); Carl Hiaasen, *Striptease* (del famoso rubricista del *Miami Herald*); Jimmy Buffett, *Where is Joe Merchant?* (chitarrista rock scomparso alle Keys); John Hersey, *Key West Tales* (racconti ambientati a Key West); Tom McGuane, *92 in the Shade* (ambientato a Key West); Ernest Hemingway, *Avere e non avere* (famoso abitante delle Keys); e Marjorie Kinnan Rawlings, *The Yearling* (romanzo classico ambientato nella Florida centrale).

CONSIGLI PRATICI
Comunicazioni
Giornali
Il *Miami Herald (www.miami herald.com)* è il giornale principale della Florida meridionale. L'edizione del venerdì comprende un inserto sugli eventi del weekend, i ristoranti, i film, la musica e la vita notturna. Il giornale alternativo di Miami è il settimanale gratuito *New Times*, con una lista generale dei ristoranti, gli eventi artistici e i divertimenti.

Ufficio postale
General Mail Facility
2200 N.W. 72nd Ave., Miami, FL 33126, tel. 305/470-0222 o 800/275-8777.
Chiamate per informazioni postali e ubicazione delle filiali.

Licenze di pesca
Florida Fish and Wildlife Conservation Commission, tel. 888/347-4356, www.myfwc.com/license
Occorre essere in possesso delle licenze di pesca sia per l'acqua dolce sia per il mare (con alcune eccezioni), disponibili sul sito della Florida Fish and Wildlife Conservation Commission e in alcuni negozi di attrezzature, discount al dettaglio e negozi di sport. Le licenze per i non residenti sono valide dai tre ai dieci giorni; le licenze per la pesca in acqua dolce o in mare sono valide dai tre ai sette giorni o per un anno.

Servizi di informazioni turistiche e prenotazioni
GREATER MIAMI
Art Deco Welcome Center

Miami Design Preservation League, 1001 Ocean Dr., Miami Beach, FL 33139, tel. 305/672-2014, www.mdpl.org

Greater Fort Lauderdale Convention & Visitors Bureau
100 E. Broward Blvd., Ste. 200, Fort Lauderdale, FL 33301, tel. 954/765-4466 o 800/227-8669, www.sunny.org

Greater Miami and the Beaches Hotel Association
1674 Meridian Ave., Ste. 420, Miami Beach, FL 33139, tel. 305/531-3553, www.gmbha.com

Greater Miami Convention & Visitors Bureau
701 Brickell Ave., Ste. 2700, Miami, FL 33131, tel. 305/539-3000, www.miamiandbeaches.com

Miami Beach Chamber of Commerce
1920 Meridian Ave., #3A, Miami Beach, FL 33139, tel. 305/674-1300, www.miamibeachchamber.com

Miami-Dade Gay & Lesbian Chamber of Commerce
1130 Washington Ave., Miami Beach, FL 33139, tel. 305/673-4440, www.gogaymiami.com

Sunny Isles Beach Visitor Center
18070 Collins Ave., Ste. 219, Sunny Isles, FL 33160, tel. 305/792-1952

Surfside Tourist Bureau
9293 Harding Ave., Surfside, tel. 305/864-0722, www.visitsurfsidefl.com

Tropical Everglades Visitor Association
160 US 1, Florida City, FL 33040, tel. 305/245-9180, www.tropicaleverglades.com

FLORIDA KEYS
Monroe County (Florida Keys) Tourist Development Council
1201 White St., Key West, FL 33040, tel. 800/352-5397, www.fla-keys.com

Key Largo Chamber of Commerce/Florida Keys Visitor Center
106000 Overseas Hwy., Key Largo, FL 33037, tel. 305/451-1414 o 800/822-1088, www.floridakeys.org

Islamorada Chamber of Commerce
83224 Overseas Hwy., Islamorada, FL 33036, tel. 305/664-4503 o 800/322-5397, www.islamoradachamber.com

Marathon Chamber of Commerce
12222 Overseas Hwy., Marathon, FL 33050, tel. 305/743-5417 o 800/262-7284, www.floridakeysmarathon.com

Lower Keys Chamber of Commerce
MM 31/Overseas Hwy., Big Pine Key, FL 33043, tel. 305/872-2411 o 800/872-3722, www.lowerkeyschamber.com

Key West Chamber of Commerce
510 Greene St., Key West, FL 33040, tel. 305/294-2587, www.keywestchamber.org

Key West Information Center
201 Front St., Ste. 108, Key West, FL 33040, tel. 888/222-5590, www.keywestinfo.com

Viaggiatori disabili

Miami-Dade Transit Agency, Special Transportation Service
2775 S.W. 74th Ave., Miami, FL 33155, tel. 786/469-5000. Lun.-ven. ore 8-17.

Miami Lighthouse for the Blind
601 S.W. 8th Ave., Miami, FL 33130, tel. 305/856-2288, www.miamilighthouse.com. Lun.-ven. ore 8-17.

EMERGENZE

Chiamate la polizia, l'ambulanza o i pompieri per le emergenze al **911**. Per tutte le altre informazioni: 305/595-6263.

Servizio di soccorso stradale

AAA Emergency Road Service
I membri ricevono il rimorchio e il soccorso stradale gratuito. Chi non è iscritto può farlo via telefono, ma i membri esistenti hanno la priorità. Tel. 800/222-4357, o 800/618-8734 a Miami.

Smarrimento carte di credito

Per segnalare la perdita o il furto di carte di credito o *travelers' checks*, contattate i seguenti numeri:
American Express, tel. 800/528-4800
Diners Club, tel. 800/234-6377
Discover, tel. 800/347-2683
MasterCard, tel. 800/826-2181
Visa, tel. 800/336-8472

Hotel e ristoranti

Le sistemazioni elencate di seguito variano dai piccoli B&B che mettono al primo posto la soddisfazione della clientela piuttosto che, per esempio, la disponibilità di tivù o telefono in camera, agli hotel a servizio completo che di solito sono edifici a più piani comprendenti bar e ristorante.

Tutti gli hotel e i ristoranti sono elencati in ordine alfabetico a seconda della categoria di prezzo. Se non altrimenti specificato, tutti i seguenti hotel hanno bagni privati con doccia e/o vasca. I prezzi non includono le tasse. Molti comuni impongono imposte speciali sulle camere d'albergo e su cibo e bevande servite negli hotel e nei ristoranti, oltre all'imposta di consumo del 6 per cento e all'imposta locale di consumo dello 0,5 per cento. A South Beach e Miami-Dade County le tasse cumulative degli hotel sono del 12,5 per cento, a Surfside del 10,5 per cento, a Bal Harbour del 9,5 per cento. Molti hotel addebitano un extra per la colazione.

Nei ristoranti si raccomanda la prenotazione, comunque nei posti in cui è essenziale è stato specificamente sottolineato. Pochi ristoranti offrono menu a prezzo fisso, ma alcuni lo fanno per il *brunch* domenicale, oppure forniscono menu speciali per "mattinieri" (tra le ore 16 e le 18). Molti ristoranti aprono presto per la cena (ore 17) e chiudono tardi.

L'acqua caratterizza le Keys e, sia che alloggiate in una sfavillante struttura alberghiera, sia che abbiate scelto un semplice bed-and-breakfast, tutte le sistemazioni danno accesso ad alcune tra le migliori strutture sportive della Florida meridionale. Gli appassionati di pesca preferiranno coricarsi presto, ma per gli altri vi sono bar e ristoranti aperti fino a tarda notte che fanno parte dello stile di vita delle Keys. Le Keys danno sempre la sensazione di trovarsi precariamente in bilico al confine del mondo, il che pare solleticare l'appetito di cibo e bevande.

Non tutti gli hotel e i ristoranti elencati sono facilmente accessibili ai disabili. Molti edifici, specialmente a South Beach e Key West, potrebbero avere uno o due gradini da superare prima di entrare. Si consiglia ai turisti di accertarsi all'atto della prenotazione che l'hotel o il ristorante soddisfi le loro necessità.

Abbreviazioni usate

AE = American Express
DC = Diners Club
MC = MasterCard
V = Visa
P = pranzo
C = cena

I DISTRETTI CENTRALI DI MIAMI

Dalle fontane del centro culturale al caos del quartiere commerciale, il centro di Miami ha tratto benefici dalla multiculturalità della popolazione. Qui alcuni ristoranti sul lato della baia offrono il pesce più fresco della città.

Calle Ocho (8th St.) a Little Havana è nota per i ristoranti specializzati nel *mojito-laced lechón* (carne di maiale marinata a base di rum e limetta) e *carne asada* (carne arrosto). Sebbene sofisticate sperimentazioni della SoBe cubana (a South Beach) come Yuca, o Larios on the Beach, stiano creando problemi con la loro innovativa cucina, i piccoli ristoranti più tradizionali offrono ancora un buon rapporto qualità-prezzo con portate classiche come carne di maiale, pollo, frutti di mare, riso giallo o bianco con yucca, fagioli neri, piantaggini, o banane fritte. La zona residenziale di North Miami offre alcuni dei migliori ristoranti e negozi della città.

DOWNTOWN MIAMI

INTERCONTINENTAL MIAMI
$$$$$
100 CHOPIN PLAZA, FL 33131
TEL. 305/577-1000
FAX 305/577-0384
www.icmiamihotel.com

Alti edifici di lusso di Biscayne Bay, adiacenti al Bayside Marketplace e al Bayfront Park. Camere elegantemente arredate, gamma completa di servizi di prima qualità. Questo è il posto in cui alloggiare nel centro città.

675 camere e suite
Custodito
Le principali

HOLIDAY INN PORT OF MIAMI - DOWNTOWN
$$
340 BISCAYNE BLVD., FL 33132
TEL. 305/371-4400
www.holidayinn.com

Un albergo dai prezzi vantaggiosi, a pochi minuti da tutte le occupazioni cittadine.

200
Le principali

RIVER PARK HOTEL & SUITES
$$
100 S.E. 4TH ST., FL 33131
TEL. 305/374-5100

In pieno centro cittadino, vicino al Metromover. Camere e suite spaziose con televisione via cavo, connessione dati, e macchina per il caffè.

149
Le principali

PREZZI

HOTEL

L'indicazione del costo di una camera doppia in alta stagione è data dal simbolo **$**.

$$$$$	Oltre $280
$$$$	$200-$280
$$$	$120-$200
$$	$80-$120
$	Meno di $80

RISTORANTI

L'indicazione del costo di un pasto di tre portate, bevande escluse, è data dal simbolo **$**.

$$$$$	Oltre $80
$$$$	$50-$80
$$$	$35-$50
$$	$20-$35
$	Meno di $20

BRISA BISTRO
$$-$$$
HILTON MIAMI DOWNTOWN
1601 BISCAYNE BLVD.
TEL. 305/374-0000
Standard elevati in un'elegante sala da pranzo nascosta in un angolo dell'ingresso dell'albergo. È difficile trovare portate di pesce migliori di quelle servite qui con pietanze come pesce spada scottato con vinaigrette orientale.
100 Custodito
Chiuso dom. e P sab.
Le principali

LITTLE HAVANA 33130

MIAMI RIVER INN BED & BREAKFAST
$$
118 S.W. SOUTH RIVER DR.
TEL. 305/325-0045 o 800/468-3589
FAX 305/325-9227
www.miamiriverinn.com
Storico albergo costituito da cinque edifici a doghe che risalgono al 1906. Stanze piene di fascino che mantengono un aspetto tradizionale. Giardino lussureggiante.
40 camere e suite
Le principali

EXQUISITO RESTAURANT
$
1510 S.W. 8TH ST.
TEL. 305/643-0227
www.holidayinn.com
Situato vicino allo storico Tower Theater, l'Exquisito è proprietà di un cubano la cui famiglia possedeva un ristorante alla Havana poi confiscato dai comunisti. Fra le specialità, *tamales* e carne di maiale.
50 Le principali

LA CARRETA
$
3632 S.W. 8TH ST.
TEL. 305/444-7501
Ristorante cubano vecchio stile, parte di una catena. Abbondanti porzioni di piatti classici e una tavola calda sul retro per il caffè forte, pasticcini e succo di canna da zucchero.
300 Le principali

VERSAILLES
$
3555 S.W. 8TH ST.
TEL. 305/444-0240
www.versaillesrestaurant.com
Famoso punto di riferimento cubano con decorazioni kitsch e specchi, tappa obbligata per i turisti, offre ogni piatto cubano immaginabile in sostanziose razioni.
400 Le principali

NORTH MIAMI 33180

TURNBERRY ISLE RESORT & CLUB
$$$$$
19999 W. COUNTRY CLUB DR., AVENTURA
TEL. 305/932-6200 o 800/327-7028
FAX 305/933-6554
www.turnberryislemiami.com
Questa è la più sfarzosa delle grandi strutture alberghiere di Miami, uno stupefacente hotel in stile mediterraneo collocato in un'oasi appartata di 121 ettari presso la baia. Stanze sovradimensionate, vasti terrazzi, due campi di golf e attracchi per 117 imbarcazioni.
392 camere e suite
Le principali

PASHA'S
$
19501 BISCAYNE BLVD., AVENTURA
TEL. 305/917-4007
www.pashas.com
Questa catena di Miami propone pasti di cucina mediterranea veloci, informali e salutari, fra i quali involtini all'*hummus*, *kebab* e minestra di *tatziki*.
90 Le principali

MIAMI BEACH

SoBe (South Beach) offre un mondo di cucina chic, con eleganti hotel art déco e fantasie iper-progettate, di cui l'indiscusso re è Ian Schrager. Il suo fiore all'occhiello, il Delano Hotel, aprì a metà del 1995, proprio mentre iniziava un intenso progetto di rinnovamento dell'area pedonale di Lincoln Road tra Washington Avenue e Lenox Street.

MIAMI BEACH 33139

HOTEL

CASA GRANDE
$$$$$
834 OCEAN DR.
TEL. 305/672-7003
FAX 305/673-3669
www.casagrandesuitehotel.com
Hotel di lusso con sole suite e vista sull'oceano. Moderni comfort come mobilia intarsiata di tek e mogano o batik indonesiani

catturano l'atmosfera del SoBe.
34 Custodito
Le principali

DELANO

$$$$$

1685 COLLINS AVE.
TEL. 305/672-2000 o 800/697-1791
FAX 305/532-0099
www.delano-hotel.com

Il lusso controllato è riflesso nei decori in bianco accecante di Philippe Starck, controbilanciati da tende in avorio, pezzi d'antiquariato e mele Granny Smith, sostituite ogni giorno in tutte le camere. Vedi il ristorante **Bianca**, p. 247.
194 camere, suite e loft 200 Custodito
Le principali

NATIONAL HOTEL

$$$$$

1677 COLLINS AVE.
TEL. 305/532-2311 o 800/327-8370
www.nationalhotel.com

Punto di riferimento di fronte alla spiaggia, il National è stato restaurato per riassumere il suo fascino chic di stile art déco. Yoga per gli ospiti vicino alla piscina.
151 camere e suite
Custodito
Le principali

SEA VIEW

$$$$$

9909 COLLINS AVE.
BAL HARBOUR, FL 33154
TEL. 305/866-4441 o 800/447-1010
FAX 305/866-1898
www.seaview-hotel.com

Hotel e struttura turistica in stile europeo sul fronte della baia. Attira una clientela conservatrice che ama la spiaggia ma non South Beach.
220 camere e suite
Le principali

THE TIDES

$$$$$

1220 OCEAN DR.
TEL. 305/604-5070
FAX 305/604-5180
www.tidessouthbeach.com

Uno degli hotel che South Beach offre,: dispone di suite affacciate sul mare; quelle al nono e decimo piano sono tra i punti più alti di Ocean Drive.
45 camere e suite
Custodito
Le principali

HOTEL IMPALA

$$$$

1228 COLLINS AVE.
TEL. 305/673-2021
www.hotelimpalamiamibeach.com

Minuscolo nascondiglio delle celebrità, offre un servizio di stile europeo. Le camere sono piccole ma eleganti. **Spiga** è un ristorante degno di nota, vedi p. 249.
17 camere e suite
100 Custodito
Le principali

HOTEL OCEAN

$$$$

1230 OCEAN DR.
TEL. 305/672-2579
FAX 305/672-7665
www.hotelocean.com

Una ristrutturazione ha conferito un'atmosfera da riviera francese all'albergo. I proprietari e i gestori sono francesi, come il cibo.
27 Le principali

ALBION

$$$

1650 JAMES AVE.
TEL. 305/913-1000
FAX 305/531-4580
www.rubellhotels.com

Spiaggia dalla sabbia bianca, un soggiorno esterno a bordo piscina, e un terrazzo con suite e solarium moderni dettano lo stile di questo hotel alla moda.
96 Custodito
AE, MC, V

CARDOZO

$$$

1300 OCEAN DR.
TEL. 305/535-6500 o 800/782-6500
FAX 305/702-5437
www.cardozohotel.com

Classico hotel art déco, l'informale quartier generale dei proprietari Gloria ed Emilio Estefan. Camere eleganti e moderne che dispongono di arredamento artigianale. Bellissima posizione.
43 Custodito
Le principali

CAVALIER

$$$

1320 OCEAN DR.
TEL. 305/531-3555
www.cavaliermiami.com

Questo edificio è molto conosciuto sia per il suo hotel sia per il ristorante e bar Crab Shack.
45 camere e suite
Custodito
Le principali

DADDY O HOTEL

$$$

9660 E. BAY HARBOR DR.
BAY HARBOR ISLANDS, FL 33154
TEL. 305/868-4141
www.daddyohotel.com/miami

Albergo sul lungomare sulla pittoresca Indian Creek, in un tranquillo quartiere. A breve distanza da charter per la pesca e le immersioni. Vicino ai negozi di Bal Harbour.
38
AE, MC, V

ESSEX HOUSE

$$$

1001 COLLINS AVE.
TEL. 305/534-2700
FAX 305/531-3953
www.essexhotel.com

Charme europeo, moderne comodità e lusso abbordabile in questo hotel déco progettato da Hohauser. Le camere dai colori pastello sono eleganti

e insonorizzate. Colazione continentale e connessione wi-fi.
74 camere e suite
Le principali

GREENVIEW HOTEL
$$$
1671 WASHINGTON AVE.
TEL. 305/531-6588
FAX 305/531-4580
www.greenviewhotel.com
Straordinaria costruzione déco di Henry Hohauser. Raffinati interni del designer parigino Chaban Minassian.
45 AE, MC, V

HOTEL ASTOR
$$$
956 WASHINGTON AVE.
TEL. 305/531-8081
FAX 305/531-3193
www.hotelastor.com
Stupendo edificio déco, costruito nel 1936 e magnificamente ristrutturato con grande attenzione ai dettagli. Arredamenti in legno chiaro, originali pavimenti alla veneziana e colori riposanti ne definiscono l'aspetto. Vedi **Joley Restauarant & Lounge**, p. 248.
41 camere e suite
Custodito
Le principali

KENT
$$$
1131 COLLINS AVE.
TEL. 866/826-5068
FAX 305/403-7592
www.thekenthotel.com
Straordinario hotel déco di South Beach. L'ingresso è apprezzato per i servizi di moda, lo stile è elegante.
54 camere e suite
Custodito
Le principali

PARK CENTRAL
$$$
640 OCEAN DR.
TEL. 305/538-1611 o 800/727-5236
FAX 305/534-7520
www.theparkcentral.com
Ristrutturato per riflettere fedelmente gli anni '40, questo hotel, che si affaccia sulla spiaggia, vanta finestre panoramiche ad angolo e ricercati tocchi moderni. Il bar all'ingresso attira una folla alla moda ed elegante.
125 camere e suite
Le principali

PELICAN HOTEL
$$$
826 OCEAN DR.
TEL. 305/673-3373
FAX 305/673-3255
www.pelicanhotel.com
Frivolezza a quattro piani di ispirazione déco dalla meravigliosa linea eclettica in camere a tema realizzate su misura, come la Power Flower e la Best Whorehouse. I bagni sono straordinari.
30 camere e suite
Custodito
Le principali

AVALON
$$
700 OCEAN DR.
TEL. 305/538-0133 o 800/933-3306
FAX 305/534-0258
www.avalonhotel.com
Albergo in classico stile déco. Piccole stanze pulite offrono semplici comfort moderni, ma l'attrattiva principale è che questo è un posto ospitale in cui soggiornare, situato in una favolosa posizione sul lato della spiaggia. Colazione continentale e connessione wi-fi offerte.
108 Custodito
Le principali

CLAY HOTEL
$$
1438 WASHINGTON AVE.
TEL. 305/534-2988 o 800/379-CLAY
FAX 305/673-0346
www.clayhotel.com
Elencato nel National Register of Historic Places, questo hotel in Española Way offre camere singole, doppie e familiari. I corridoi sono ravvivati da dipinti che ritraggono scene della Miami tropicale, mentre le stanze sono pulite e tranquille. Cortili esterni e un patio in cui cenare completano il quadro. Possibilità di soggiorni prolungati.
106 MC, V

CARLTON
$
1433 COLLINS AVE.
TEL. 305/672-5858
FAX 305/534-6855
www.carltonsouthbeach.com
Posizione centrale nel cuore dell'Art Déco District. Pittoresco albergo, a gestione familiare, con enfasi nel servizio personalizzato.
67 camere e suite
Le principali

RISTORANTI

QUALCOSA DI SPECIALE

BIANCA
Situato nel Delano Hotel (vedi p. 246), albergo famoso e di tendenza, il Bianca è stato inaugurato all'inizio del 2012 come ristorante di cucina italiana all'avanguardia: propone piatti preparati con ingredienti biologici in linea con la filosofia slow food.
$$$$
DELANO HOTEL
1685 COLLINS AVE.
MIAMI BEACH
TEL. 305/ 674-6400
www.delano-hotel.com
250 Custodito
D, MC, V

ESCOPAZZO
$$$$
1311 WASHINGTON AVE.
TEL. 305/674-9450
Gestito con passione, offre alcuni dei migliori cibi italiani a South Beach. Si raccomandano i soufflé, portate di pesce in infusi

di erbe al vapore, o arugula e risotto con caprino. Necessaria prenotazione.
90 Chiuso P e lun.
Le principali

THE FORGE
$$$$
432 41ST ST.
TEL. 305/538-8533
Classico e costoso ristorante rococò che serve eccellente cibo della cucina americana continentale comprendente uova strapazzate con caviale servite nel guscio, bistecche da mezzo chilo e insalate biologiche di arugula, lumache e soufflé. Discoteca e stanza per fumare sigari ogni mercoledì. Richiesta prenotazione.
275 Custodito
Chiuso P
Le principali

CHINA GRILL
$$$
404 WASHINGTON AVE.
TEL. 305/534-2211
Vivace, esclusivo ristorante asiatico/cinese della nuova ondata, clonato dall'East-Meets-West di New York. Ottimo per l'individuazione delle celebrità. Prenotazione obbligatoria.
500 Custodito
Le principali

GRILLFISH
$$$
1444 COLLINS AVE.
MIAMI BEACH
TEL. 305/538-9908
www.grillfish.com
Questo locale serve saporiti e sostanziosi frutti di mare ed è frequentato da gente del luogo.
130 Le principali

JERRY'S FAMOUS DELI
$$$
1450 COLLINS AVE.
TEL. 305/532-8030
www.jerrysfamousdeli.com
Questo storico ristorante, aperto 24 ore al giorno, è un posto eccellente per rilassarsi dopo una serata fuori.
70 Le principali

QUALCOSA DI SPECIALE

JOLEY RESTAURANT & LOUNGE
Joley è un ristorante sbalorditivo, situato in un ambiente innovativo sotto un atrio in vetro. Il più recente "hot spot" dello chef John Suley propone cucina americana con influenze europee.
$$$
HOTEL ASTOR
956 WASHINGTON AVE.
SOUTH BEACH
TEL. 305/672-7217
200 (più 80 all'esterno)
Chiuso P Le principali

QUALCOSA DI SPECIALE

MEAT MARKET
Molte top model di South Beach lasciano intendere di essere vegetariane, ma chi non lo è deve assolutamente provare questa *steak house* alla moda in Lincoln Road, dove oltre alla carne si servono anche piatti di pesce. Che ci crediate o no, il locale ha un che di sexy.
$$$
915 LINCOLN RD.
MIAMI BEACH
TEL. 305/532-0088
www.meatmarketmiami.com
160 Chiuso P
Le principali

NOBU MIAMI BEACH
$$$
1901 COLLINS AVE.
TEL. 305/695-3232
Un ritrovo per celebrità e modelle che serve sushi e sashimi supremi, oltre a nuovissimi cocktail.
125 Custodito
Chiuso P
Le principali

OSTERIA DEL TEATRO
$$$
1443 WASHINGTON AVE.
TEL. 305/538-7850
Un'unica stanza a gomito nell'intimo ristorante dell'Italia settentrionale di Dino Pirola. Il pane fatto in casa è ottimo, la pasta eccezionale, il pesce fantasioso (provate l'halibut con fette d'aglio e olive) e i dessert da non perdere. Prenotazione obbligatoria.
60 Chiuso P e dom.
Le principali

SUSHISAMBA DROMO
$$$
600 LINCOLN RD.
TEL. 305/673-5337
Un pittoresco punto caldo che mescola piatti giapponesi, brasiliani e peruviani, il SushiSamba Dromo è un trapianto newyorkese al pari di molti locali di Miami. Le

PREZZI

HOTEL
L'indicazione del costo di una camera doppia in alta stagione è data dal simbolo **$**.

$$$$$	Oltre $280
$$$$	$200-$280
$$$	$120-$200
$$	$80-$120
$	Meno di $80

RISTORANTI
L'indicazione del costo di un pasto di tre portate, bevande escluse, è data dal simbolo **$**.

$$$$$	Oltre $80
$$$$	$50-$80
$$$	$35-$50
$$	$20-$35
$	Meno di $20

caipirinha e vari sakè sono perfetti per mandar giù il sushi e movimentare la serata.
300 Le principali

QUALCOSA DI SPECIALE

YUCA

Ristorante di alto livello - il nome è l'acronimo di Young Urban Cuban Americans - per un divertente menu "Nuevo Latino". Ciò significa influenze caraibiche e sudamericane in piatti come piantaggini dolci avvolte intorno a un saporito ripieno di manzo affumicato, e *picadillos* di yucca a vapore ripiena di funghi selvatici aromatizzati al tartufo. È richiesta la prenotazione.

$$$

501 LINCOLN RD.
MIAMI BEACH
TEL. 305/532-9822
www.yuca.com

190 Custodito
AE, MC, V

A FISH CALLED AVALON

$$

700 OCEAN DR.
TEL. 305/532-1727
www.afishcalledavalon.com

Un ristorante/bar informale che ha posti a sedere sia all'interno sia fuori. Offre frutti di mare freschi e musica dal vivo in un'ambientazione art déco.

200 Chiuso P
Custodito
Le principali

FRONT PORCH CAFÉ

$$

1458 OCEAN DR.
TEL. 305/531-8300
www.frontporchocean drive.com

Un locale per cene informali, interessante per osservare la gente del posto che lo frequenta abitualmente.

120 Le principali

JOE'S STONE CRAB

$$

11 WASHINGTON AVE.
TEL. 305/673-0365
www.joesstonecrab.com

Questo storico ristorante di South Beach non ha mai avuto ripensamenti fin dalla sua apertura nel 1913 (anche se ha cambiato ubicazione). Mettetevi in coda per chele di granchio alla senape (disponibile ott-mag.), pomodori verdi fritti e torte di limetta delle Keys. Non si accettano prenotazioni.

475 Chiuso 1 ago-15 ott. Custodito
Le principali

LARIOS ON THE BEACH

$$

820 OCEAN DR.
TEL. 305/532-9577

Quintin Larios è finanziato da Gloria ed Emilio Estefan in questo ristorante cubano con atmosfera tipica di South Beach, affollato da cubano-americani affamati della cucina delle loro nonne.

114 Le principali

MANGO'S TROPICAL CAFÉ

$$

900 OCEAN DR.
TEL. 305/673-4422
www.mangostropicalcafe.com

Fremente di baristi e cameriere che svolgono anche la mansione di ballerini sopra i tavoli, il Mango's ha tra i migliori dessert della spiaggia. Le portate comprendono il mahimahi caraibico e il pollo margarita.

570 Le principali

NEXXT CAFÉ

$$

700 LINCOLN RD.
TEL. 305/532-6643
www.nexxtcafe.com

Uno dei posti più frequentati a Lincoln Road per pranzare e osservare la gente, le porzioni sono sempre abbondanti e deliziose. Serve una scelta di sandwich americani e antipasti.

400 Le principali

SPIGA

$$

HOTEL IMPALA
1228 COLLINS AVE.
TEL. 305/534-0079

Pasta, pane e dessert sono fatti in casa in questo favoloso locale italiano situato nel minuscolo Hotel Impala (vedi p. 246). Il pesce è una specialità. Richiesta prenotazione.

75 Chiuso P
Le principali

SUSHI DORAKU

$$

1104 LINCOLN RD.
TEL. 305/695-8383

Benihana possiede questo locale sushi che fa parte del regale complesso multisala di South Beach. I piatti di sushi ruotano su un nastro trasportatore; prendete quello che volete. Le migliori soluzioni: il South Beach roll e lo Spider roll.

130 Chiuso P sab. e dom.
Le principali

BALANS

$

1022 LINCOLN RD.
TEL. 305/534-9191

Locale inglese che colpisce nel segno. Provate un gustoso assaggio di formaggio caprino e portobello, non fatevi sfuggire il branzino alle erbe cileno, e lasciate posto ai dessert come il *baked chocolate cheesecake*.

140 Le principali

CAFÉ PRIMA PASTA

$

414 71ST ST.
NORTH MIAMI BEACH
TEL. 305/867-0106
www.primapasta.com

Minuscolo ed economico ristorante italiano con un'ottima combinazione tra la posizione sulla spiaggia, l'eccellente servizio e una reputazione per

il miglior cibo italiano della zona. La pasta è fatta in casa; si raccomandano i piatti a base di vitello.
150 Solo contanti

NEWS CAFÉ
$
800 OCEAN DR.
TEL. 305/538-6397
www.newscafe.com
Più europeo che americano, questo è un posto per osservare la gente. Mentre aspettate un tavolo fuori date una scorsa alla stampa nazionale e internazionale.
150 Custodito Le principali

VAN DYKE CAFÉ
$
846 LINCOLN RD.
TEL. 305/534-3600
www.thevandykecafe.com
Dai proprietari del News Café (vedi sopra), una versione più vivace su due piani. Lo stesso stile euro-americano, menu identico, e un ottimo locale per osservare le persone.
200 Le principali

KEY BISCAYNE

Questa ex piantagione di noci di cocco è stata destinata a due schiere di lussuosi palazzi con splendide spiagge e proprietà multimiliardarie sul lungomare. Le viste sull'oceano sono predominate da ristoranti e hotel che offrono alcune delle più favolose posizioni immaginabili.

KEY BISCAYNE 33149

RITZ-CARLTON, KEY BISCAYNE
$$$$$
455 GRAND BAY DR.
TEL. 305/365-4500
www.ritzcarlton.com
Eleganza e spettacolarità sono i tratti distintivi del Ritz-Carlton, e questo albergo non fa che confermarli. La struttura comprende anche una spa di 1850 mq e due piscine con vista sull'oceano.
450 Le principali

CIOPPINO
$$$
455 GRAND BAY DR.
TEL. 305/365-4500
Non è necessario alloggiare al Ritz-Carlton per cenare al Cioppino, ristorante di cucina toscana. La splendida terrazza con vista mare offre deliziose specialità subtropicali e un *brunch* domenicale.
234 Le principali

RUSTY PELICAN
$$
3201 RICKENBACKER CAUSEWAY
TEL. 305/361-3818
www.therustypelican.com
Ristorante storico sul lungomare che serve portate di pesce. Il meglio è nel *brunch* della domenica, oppure andateci solo per un drink e per godere del panorama.
450 Custodito Le principali

COCONUT GROVE

Un tempo colonia di artisti e scrittori, Coconut Grove è oggi una base per facoltosi residenti invernali e per chi vi soggiorna tutto l'anno. Qualche negozio di artigianato rimane vicino alle boutique e ai ristoranti in voga. Yacht lussuosi riposano a Biscayne Bay e un affollamento di giovani nei weekend si attarda per le compere a CocoWalk.

COCONUT GROVE 33133

MAYFAIR HOUSE
$$$$$
3000 FLORIDA AVE.
TEL. 305/441-0000 o 800/433-4555
FAX 305/447-9173
www.mayfairhotelandspa.com
Intimo hotel di sole suite, anche se ubicato nelle convulse strade del Mayfair Mall. La maggior parte delle suite possiede terrazze private che si affacciano sulla strada, protette dalle piante; alcune hanno una vasca giapponese sul balcone.
179 Le principali

MUTINY HOTEL
$$$$$
2951 S. BAYSHORE DR.
TEL. 305/441-2100
www.providentresorts.com/mutiny-hotel
Questo albergo di sole suite vanta finestre così grandi che pare di vedere Miami in un film in 3D.
172 Custodito Le principali

GROVE ISLE CLUB & RESORT
$$$$
4 GROVE ISLE DR.
TEL. 305/858-8300 o 800/88-GROVE
FAX 305/858-5908
www.groveisle.com
Questo rilassante hotel è a Biscayne Bay, sull'isola oltre il ponte. Apprezzato dalle famiglie e per piccole conferenze, e con un'ampia scelta di strutture sportive.
50 Le principali

SONESTA BAYFRONT HOTEL
$$$
2889 MCFARLANE RD.
TEL. 305/529-2828 o 800/SONESTA
www.sonesta.com/Coconut Grove
Il vostro soggiorno sarà valorizzato dalle stanze ben arredate e vedute della baia. Le aree comuni sono abbellite da opere d'arte di Lynne Golub Gelfman, Frank Stella e Robert Rauschenberg. Le

camere hanno televisori a schermo piatto e wi-fi gratuito. Godetevi un pasto o una consumazione al bar presso il Panorama o il Nikki Coconut Grove. Questo albergo si erge di fronte a CocoWalk, la mecca dello shopping.
210 camere e suite
Custodito
Le principali

GROVE ISLE
$$
4 GROVE ISLE DR.
TEL. 305/858-8300
www.groveisle.com
Splendida ambientazione sul lungomare. Cucina americana moderna servita o nella zona pranzo interna o nella terrazza con tendone.
100 Le principali

CORAL GABLES

Mangiare fuori a Coral Gables offre un'esperienza più tradizionale rispetto all'appariscente eleganza di South Beach. Alcuni dei locali più acclamati di Miami sono qui e il cibo offerto è tra i migliori della città.

CORAL GABLES 33134

BILTMORE
$$$$$
1200 ANASTASIA AVE.
TEL. 305/445-1926 o 800/727-1926
FAX 305/913-3152
www.biltmorehotel.com
Un punto di riferimento storico nazionale che trasuda eleganza mediterranea del vecchio mondo. Colonne romane, soffitti dipinti a mano, piastrelle spagnole e pavimenti di marmo ne aumentano lo stile. La piscina è incredibile.
280 camere e suite
Le principali

HOTEL PLACE ST. MICHEL
$$$
162 ALCAZAR AVE.
TEL. 305/444-1666
FAX 305/529-0074
www.hotelstmichel.com
Sofisticato hotel in stile europeo nel cuore di Gables. L'edificio risale al 1926 ed è pieno di oggetti d'antiquariato, pannellature scure e fiori freschi. Vedi **Restaurant St. Michel**, sotto.
27
Le principali

WESTIN COLONNADE HOTEL
$$$
180 ARAGON AVE.
TEL. 305/441-2600
www.westin.com/coralgables
Ex dimora del fondatore di Gables, George Merrick, oggi un elegante albergo con decorazioni e servizio esclusivi. La posizione centrale tra il quartiere degli affari e quello commerciale garantisce una clientela costituita in gran parte da uomini d'affari.
157 camere e suite
Custodito
Le principali

RANDAZZO'S LITTLE ITALY
$$$-$$$$
385 MIRACLE MILE
TEL. 305/448-7002
www.randazzoslittleitaly.com
Pasti abbondanti ispirati alla cucina del sud Italia e atmosfera vivace. Il Randazzo è rinomato per la carne, in particolare per le polpette, ma anche per il pollo alla Buoniconti e i rigatoni alla vodka.
125 Chiuso lun.
Le principali

QUALCOSA DI SPECIALE

LA PALMA RISTORANTE & BAR
Serve prelibatezze del Nord Italia, come aragosta La Palma e fettuccine alle vongole. Provate anche l'aragosta del Maine saltata nel vino bianco e la braciola di vitello.
$$$
116 ALHAMBRA CIRCLE
CORAL GABLES
TEL. 305/445-8777
www.lapalmarestaurant.net
150 Custodito
Le principali

RESTAURANT ST. MICHEL
$$$
HOTEL PLACE ST. MICHEL
162 ALCAZAR AVE.
TEL. 305/444-1666
Storico hotel ristorante di Gables con atmosfera europea, eccellente sotto ogni punto di vista. Le crêpes sono le migliori della città; i piatti di pesce sono eccezionali. Atmosfera romantica, servizio incantevole. Richiesta prenotazione.
92 Le principali

ORTANIQUE ON THE MILE
$$
278 MIRACLE MILE
TEL. 305/446-7710
www.cindyhutsoncuisine.com
Questo ristorante evoca la cucina della Florida grazie a ingredienti quali noci americane candite, lonza di maiale e snapper a pinna gialla.
120 Chiuso sab. e dom. P Le principali

SOUTH MIAMI

Vedi la lista alla voce Escursioni da Miami, sotto.

ESCURSIONI

Homestead e Florida City sono punti di partenza per chi visita il cosiddetto "fiume d'erba" delle

Everglades. In entrambi i posti ci sono numerosi negozi e ristoranti, anche se le sistemazioni tendono a essere quelle standard delle catene dei motel.

EVERGLADES MOTEL
$$
605 S. KROME AVE.,
HOMESTEAD, FL 33030
TEL. 305/247-4117
Piccolo motel ben gestito con un vistoso aspetto contemporaneo in camere ben curate.
14
Le principali

RIVERSIDE HOTEL
$$
620 E. LAS OLAS BLVD.,
FORT LAUDERDALE, FL 33301
TEL. 954/467-0671 o 800/325-3280
FAX 954/462-2148
www.riversidehotel.com
Nell'elegante distretto storico con giardini lussureggianti lungo il New River. Fascino del vecchio mondo, alcune camere con letti a baldacchino, più trasporto gratuito alla spiaggia.
217 camere e suite
Custodito
Le principali

MICCOSUKEE RESORT & GAMING
$-$$$$
500 S.W. KROME AVE., HOMESTEAD
TEL. 877/242-6464
www.miccosukee.com
Questo immenso complesso moderno ha molto da offrire oltre al cibo, ma se volete giocare al casinò e vedere una versione moderna di una delle tribù indiane più piccole d'America, provate il ristorante della struttura albeghiera, il buffet, il negozio di gastronomia, o lo snack bar.
372 (nel buffet)
Custodito
Le principali

BIMINI BOATYARD BAR & GRILL
$$-$$$
1555 S.E. 17TH ST.,
FORT LAUDERDALE
TEL. 954/525-7400
www.biminiboatyard.com
Questo ampio stabile con vista mare offre squisiti piatti di pesce dei Caraibi che vi faranno sentire alle Bahamas. È anche possibile attraccare lo yacht vicino al ristorante. Fra i frequentatori spiccano diverse celebrità di Fort Lauderdale, come David Cassidy, pop star degli anni '70.
350 D, MC, V

EL TORO TACO
$
1 S. KROME AVE., HOMESTEAD
TEL. 305/245-8182
Autentica cucina casereccia messicana della famiglia Hernandez. Aspettatevi *chile rellenos*, pollo *fajitas*, bistecca ai ferri con piccantissima salsa verde e ottimo guacamole.
95 DC, MC, V

UPPER KEYS

Il film del 1948, *L'isola di corallo*, nel quale Humphrey Bogart e Lauren Bacall combattevano il crimine e gli uragani, impose il luogo tra le mete turistiche, sebbene solo poche scene fossero girate qui. Un pizzico della magia di quel vecchio successo cinematografico si ritrova nel famoso battello *African Queen*, guidato da Bogart nel film, oggi ormeggiato nel porticciolo dell'Holiday Inn al MM 99.7.

KEY LARGO 33037

JULES' UNDERSEA LODGE
$$$$$
51 SHORELAND DR., MM 103.2
TEL. 305/451-2353
FAX 305/451-4789
www.jul.com
L'unico hotel sottomarino al mondo. Si nuota giù nell'unità, con due camere da letto e una cucina di bordo. Apprezzato dagli appassionati di immersioni in luna di miele. Lo staff consegna tutto in camera, cena compresa, in contenitori stagni.
2 Le principali

PREZZI

HOTEL
L'indicazione del costo di una camera doppia in alta stagione è data dal simbolo **$**.

$$$$$	Oltre $280
$$$$	$200-$280
$$$	$120-$200
$$	$80-$120
$	Meno di $80

RISTORANTI
L'indicazione del costo di un pasto di tre portate, bevande escluse, è data dal simbolo **$**.

$$$$$	Oltre $80
$$$$	$50-$80
$$$	$35-$50
$$	$20-$35
$	Meno di $20

MARRIOTT KEY LARGO BAY RESORT
$$$$
OVERSEAS HWY., MM 103.8
TEL. 305/453-0000 o 800/228-9290
FAX 305/453-0093
www.marriottkeylargo.com
Una delle più recenti strutture alberghiere delle Keys, solo 55 minuti a sud del Miami International Airport. Ampie camere, alcune suite con due camere da letto di extra lusso, tutte con connessione wi-fi. Ottima scelta di servizi. Vedi **Gus' Grille**, sotto.
147 camere e suite
Le principali

SUNSET COVE BEACH RESORT
$$
OVERSEAS HWY., MM 99.6
TEL. 305/451-0705 o 877/451-0705
FAX 305/451-5609
www.sunsetcovebeachresort.com
A conduzione familiare con un'atmosfera da vecchia Florida. Villette, capanni chickee con tetti in palme, pontile in legno per la pesca, canoe e pellicani che accorrono in massa due volte al giorno per essere nutriti.
11 Le principali

GUS' GRILLE
$$$
MARRIOTT KEY LARGO BAY RESORT
OVERSEAS HWY., MM 103.8
TEL. 305/453-0000
Cucina creativa "floraibica" con portate di pesce, che si traduce in scorpena yellowtail con crosta di mandorle, ricoperto di avocado, arancia e salsa al burro dolce con erba cipollina. Le pizze sono consigliate. Magnifica vista del Golfo.
600
Le principali

SNAPPER'S WATERFRONT SALOON
$$$
139 SEASIDE AVE., MM 94.5
TEL. 305/852-5956
www.snapperskeylargo.com
Pasteggiate sull'acqua in un'atmosfera "vecchia Florida", con frutti di mare preparati alla caraibica.
200 Le principali

THE FISH HOUSE ENCORE
$$-$$$
OVERSEAS HWY, MM 102
TEL. 305/451-0650
www.fishhouse.com
Dispone di un piano bar e posti a sedere all'interno e all'aperto. Il cibo è di prima qualità con granchi di roccia freschi (da ott. a mag.), pollo delle Cayman e costoletta d'agnello.
125 Chiuso P
Le principali

PILOT HOUSE
$$
BAYSIDE CAY CLUB RESORT & MARINA
13 SEAGATE BLVD., MM 100
TEL. 305/451-3142
www.pilothousemarina.com
Veterano degli anni '50, famoso per i sandwich di pesce di Harvey. Portate di pesce fra cui scorpena ripiena di aragosta, ricoperta di gamberetti e servita sulla pasta alla fiorentina fatta in casa; la bistecca Diane e la New York strip sono altrettanto popolari.
65 Le principali

SUNDOWNERS ON THE BAY
$
OVERSEAS HWY., MM 104
TEL. 305/451-4502
www.sundownerskeylargo.com
Un eccellente locale per contemplare il sole che tramonta mentre si mangia qualche sostanziosa pietanza da pub. Scelta di piatti vegetariani.
185 Le principali

PLANTATION KEY

MARKER 88
$$$
MM 88
TEL. 305/852-9315
www.marker88.info
Leggendario luogo storico delle Upper Keys. Banana, papaya, ananas, mango, gelatina di ribes e burro alla cannella con pesce di Rangoon, oppure ottime aragoste della Florida, granchi di roccia e gamberetti. La *Key lime-baked Alaska* è un dolce da non perdere. Decorazioni rustiche, tramonti romantici.
300 Chiuso P
Le principali

UPPER MATECUMBE KEY 33036

CHEECA LODGE & SPA
$$$$$
OVERSEAS HWY., MM 82, ISLAMORADA
TEL. 305/664-4651 o 800 327-2888
FAX 305/664-2893
www.cheeca.com
Tra le migliori strutture delle Upper Keys, noto per i programmi di pesca e le immersioni. Costruzioni in stile piantagione su una splendida spiaggia. Camere arredate con semplicità ma spaziose. Il suo ristorante **Atlantic's Edge** è ottimo (vedi sotto).
199 camere e suite
Le principali

ATLANTIC'S EDGE
$$$
CHEECA LODGE & SPA, MM 82, ISLAMORADA
TEL. 305/664-4651
Un hotel di classe fa da sfondo alla cucina dello chef Bader Ali, che combina l'offerta di carni e pesci selvatici, esotici e allevati naturalmente, e prodotti della Florida coltivati con metodi di agricoltura biologica, miscelati a varianti uniche delle Keys.
115 Le principali

PELICAN COVE RESORT
$$$
84457 OLD OVERSEAS HWY., MM 84.5, ISLAMORADA
TEL. 305/664-4435 o 800/445-4690
FAX 305/664-5134
www.pcove.com
Arredamento contemporaneo, balconi e vista sull'oceano. Ampia gamma di attività dentro e fuori dall'acqua.
50
Le principali

ZIGGIE'S CONCH RESTAURANT
$$$

OVERSEAS HWY., MM 83.5, ISLAMORADA
TEL. 305/664-3391
Tranquillo scenario anni '50. Granchio di roccia, frittelle di strombi; strombi sgusciati, *yellowtail meunière* (filetto di scoprena in padella con uovo sbattuto), ostriche ripiene in una mezza dozzina di modi; aragosta della Florida con mostarda. Da non perdere.
77 Chiuso Labor Day-ott. Le principali

SMUGGLER'S COVE
$$-$$$
MM 85.5, ISLAMORADA
TEL. 305/852-9315
www.smugscove.com
Il nome vi fa capire che state per incontrare personaggi pittoreschi in questo ristorante sul mare. Vongole, ostriche, strombi e pesce, persino quello appena pescato da voi, che lo chef provvederà a cucinarvi.
150 Le principali

LAZY DAYS OCEANFRONT BAR & SEAFOOD GRILL
$$
79867 OVERSEAS HWY., MM 79.9, ISLAMORADA
TEL. 305/664-5256
www.lazydaysrestaurant.com
Situato direttamente sulla costa atlantica, in posizione panoramica, quest'edificio nello stile delle piantagioni offre spettacolari vedute sul mare, oltre a proporre creativi piatti di pesce floraibici, di cui il mahimahi con salsa ai frutti tropicali e salsa al mango e rum è il più rappresentativo.
160 Le principali

LOR-E-LEI RESTAURANT & CABANA BAR
$$
MM 82, ISLAMORADA
TEL. 305/664-2692
www.loreleicabanabar.com
Grazie a quelli che sono considerati fra i migliori frutti di mare delle Keys e alla musica rock dal vivo, il Lor-e-Lei è stato per decenni un punto di riferimento a Islamorada.
330 esterni, 250 interni
Le principali

MORADA BAY BEACH CAFÉ
$-$$
81600 OVERSEAS HWY., MM 81.6, ISLAMORADA
TEL. 305/664-5564
www.moradabay-restaurant.com
Cenare all'aperto in questo locale significa prendere posto su sedie bianche direttamente sulla spiaggia e godersi un pasto in tutto relax cullati dalla colonna sonora naturale dell'isola e dal rumore delle onde solcate dai surfisti. Il menu offre una mescolanza di piatti americani e caraibici.
100 Chiuso mar.
Le principali

GREEN TURTLE INN RESTAURANT
$
81219 OVERSEAS HWY., MM 81.3, ISLAMORADA
TEL. 305/664-2006
www.greenturtlekeys.com
Questo noto ristorante senza pretese, in funzione dal 1947, vanta un'atmosfera rilassata e una cucina da veri buongustai. Il pesce è di provenienza locale ed è perfino possibile portare il proprio e farlo cucinare dallo chef. Fra le specialità di mare, capesante scottate in padella e zuppa di tartarughe. Di fianco al locale c'è una galleria d'arte.
50 Le principali

MIDDLE KEYS
Le Middle Keys si estendono dal MM 85 al MM 45 e vengono considerate la capitale americana della pesca e delle immersioni, oltre a un rifugio raggiungibile tutto l'anno per gli abitanti della Florida meridionale, che traggono beneficio dalla vicinanza delle Keys alla terraferma. Non illudetevi tuttavia di trovarvi delle spiagge. Non ne esistono di naturali, la sabbia viene trasportata via nave dai Caraibi per ricavarne piccoli tratti di spiagge sul mare.

DUCK KEY 33050

HAWKS CAY RESORT & MARINA
$$$$$
MM 61
TEL. 305/743-7000
FAX 305/743-0641
www.hawkscay.com
Stanze spaziose in questa struttura alberghiera stile Indie occidentali, su un'isola privata, con porticciolo e centro per gli sport acquatici; ci sono anche una spiaggia sabbiosa, una laguna d'acqua di mare e un mini club, che propone un programma interattivo.
193
Le principali

VACA KEY 33050

KEYS FISHERIES MARKET & MARINA
$$$
NEI PRESSI DEL MM 49.2 SULLA 35TH ST. - MARATHON
TEL. 866/743-4353
www.keysfisheries.com
Sebbene relativamente sconosciuto, Keys Fishery è un locale informale all'aperto, famoso per i *lobster reuben sandwich* e i gamberetti alla noce di cocco.
250 Le principali

SOMBRERO REEF INN & FISHING LODGE
$$
500 SOMBRERO BEACH RD. MM 50, MARATHON
TEL. 305/743-4118
www.sombreroreefinn.com

Tranquillo bed-and-breakfast sulla riva dell'acqua che dà sull'Oceano Atlantico. Lo stile è quello informale della Florida; tutte le camere dispongono di ingressi privati e viste sul mare. Rampa d'imbarco e pontile per le imbarcazioni.
4 suite MC, V

LOWER KEYS

Le Lower Keys iniziano alla f ine di Seven Mile Bridge. Big Pine, Sugarloaf, Summerland, e le altre Lower Keys sono meno edificate e pertanto più tranquille delle Upper Keys. L'orgoglio del luogo è il Bahia Honda State Park dal lato dell'oceano di Big Pine Key, dotato di una delle più incantevoli spiagge della Florida meridionale e di uno dei litorali più belli.

BIG PINE KEY 33050

BARNACLE BED AND BREAKFAST
$$
1557 LONG BEACH DR.
MM 33
TEL. 305/872-3298
FAX 305/872-3863
www.thebarnacle.net
Casa in stile caraibico attorniata da un meraviglioso giardino, fornita di bagno con acqua calda, amaca e spiaggia privata, pregiata ed eterogenea mobilia. Due sole camere nell'edificio principale e due nel villino.
4 MC, V

SUGARLOAF KEY

MANGROVE MAMA'S RESTAURANT
$$
19991 OVERSEAS HWY.
TEL. 305/745-6689
www.mangrovemamas restaurant.com
Storico luogo di ritrovo, un'umile bicocca sopravvissuta all'uragano del 1935. Semplici tavoli all'interno e fuori, all'ombra di un boschetto di banani. Pesce fresco, zuppe di pesce e gustosissime torte di limetta delle Key, oltre al pollo *teriyaki* e costine di maiale stufate piccanti.
150
Le principali

LITTLE TORCH KEY

QUALCOSA DI SPECIALE

LITTLE PALM ISLAND RESORT & SPA
Paradiso per le vacanze. Isola privata accessibile solo con l'idrovolante o per mezzo di un viaggio di 15 minuti su un taxi acquatico. Lussuose suite private con tetto in palme a ciascuna delle quali sono assegnate 2 lussureggianti ettari; tutte con tendoni per il sole e amache annesse. Non ci sono telefoni, né TV. Nella sala da pranzo, aperta anche a chi non soggiorna nel resort, lo chef Luis Pous utilizza ingredienti locali per creare succulente pietanze europee, caraibiche e asiatiche. Solo su prenotazione.
$$$$$
MM 28.5, LITTLE TORCH KEY, FL 33042
TEL. 800/343-8567 (prenotazioni), 305-515-4004 (accoglienza), o 305/872-2551 (sala da pranzo)
FAX 305/872-4843
www.littlepalmisland.com
30 suite
Le principali

KEY WEST E LE DRY TORTUGAS

Ci sono più alberghetti, pensioni e B&B pro capite a Key West che in qualsiasi altra città della nazione. Key West è nota per i piccoli hotel pittoreschi ed eccentrici.

KEY WEST 33040

HOTEL

OCEAN KEY RESORT & SPA
$$$$$
ZERO DUVAL ST.
TEL. 305/296-7701 o 800/328-9815
FAX 305/295-7016
www.oceankey.com
Per chi preferisce spazio e comfort moderni, questo hotel di cinque piani ai piedi di Duval Street è perfetto. Il Dockside Bar dell'hotel possiede i migliori posti della città per i tramonti.
100 suite
Le principali

PIER HOUSE
$$$$$
1 DUVAL ST.
TEL. 305/296-4600 o 800/327-8340
FAX 305/296-7569
www.pierhouse.com
Elegante proprietà dal sapore caraibico, riparata dai rigogliosi giardini tropicali. Godetevi una salubre fonte di acque termali, spiaggia sabbiosa artificiale, e una scelta di bar e ristoranti. Ristorante altamente considerato, vedi p. 257.
142 camere e suite
Le principali

QUALCOSA DI SPECIALE

MARQUESA HOTEL
Lussuoso hotel riconvertito da due abitazioni private del decennio 1880 (annoverato nel National Register of Historic Places) e da due edifici di nuova costruzione. Raffinato incrocio di arredamento antico e moderno, bagni in marmo, piscine e uno stimato ristorante, il **Café Marquesa** (vedi p. 257).
$$$$
600 FLEMING ST.
TEL. 305/292-1919 o 305/292-1919
FAX 305/294-2121
www.marquesa.com
27 50
AE, MC, V

WALDORF CASA MARINA
$$$$
1500 REYNOLDS ST.
TEL. 305/296-3535 o
800/626-0777
FAX 305/296-4633
www.casamarinaresort.com
È più vecchio hotel delle Keys, costruito nel 1921 dal magnate delle ferrovie Henry Flagler. Ci sono una spiaggia privata, la scelta fra due piscine e un ristorante, il **Sun Sun**, noto per il suo *brunch* domenicale.
314 Le principali

CHELSEA HOUSE
$$$
709 TRUMAN AVE.
TEL. 305/296-2211 o
800/549-4430
FAX 305/296-4822
www.historickeywestinns.com
Tranquillo e rilassato edificio, circondato da lussureggianti piante tropicali. Le camere dello stabile principale hanno tocchi d'antiquariato, quelle vicino alla piscina sono in stile mediterraneo. Al solarium si può accedere anche in costume.
37 Le principali

CURRY MANSION INN
$$$
511 CAROLINE ST.
TEL. 305/294-5349 o
800/253-3466
FAX 305/294-4093
www.currymansion.com
Una storica dimora vittoriana di classe dalla forma irregolare, un capolavoro di maestosità della Belle Époque. Aperto al pubblico per visite guidate. Le camere da letto sono in un'ala moderna, enfatizzate da pezzi d'antiquariato e vimini.
28 Le principali

HERON HOUSE
$$$
512 SIMONTON ST.
TEL. 305/294-9227 o
800/294-9227
FAX 305/294-5692
www.heronhouse.com
Accogliente alberghetto, con stile semplice ma di buon gusto. Generosi terrazzi e balconi in stanze spaziose che si fondono con giardini privati. Interni con dettagli raffinati comprendono muri di tek, quercia e cedro.
25 Le principali

ISLAND CITY HOUSE HOTEL
$$$
411 WILLIAM ST.
TEL. 305/294-5702
FAX 305/294-1289
www.islandcityhouse.com
Delle tre case riconvertite del decennio 1880 che formano questo albergo dallo stile unico, la Arch House è la sola sopravvissuta dei depositi per le carrozze nelle Key. Scelta di suite e studi.
24 camere e suite Le principali

SIMONTON COURT HISTORIC INN
$$$
320 SIMONTON ST.
TEL. 800/944-2687
FAX 305/293-8446
www.simontoncourt.com
Nove edifici pieni di personalità in questo sito di una ex-fabbrica di sigari sono ambientati nei giardini. Ci sono quattro piscine, una delle quali è illuminata anche di notte. Per adulti.
26 AE, MC, V

CONCH HOUSE HERITAGE INN
$$
625 TRUMAN AVE.
TEL. 305/293-0020
FAX 305/293-8447
www.conchhouse.com
Una delle prime proprietà familiari storiche dell'isola, registrata nel National Register of Historic Places. Spaziose ed eleganti camere da letto nell'edificio principale o stanze in stile caraibico nel cottage tropicale vicino alla piscina.
8 Le principali

DUVAL HOUSE
$$
815 DUVAL ST.
TEL. 305/294-1666
FAX 305/292-1701
www.theduvalhouse.com
Non vi sono telefoni o radio, sebbene ci sia la TV via cavo. Semplici arredamenti in vimini, alcuni oggetti d'antiquariato e una piscina circondata da ibisco sono i punti essenziali di questa rilassata casa vittoriana.
31 Le principali

PREZZI

HOTEL

L'indicazione del costo di una camera doppia in alta stagione è data dal simbolo **$**.

$$$$$	Oltre $280
$$$$	$200-$280
$$$	$120-$200
$$	$80-$120
$	Meno di $80

RISTORANTI

L'indicazione del costo di un pasto di tre portate, bevande escluse, è data dal simbolo **$**.

$$$$$	Oltre $80
$$$$	$50-$80
$$$	$35-$50
$$	$20-$35
$	Meno di $20

EDEN HOUSE
$$
1015 FLEMING ST.
TEL. 800/533-5397
FAX 305/294-1221
www.edenhouse.com
Hotel degli anni '20 restaurato e ben gestito. Camere a prezzi ragionevoli nell'edificio principale pieno di vimini; suite private più costose nelle tre adiacenti case in stile *conch*.
40 AE, MC, V

THE MERMAID AND THE ALLIGATOR
$$
729 TRUMAN AVE.
TEL. 305/294-1894
FAX 305/295-9925
www.kwmermaid.com
Alberghetto insolito con accenni orientali e art déco, un ingresso con file di libri e molto spazioso. La vicina Conch House ha camere più economiche con bagni in condivisione. Colazione e piscina.
9 AE, MC, V

RISTORANTI

CAFÉ DES ARTISTES
$$$$
1007 SIMONTON ST.
TEL. 305/294-7100
www.pisceskeywest.com
Ristorante francese di vecchia data con una reputazione per la cucina d'alta qualità. Formale, costoso ma molto creativo. Provate la scorpena in padella con burro dragoncello con gamberetti e capasanta. Possiede anche un eccellente scelta di vini.
65 Chiuso P
AE, MC, V

QUALCOSA DI SPECIALE

LOUIE'S BACKYARD
Esempio eccellente di proprietà sulla costa atlantica. Stupenda sala da pranzo all'esterno, pregevoli interni, nuova cucina caraibica basata sul pesce locale. Provate la zuppa di strombi bahamiana con salsa di peperoncino piccante. Prenotazione indispensabile.
$$$$
700 WADDELL AVE.
TEL. 305/294-1061
www.louiesbackyard.com
160 Le principali

PIER HOUSE RESTAURANT
$$$$
1 DUVAL ST.
TEL. 305/296-4600 o 800/327-8340
FAX 305/296-7569
Stupenda sala da pranzo con vetrata sul lungomare, fantastica ambientazione per una vivace e ambiziosa cucina americana con forti accenti caraibici. Il menu è basato sulle portate del pesce locale. Ottimi vini.
150 P Le principali

BLUE HEAVEN
$$$
729 THOMAS ST.
TEL. 305/296-8666
www.blueheavenkw.com
Situato dietro una vecchia casa malconcia, il ristorante propone pesce fresco, piatti vegetariani e svariate insalate. Il metodo migliore per giungere a questo rinomato locale è arrivare a piedi o in bici. Il suo motto è: "Blue Heaven: You don't have to die to get there". ("Paradiso: non devi morire per arrivarci").
85 Le principali

QUALCOSA DI SPECIALE

CAFÉ MARQUESA
Uno dei ristoranti più fantasiosi di Key West con l'atmosfera di un ristorantino europeo. Innovativa cucina e stupenda presentazione; provate il tonno albacora scottato in salsa verde, gli scampi giamaicani piccanti alla griglia. Prenotazione indispensabile.
$$$
600 FLEMING ST.
TEL. 305/292-1244
www.marquesa.com
50 Chiuso P
Le principali

MICHAEL'S RESTAURANT
$$$
532 MARGARET ST.
TEL. 305/295-1300
www.michaelskeywest.com
Nascosto lungo le strade secondarie del quartiere della città vecchia di Key West, il Michael's Restaurant offre la raffinatezza dell'isola sia all'interno sia nei pressi di una fontana esterna. I pranzi sono abbondanti, con manzo di primo taglio, pasta e frutti di mare locali, oltre alle fondute di formaggio.
100 Chiuso P
Le principali

DUFFY'S STEAK AND LOBSTER HOUSE
$$
1007 SIMONTON ST.
TEL. 305/296-4900
www.duffyskeywest.com
Bistecche, costine di maiale e aragosta sono sempre buone e a prezzi ragionevoli in questo derivato in stile art déco dell'adiacente Café des Artistes (vedi p. 257). Tutti i piatti sono preparati in modo semplice con insalata, pane appena sfornato e una scelta di patate.
85 Le principali

KELLY'S CARIBBEAN BAR & GRILL
$$
301 WHITEHEAD ST.
TEL. 305/293-7897
www.kellyskeywest.com
Ambientato nello storico

ufficio della Pan Am e caratterizzato da cimeli dell'aviazione. Anche sede della Southernmost Brewery, provate l'Havana Red Ale con il maiale arrosto e salsa fresca di mango. Non si accettano prenotazioni.
150 Le principali

MANGOES
$$
700 DUVAL ST.
TEL. 305/292-4606
www.mangoskeywest.com
Portate di pesce in stile caraibico servite all'interno o fuori. Le specialità comprendono scorpena cotta in padella con granadiglia. Pizze con crosta esterna super sottile. Ottimo per osservare la gente.
175 P Custodito
Le principali

ORIGAMI
$$
1075 DUVAL ST.
TEL. 305/294-0092
Uno dei migliori ristoranti giapponesi di Key West, l'Origami è rinomato per i suoi pranzi di lusso a base di sushi e l'Origami super special.
50 P Custodito
Chiuso P
Le principali

CAMILLE'S RESTAURANT
$
1202 SIMONTON ST.
TEL. 305/296-4811
Locale preferiti dagli abitanti della zona, aperto da colazione a cena. Una sostanziosa costoletta di agnello è servita marinata con aglio e origano o succo di lampone, oppure provate le tortine di chele di granchio di roccia con salsa piccante al rum e mango.
150 P Custodito
Le principali

EL SIBONEY
$
900 CATHERINE ST.
TEL. 305/296-4184
www.elsiboneyrestaurant.com
Il semplice arredamento caratterizza questo notevole ritrovo locale che serve autentico cibo cubano. Enormi porzioni a prezzi bassi. *Ropa vieja*, *boliche*, paella, più una serie di sandwich e molto altro.
50 Le principali

HALF SHELL RAW BAR
$
231 MARGARET ST.
TEL. 305/294-7496
www.halfshellrawbar.com
Ritrovo sul lungomare in stile vecchia Key West, noto per l'atmosfera informale e rilassata, frutti di mare preparati in modo semplice e prezzi ragionevoli. Granchi di roccia di stagione e aragoste del Maine.
247 P Le principali

HELP YOURSELF
$
829 FLEMING ST.
TEL. 305/296-7766
www.helpyourselffoods.com
Questo locale raccolto e vivace improntato a una cucina salutare serve piatti a base di ingredienti biologici, come spinaci in insalata, cocco al curry e involtini di *hummus*. Tavoli solo all'esterno, ideali nella stagione invernale quando il clima è relativamente più fresco.
30 Chiuso C
Le principali

HOG'S BREATH SALOON
$
400 FRONT ST.
TEL. 305/296-4222
www.hogsbreath.com
Costruito per sembrare un autentico bar di surfisti, pieno di turisti e gente del luogo attratti dalla rilassata atmosfera delle Key. I sandwich di pesce alla griglia sono venduti a tonnellate; buoni anche gli hamburger e il pesce, oltre alle T-shirt. *Happy hour* ore 17-19.
90 P Custodito
Le principali

PEPE'S CAFÉ
$
806 CAROLINE ST.
TEL. 305/294-7192
www.pepescafe.net
Fondato nel 1909, si tratta del più vecchio ristorante di Key West noto per la cucina fatta in casa di tipo tradizionale americano a base di bistecche, braciole di maiale e hamburger, oltre alle ostriche Apalachicola di stagione. La colazione è una tradizione delle Keys.
90 DC, MC, V

Shopping

Grazie al costo relativamente basso degli affitti e all'imposta sulle vendite del 6,5 per cento sui prezzi al dettaglio, le merci sono in genere più economiche che a New York o Los Angeles. South Beach, Coconut Grove, Coral Gables e Downtown Miami sono tra i pochi posti dove si è davvero incoraggiati a passeggiare. Qui gli acquisti sono eterogenei e unici.

La maggior parte dello shopping si svolge in mega centri commerciali e in catene quali Gap, Banana Republic, e Victoria's Secret. La tendenza attuale è anche verso gli esclusivi centri commerciali all'aperto in ambientazioni di lusso. Questi luoghi sono apprezzati da facoltosi sudamericani, attratti da nomi come Gucci, Bulgari, Prada e Louis Vuitton. Lo shopping a Key West è costoso, specialmente per l'abbigliamento. I negozi cui vale la pena dare un'occhiata offrono qualcosa di più inconsueto dei soliti empori di magliette di Key West. Costumi da bagno, sigari, sandali e prodotti per la cura della pelle sono tutti creati nelle Keys. Altri affari comprendono dipinti, sculture e schizzi di artisti locali, o creazioni più rare come le perle di strombo.

Centri commerciali al coperto

Bal Harbour Shops

9700 Collins Ave., Bal Harbour, tel. 305/866-0311, www.balharbourshops.com
Esclusivo centro commerciale specializzato nei negozi di marca come Tiffany, Chanel, Prada, Gucci, DeBeers, Hermès, e Bulgari, oltre a Neiman Marcus e Saks Fifth Avenue, i più grandi della Florida.

Village of Merrick Park

Coral Gables, tel. 305/529-0200, www.villageofmerrickpark.com
Neiman Marcus, Nordstrom e 115 boutique di marca e terme.

Dolphin Mall

11250 NW 25th St., Miami, tel. 305/DOL-PHIN, www.shopdolphinmall.com
Una delle più grandi attrazioni di Miami per quanto riguarda le proposte di shopping, ristorazione e interesse turistico, il Dolphin Mall offre shopping e intrattenimento per le famiglie, fra cui ristoranti, un cinema con 19 sale e sia designer outlet sia negozi di vendita al dettaglio e articoli specialistici.

Centri commerciali all'aperto

Bayside Marketplace

401 N. Biscayne Blvd., Miami, tel. 305/577-3344, www.baysidemarketplace.com
Centro commerciale all'aperto sul lungomare, con tour in barca, artisti di strada, l'Hard Rock Café di Miami e una varietà di negozi.

CocoWalk

3015 Grand Ave., Coconut Grove, tel. 305/444-0777, www.cocowalk.net
Stravagante centro commerciale a più piani parzialmente all'aperto. Vari caffè con posti in terrazza e un cinema con 16 schermi, ma i negozi al dettaglio non vanno oltre Gap e Victoria's Secret.

Downtown Miami Shopping District

Da Biscayne Blvd. a 2nd Ave. W. e da S.E. 1st St. a N.E. 3rd St., Miami, tel. 305/379-7070
Oltre 1000 negozi con il secondo più vasto quartiere di gioiellerie del Paese, centinaia di negozi di elettronica, articoli sportivi, abbigliamento e negozi di scarpe.

Florida Keys Outlet Center

250 E. Palm Dr. (S.W. 344th St.), Florida City, tel. 305/248-4727
A soli 30 minuti di auto a sud di Miami, nella lussureggiante ambientazione di un villaggio tropicale con oltre 60 outlet, che vanno da Nike e OshKosh B'Gosh al Levi's Outlet.

Mayfair in the Grove

2911 Grand Ave., Coconut Grove, tel. 305/448-1700
Piazza cittadina di ispirazione mediterranea nel cuore di Coconut Grove, con caffè all'aperto, locali notturni, cinema, ristoranti e negozi al dettaglio di fama nazionale.

Arte e artigianato

The Americas Collection

214 Andalusia Ave., Coral Gables, tel. 305/446-5578, www.americascollection.com
La galleria - una fra quelle che godono di miglior reputazione a Miami - è dedicata all'arte contemporanea latinoamericana, con l'inclusione di alcune opere europee e del restante territorio americano.

Gotta Have It! Collectibles

4231 S.W. 71st Ave., Coral Gables, tel. 305/446-5757.
Chiuso sab.-dom.
Autografi d'epoca e cimeli dal mondo dello sport, di Hollywwod e della musica rock.

Haitian Art Co.

600 Frances St., Key West, tel. 305/296-8932
Magistrali, pittoresche opere d'arte, manufatti e sculture da Haiti.

Lincoln Road Shopping District
Lincoln Road, Miami Beach, tel. 305/673-7010
Imponente ed esclusivo quartiere per lo shopping di 12 isolati con negozi, gallerie d'arte e studi di artisti, oltre a famosi ristoranti e caffè. L'orario dei singoli esercizi commerciali è variabile. Anche sede del Miami City Ballet e della New World Symphony.

Libri

Barnes and Noble Booksellers
www.barnesandnoble.com
5701 Sunset Dr., South Miami, tel. 305/662-4770
152 Miracle Mile, Coral Gables, tel. 305/446-4152
18711 Biscayne Blvd., North Miami Beach, tel. 305/935-9770
12405 S.W. 88th St., Miami, tel. 305/598-7727
Più di 17.000 titoli comprese le opere degli autori locali.

Books & Books
933 Lincoln Rd., Miami Beach, tel. 305/532-3222
358 San Lorenzo Ave., Coral Gables, tel. 305/442-44087
9700 Collins Ave., Bal Harbour, tel. 305/864-4241
Enorme scelta di titoli, più letture da parte degli autori.

Kafka's Used Book Store
1464 Washington Ave., Miami Beach, tel. 786/348-0901
Per lo più libri in brossura usati.

Sigari

Cuban Crafters
3604 N.W. 7th St., Miami, tel. 305/573-0222
Oltre 100 diverse marche in cinque negozi sparsi per tutta la zona.

Cuban Leaf Cigar Factory
310 Duval St., Key West, tel. 305/295-9283
Tutto quello che volete sapere sui sigari, compresa l'osservazione mentre vengono realizzati prima dell'acquisto.

Deco Drive Cigar East
1436 Ocean Dr., Miami Beach, tel. 305/672-9032
1650 Meridian Ave., Miami, tel. 305/674-1811
Sigari da Honduras, Nicaragua e Repubblica Dominicana. Potete anche osservare i sigari mentre vengono avvolti nel negozio.

El Crédito Cigars
1106 S.W. 8th St., Little Havana, Miami, tel. 305/858-4162. Chiuso dom.
Fabbrica di sigari di proprietà cubana.

Key West Cigar
1117 Duval St., Key West, tel. 305/296-1977, www.keywestcigar.com
Enorme scelta di sigari.

Gioielli

Carroll's Jewelers
365 Miracle Mile, Coral Gables, tel. 305/446-1611
Il più antico negozio di gioielli di Gables presenta da più di 60 anni articoli prodotti artigianalmente.

Kirk Jewelers
142 E. Flagler St., Miami, tel. 305/371-1321. Chiuso dom.
Vasta scelta di orologi di marca, a 14 e 18 carati, e gioielli in platino.

Local Color
276 Margaret St., Key West, tel. 305/766-7959, www.localcolorkeywest.com
Una gioielleria che vende unicamente pezzi realizzati in loco.

Rainbow Jewelry
101 N.E. 1st St., Miami, tel. 305/371-2289. Chiuso dom.
Ampia scelta di prodotti Cartier. Anche Hermès, gioielli in oro a 18 carati Carrera y Carrera e penne Mont Blanc.

Seybold Building
36 N.E. 1st St., Miami, tel. 305/374-7922
Lo storico edificio del centro cittadino con quasi 300 gioiellerie.

Equipaggiamento sportivo

Alf's Golf Shop
11805 S. Dixie Hwy., Coral Gables, tel. 305/663-4653. Chiuso dom.
Attrezzature per il golf, scarpe, abbigliamento e borse.

Capt. Harry's Fishing Supplies
8501 N.W. 7th Ave., Miami, tel. 305/374-4661. Chiuso dom.
Attrezzature per la pesca.

Tarpoon Lagoon
300 Alton Rd., Miami Beach, tel. 305/532-1445
Uno dei più vecchi negozi per le immersioni di Miami.

South Beach Dive & Surf
850 Washington Ave., Miami Beach, tel. 305/673-5900. Chiuso dom. mattina.
Ampia gamma di tavole per il surf e attrezzatura per le immersioni con respiratore; disponibilità di lezioni per entrambi gli sport.

Shopping caratteristico

Armani Exchange
760 Collins Ave., Miami Beach, tel. 305/531-5900
I più recenti vestiti di Armani.

Key West Aloe
419B Duval St., Key West, tel. 800/445-2563
Oltre 300 prodotti a base di aloe, compresa una linea di aromi originali.

La Casa de las Guayaberas
5840 S.W. 8th St., West Miami, tel. 305/266-9683
Uno dei migliori negozi di Greater Miami per acquistare l'immancabile *guayabera*.

Divertimenti

Durante il giorno gli abitanti di Miami hanno una sovrabbondanza di divertimenti fuori casa da perseguire; di notte la lusinga esercitata da alcuni tra i bar, i ristoranti e i night club più alla moda è difficile da resistere. E quando i soldi finiscono, osservare la gente dal marciapiede di un caffè di South Beach o Coconut Grove può essere molto divertente. Di recente sono divenuti popolari anche il teatro e la musica classica, con una programmazione varia che fa di Miami anche un'interessante destinazione artistico-culturale.

Per dettagli sugli orari degli spettacoli, elenchi completi dei film, locali rock e jazz e locali notturni, acquistate l'edizione del venerdì del *Miami Herald* per il suo esauriente inserto speciale "Weekend". In alternativa visitate il sito *www.miamiherald.com.*
I visitatori di Key West dovrebbero dare un'occhiata alla sezione arte e spettacoli nell'edizione del venerdì del *Citizen* di Key West per un elenco dei più recenti eventi culturali.

Cinema

È consuetudine acquistare i biglietti alla biglietteria appena prima dell'inizio del film, ma prenotate in anticipo per le serate delle prime più pubblicizzate.
I prezzi sono spesso ridotti per le proiezioni del primo pomeriggio, e gran parte dei cinema offrono sconti per studenti (con documento d'identità scolastico) e per i cittadini più anziani.

Paragon Grove 13

3015 Grand Ave., Coconut Grove, tel. 305/446-4386
Multisala con 13 schermi e la scelta di proiettare film d'essai e indipendenti tra le nuove uscite.

AMC Sunset Place 24

5701 Sunset Drive, South Miami, tel. 888/262-4386
Con 24 schermi (uno IMAX), non potrete predervi nulla in questo multisala. Solo nuove uscite.

Miami Beach Cinematheque

512 Española Way, Miami Beach, tel. 305/673-4567
La miglior sala di Miami Beach per film alternativi e stranieri.

Regal South Beach 18

1100 Lincoln Rd., South Beach, tel. 305/674-6766
Anche se parte di una catena, questa gigantesca sala con pareti in vetro mette insieme pellicole dai grandi budget con film artistici a basso costo e film stranieri.

Frank Theatres Intracoastal 8

3701 N.E. 163rd St., Miami, tel. 305/949-0064
Sugli otto schermi di questo cinema vengono proiettati film a budget elevato, indipendenti e stranieri.

Discoteche e bar

GREATER MIAMI

Miami è famosa per la vita notturna. Le discoteche di qui sono spesso paragonate a quelle di New York: nottambule, insonni e animate da una incontenibile energia. Non fatevi vedere in un locale prima delle 23, perché solo a quell'ora le cose hanno iniziato a "carburare". Ciò è particolarmente vero per South Beach, l'esempio tipico della Miami più in voga, che ospita alcune delle discoteche più trendy.
Bisogna avere 21 anni per poter bere alcolici, perciò pochi club fanno entrare i minori di anni 21. Anche se molto più vecchi, portate un documento d'identità. Le leggi dello Stato impongono che le discoteche smettano di servire alcolici entro le 5 del mattino e la maggior parte chiude tra le 3 e le 5. Il biglietto d'ingresso varia, e le donne spesso entrano gratis. In alcuni locali non si paga l'ingresso, ma solo le bevande. Avrete bisogno di contanti, comunque.
Da notare che le discoteche di Miami seguono orari a piacimento. Telefonate sempre prima per verificare se sono in attività, e controllate l'indirizzo.

Clevelander Bar

1020 Ocean Dr., South Beach, tel. 305/531-3485
Questo bar/ristorante è famoso da anni, specialmente fra i turisti sopra i 30.

La Folie D'Amour

655 Washington Ave., South Beach, tel. 954/940-0939
Questo locale notturno di SoBe ha degli interni di ispirazione newyorkese, tuttavia le musiche si devono a DJ locali.

Glass at The Forge

432 41st St., Miami Beach, tel. 305/604-9798, www.theforge.com
Locale notturno raffinato dove uomini d'affari, celebrità e festaioli chic passano la notte ballando.

The Improv

3390 Mary St., Coconut Grove, tel. 305/441-8200, http://miami.improv.com
Famoso cabaret che attira comici di fama nazionale.

John Martin's Irish Pub & Restaurant
253 Miracle Mile, Coral Gables, tel. 305/445-3777, www.johnmartins.com
Di giorno o di notte, questo è il luogo dove ristorarvi con cibi corposi e birra densa mentre vi trovate su Miracle Mile.

Mynt
1921 Collins Ave., South Beach, tel. 305/532-0727, www.myntlounge.com
Il posto in cui attardarsi con i belli.

Mansion
1235 Washington Ave., South Beach, tel. 305/695-8411, www.mansionmiami.com
Uno dei locali più 'in' di SoBe, frequentato regolarmente dalle celebrità.

Nikki Beach Club
One Ocean Dr., South Beach, tel. 305/538-1111, www.nikkibeachmiami.com
Modelli/e edonisti e uomini d'affari internazionali in questo club sulla riva dell'oceano.

Fat Tuesday
3015 Grand Ave., CocoWalk, Coconut Grove, tel. 305/476-0202, www.fat-tuesday.com
In una giornata calda, ordinate un daiquiri ghiacciato - ve ne sono almeno dieci tipi diversi - e gustatelo seduti tranquilli o passeggiando in questo locale ispirato all'atmosfera di New Orleans.

Set
320 Lincoln Rd., South Beach, tel. 305/531-2800. Chiuso lun.-mer.
L'ultimo grido fra i locali per VIP di SoBe ed è pieno di modelli.

Tapas & Tintos
448 Española Way, South Beach, tel. 305/538-8272, www.tapasytintos.com
Ristorantino/bar rilassato che usa ingredienti da buongustai. Il nome significa "stuzzichini e vino rosso".

Twist South Beach
1057 Washington Ave., South Beach, tel. 305/53-TWIST, www.twistsobe.com
Uno dei bar gay più famosi di South Beach, è in realtà composto da sette bar in un unico complesso.

KEY WEST

Mangiare e bere potrebbe sembrare la principale attività culturale di Key West. Qui c'è un atteggiamento da "si accetta tutto" e i numerosi bar costituiscono la parte principale della vita notturna, posti rumoreggianti che sono spesso aperti fino alle 4 del mattino con musica dal vivo folk, rock e country. I bar migliori sono raggruppati nella parte più settentrionale di Duval Street.

Sloppy Joe's
201 Duval St., tel. 305/294-5717, www.sloppyjoes.com
I cimeli di Hemingway attirano molti turisti che si trattengono grazie a una miscela di musica dal vivo e alla vivace atmosfera.

Captain Tony's Saloon
428 Greene St., tel. 305/294-1838, www.capttonyssaloon.com
L'originario Sloppy Joe's in cui Hemingway si attardava davvero.

Jimmy Buffett's Margaritaville Café
500 Duval St., tel. 305/292-1435, www.margaritavillekeywest.com
La leggenda vivente, il *crooner* della Florida Jimmy Buffett prestò il suo nome a questo magnifico bar. Il locale attira tantissima gente tuttora, nonostante il fatto che Buffett se ne sia andato anni fa. I gruppi dal vivo si occupano di soddisfare un ampio spettro di gusti e ci sono i cimeli di Buffett oltre a un negozio per turisti.

La-Te-Da
1125 Duval St., tel. 305/296-6706
Lo stile di vita rilassato e l'attitudine tollerante tipici di Key West hanno incoraggiato la crescita di una forte comunità gay. Ci sono numerosi bar di prevalenza gay lungo Duval Street, ma un atteggiamento più misto prevale al La-Te-Da. Questo posto è magnifico per i drink sul bordo piscina e lo sporadico tè danzante.

Teatro, musica classica, Opera e balletto

GREATER MIAMI

Per informazioni sugli eventi artistici in programma a Greater Miami consultate i siti web - validi e numerosi - dedicati all'argomento, come l'**Event Guide Miami** *(www.miami.eventguide.com)*, che elenca gli spettacoli che si tengono in tutta l'area, e **Florida Theater on Stage** *(www.floridatheateronstage.com)*. Il sito web del quotidiano alternativo ***Miami New Times*** *(www.miaminewtimes.com)* offre affidabili recensioni dei lettori sui migliori spettacoli in programma, mentre l'inserto "Tropical Life" del venerdì sul ***Miami Herald*** *(www.miamiherald.com)* presenta una quantità di notizie e approfondimenti interessanti sulla "jambalaya etnica" di Greater Miami.

Se non altrimenti specificato, tutte le sedi di spettacolo sono accessibili alle carrozzelle.

Adrienne Arsht Center for the Performing Arts
1300 Biscayne Blvd., Miami,
tel. 305/949-6722,
www.arshtcenter.org
Questo complesso di quasi 53.000 mq, che è stato inaugurato nel 2006, ospita spettacoli del Miami City Ballet, della Florida Grand Opera e della New World Symphony.

Jackie Gleason Theater
1700 Washington Ave.,
Miami Beach,
tel. 305/673-7300,
www.fillmoremb.com
2700 posti che ospitano gli spettacoli di Broadway e concerti di musica moderna, classica e pop.

Miami-Dade County Auditorium
2901 W. Flagler St., Miami,
tel. 305/547-5414
Sede storica oggi usata come sala per spettacoli e concerti.

New World Center
541 Lincoln Rd., Miami Beach,
tel. 305/673-3331,
www.nws.edu
Inaugurata nel 2011, questo teatro progettato da Frank Gehry è la nuova sede della New World Symphony, orchestra di 90 membri fondata e diretta da Michael Tilson Thomas.

Olympia Theater at the Gusman Center for the Performing Arts
174 E. Flagler St.,
Downtown Miami,
tel. 305/374-2444,
www.gusmancenter.org
Ospita balletti, orchestre, festival cinematografici e altri eventi per tutto l'anno.

KEY WEST

Red Barn Theatre
319 Duval St.,
tel. 305/296-9911,
www.redbarntheatre.com
Tutti i generi di rappresentazioni teatrali, da quelle classiche anglo-americane alle produzioni moderne.

Tennessee Williams Fine Arts Center
5901 W. College Rd.,
tel. 305/296-1520,
www.tennesseewilliams theatre.com
Tutto ciò che è musica, dagli spettacoli di Broadway ai concerti di classica, jazz e opera.

Waterfront Playhouse
Mallory Sq.,
tel. 305/294-5015,
www.waterfrontplayhouse.org
Una miscela di lavori teatrali classici e moderni con i musical più in voga.

Calendario degli eventi

GREATER MIAMI

Per ulteriori informazioni sugli eventi descritti di seguito e altri ancora consultate il sito *www.miamiherald.com/calendar.*

GENNAIO

Art Deco Weekend
Tel. 305/672-2014,
www.mdpl.org
Un tributo all'architettura art déco di South Beach a Miami, quando le strade si riempiono dei suoni delle big band e gli alberghi sono difficili da trovare.

FEBBRAIO

Annual Miami International Film Festival
Tel. 305/237-FILM,
www.miamifilmfestival.com
Una mostra cinematografica di dieci giorni in tutta la città, che ospita le prime mondiali e statunitensi delle produzioni internazionali e nazionali, più i film a elevato budget e le opere più ambigue dell'annata.

Coconut Grove Arts Festival
Tel. 305/447-0401,
www.cgaf.com
Considerato il numero uno per i festival di belle arti del Paese, frequentato da un numero di persone che può arrivare fino al milione, con le opere di oltre 300 artisti in programmazione.

Miami International Boat Show
Tel. 954/441-3220,
www.miamiboatshow.com
Oltre 2300 fra i principali produttori mondiali dell'industria marittima esibiscono le più recenti barche a motore, motori e accessori al Miami Beach Convention Center.

MARZO

Carnaval Miami
Tel. 305/644-8888,
www.carnavalmiami.com
La celebrazione di una settimana di Little Havana con cibo, musica, lavori teatrali e balli latini. Il culmine è la festa in strada dell'ultima notte di domenica nota come Calle Ocho.

Sony Ericsson Open
Tel. 305/442-3367,
Uno dei tornei di tennis più famosi del Paese si tiene al Tennis Center di Crandon Park, a Key Biscayne. I migliori giocatori si contendono più di 7,5 milioni di dollari.

Asian Festival
Tel. 305/247-5727,
Si svolge nel corso di due giorni al Fruit and Spice Park

ad Homestead, dove migliaia di immigrati asiatici della Florida meridionale celebrano il loro cibo e la loro cultura.

GIUGNO

Miami/Bahamas Goombay Festival

Tel. 305/448-9501
La comunità bahamiana di Coconut Grove rende omaggio alle sue radici. Osservate le sfilate junkanoo, la Royal Bahamian Police Marching Band, e provate alcune tra le migliori frittelle di strombi in circolazione.

LUGLIO

Annual America Birthday Bash

Tel. 305/358-7550
La più grande celebrazione del 4 di luglio, tenuta a Bayfront Park. Qualcosa per tutti con una corte che offre cibo etnico, tre palchi, gruppi rock, musicisti latini e stupendi fuochi d'artificio.

AGOSTO

Miami Reggae Festival

Tel. 305/891-2944
L'intera comunità giamaicana partecipa con musicisti locali, nazionali e internazionali a questa due giorni in onore del giorno dell'indipendenza giamaicana.

NOVEMBRE

Miami Book Fair International

Tel. 305/237-3258,
www.miamibookfair.com
Manifestazione letteraria di una settimana il cui programma comprende partecipazione e letture da parte di autori di rilievo locale, nazionale e internazionale.

NASCAR Championship

Tel. 866-989-RACE,
www.homesteadmiamispeedway.com
I campionati NASCAR Ford 200, 300 e 400 hanno luogo sul circuito Homestead-Miami Speedway e chiudono la stagione delle corse.

DICEMBRE

Art Basel Miami Beach

www.artbaselmiamibeach.com
Questo evento di quattro giorni è il gemello americano dell'Art Basel svizzero, forse la manifestazione artistica annuale più prestigiosa del mondo. L'Art Basel Miami Beach esibisce 1000 artisti da tutto il mondo oltre a musica, film ed altri eventi.

ING Miami Marathon

Tel. 305/278-8668,
www.ingmiamimarathon.com
Una maratona, una mezza maratona e corse minori, più una gigantesca esposizione di *health and fitness* al Miami Beach Convention Center. Partecipano decine di migliaia di persone.

King Mango Strut

Tel. 305/444-7270,
www.kingmangostrut.org
Eventi e personaggi locali e nazionali vengono satireggiati in questa stravagante parata che si tiene l'ultimo dell'anno a Coconut Grove.

KEY WEST

Conch Republic Independence Celebration

www.conchrepublic.com
Un festival di dieci giorni celebra la finta secessione della Conch Republic dall'Unione, l'insurrezione contro il blocco delle strade alla ricerca di stranieri e droga da parte della polizia di frontiera degli Stati Uniti, che impedì l'accesso alle Keys nel 1982. L'evento è rappresentato ogni anno il 23 aprile, con il motto della repubblica: "Abbiamo avuto successo dove altri hanno fallito".

Fantasy Fest

Tel. 305/296-1817,
www.fantasyfest.net
Dieci giorni a fine ottobre segnano l'inizio dell'autunno/inverno, con Halloween e la risposta di Key West al Mardi Gras di New Orleans e al carnevale di Rio.
I festival del cibo della città vecchia, i mercatini, i concerti, le mostre di arte e artigianato, un concorso in costume chiamato "Pretenders in Paradise", una festa in maschera di animali domestici e una sfilata culminano nella parata della Twilight Fantasy (Fantasia del crepuscolo) con carri allegorici e costumi spettacolari.

Hemingway Days Festival

www.hemingwaydays.net
Il culmine di questo festival di quasi una settimana che si svolge in concomitanza con la data di nascita di Hemingway (21 luglio) è il Look-Alike Contest, concorso di sosia cui partecipano dozzine di gentiluomini dalla mascella quadrata e i capelli bianchi: vince chi viene giudicato il più somigliante al noto scrittore.

Il tramonto a Key West

Il tramonto nella città più a sud degli Stati Uniti è rinomato per essere una visione spettacolare. Ogni giorno, con l'approssimarsi del tramonto, folle di abitanti del luogo e turisti si dirigono verso Mallory Square, dove hanno luogo le celebrazioni quando il sole sembra cadere dalla soglia del mondo nel Golfo del Messico, con l'accompagnamento di intrattenimenti, cibo, musica e applausi della folla.

INDICE

I numeri di pagina in **grassetto** indicano le illustrazioni.
In MAIUSCOLO le categorie tematiche.

CREDITI FOTOGRAFICI

Tutte le foto sono di Matt Propert salvo dove diversamente indicato.

4, Catherine Karnow/NGS; 8, Rudy Umans/Shutterstock; 11, Andy Newman/Florida Keys and Key West Tourism Development Council; 12, John Brooks/National Park Service; 20, Stanley Meltzhoff/NGS Image Collection; 23, Florida Photographic Collection; 25, Miami Museum of Science; 26, Stephen Ferry/Getty Images; 28, Jim Schwabel/Getty; 29, RoxyFer/Shutterstock; 30, Maureenpr/iStockphoto; 46, Raul Touzon/NGS; 75, Uliana Bazar; 76, Justin Dernier/EQUI-PHOTO, Courtesy Gulfstream Park; 88, Kay Hankins; 146, Pictures Colour Library; 148, Blend Images/iStockphoto; 154, Roberto A. Sanchez/iStockphoto; 162, John J. Lopinot/Silver Image; 167, Mike Theiss/NGS; 171, Courtesy Theater of the Sea; 174, Image Studios/Getty; 176, Raymond Gehman/NGS; 178, FL Stock/Alamy; 187, Stephen Frink/Florida Keys News Bureau; 200, Peter Titmuss/Alamy; 203, Doug Perrine/Minden; 224, Corey Rich/Aurora Photos; 234, Varina and Jay Patel/Shutterstock; 237, Henryk Sadura/Fotolia; 238, Scott Cramer/iStockphoto.

Miami e le Keys

Staff per questa edizione
Jane Sunderland, *Redattore*
Kay Kobor Hankins, *Direttore Artistico*
Matt Propert, *Responsabile delle Illustrazioni*
Michael McNey and Mapping Specialists, *Produzione Cartografica*
Galen Young, *Ufficio Legale*
Caroline Hickey, Larry Shea, *Collaboratori*

Gestione Qualità e Produzione
Christopher A. Liedel, *Direttore Finanziario*
Phillip L. Schlosser, *Senior Vice Presidente*
Chris Brown, *Vice Presidente, NGS Book Produzion*
George Bounelis, *Vice Presidente, Servizi di Produzione*
Nicole Elliott, *Manager*
Rachel Faulise, *Manager*
Robert L. Barr, *Manager*

Per la prima edizione: redazione e design a cura di AA Publishing (nome commerciale adi: Automobile Association Developments Limited, sede legale in Norfolk House, Priestley Road, Basingstoke, Hampshire, Inghilterra RG24 9NY. Numero di registrazione: 1878835).

Spaccati: Maltings Partnership, Derby, Inghilterra

Fondata nel 1888, la National Geographic Society è una delle più grandi associazioni scientifiche ed educative no profit al mondo. L'idea originaria a cui si ispira la sua attività è quella di incrementare e di diffondere le conoscenze, in primo luogo geografiche, in un viaggio ideale che attraversa ambiti molto diversi tra loro, spaziando dall'archeologia alle nuove frontiere della scienza. Oggi l'impegno che la National Geographic Society dispiega per organizzare e finanziare spedizioni, ricerche ed esplorazioni è strettamente legato alla consapevolezza della necessità di conservazione del nostro pianeta e della conseguente divulgazione di tematiche ad essa correlate. Per adempiere alla sua missione, la Society informa ogni giorno milioni di persone per mezzo di pubblicazioni periodiche (tra cui spicca il suo organo ufficiale, il *National Geographic Magazine*), libri, programmi televisivi, video, borse di studio per la ricerca, mappe e atlanti.
Dal 2001 National Geographic ha legato il proprio nome a Edizioni White Star, che cura e distribuisce l'edizione italiana di alcune tra le sue opere più rappresentative.

Edizione aggiornata

Traduzione: Danilo Carnevale e Gabriella Cursoli
Adattamento e editing: Rossotto Editing, Torino

Pubblicato in Italia da

EDIZIONI WHITE STAR

WS Edizioni White Star® è un marchio depositato e registrato di proprietà di De Agostini Libri S.p.A.

De Agostini Libri S.p.A.
Via G. da Verrazano, 15 - 28100 Novara, Italia
www.whitestar.it - www.deagostini.it

ISBN 978-88-540-2677-3
1 2 3 4 5 6 18 17 16 15 14

Stampato in Corea

LE GUIDE TRAVELER DI
NATIONAL GEOGRAPHIC

- Alaska
- Amsterdam
- Argentina
- Arizona
- Atene e le isole
- Australia
- Barcellona
- Berlino
- Brasile
- California
- Canada
- Caraibi
- Cina
- Costa Rica
- Croazia
- Cuba
- Egitto
- Firenze e Toscana
- Florida
- Francia
- Germania
- Giappone
- Gran Bretagna
- Grecia
- Hawaii
- Hong Kong
- India
- Irlanda
- Istanbul e Turchia occidentale
- Italia del Sud
- Londra
- Madrid
- Marocco
- Messico
- Miami e le Keys
- New York
- Nuova Zelanda
- Panama
- Parigi
- Pechino
- Pechino e Shanghai
- Perù
- Piemonte e Valle d'Aosta
- Portogallo
- Praga e Repubblica Ceca
- Provenza e la Costa Azzurra
- Repubblica Dominicana
- Roma
- Romania
- San Francisco
- San Pietroburgo
- Scozia
- Shanghai
- Sicilia
- Spagna
- Sudafrica
- Svizzera
- Sydney
- Taiwan
- Thailandia
- Venezia
- Vienna
- Vietnam